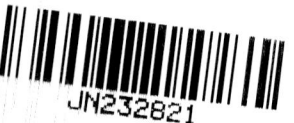

7日間でマスターする

配色基礎講座

視覚デザイン研究所 編

目次

第１部 配色の準備

第１日目　配色する前に　第３日目から７日目のポイントを予習

第２日目　配色のツール　○と△で配色の原理を把握

＜三属性＞を理解する

＜五役色＞を理解する

第２部 配色の実践

第３日目　引き立てる型１

第4日目　引き立てる型2

第5日目　なじませる型

第6日目　イメージづくり

第7日目　イメージマップ

この本の使い方

配色に自信がない、と思いこんでいるだけ？

美しい配色を自分でつくり出す自信はないけど、「きれいな配色だなあ」と思ったことはある。こんな経験のある人ならば、実はセンスが眠っているだけ。
この本では配色の効果と仕組みを、わかりやすく解説している。実例を見ながら自分の中に眠っているセンスを呼び覚まそう。

◯と▷で原理をマスターし、自由自在に配色

印象に残る配色には、必ず原理の裏づけがある。この本では、配色に欠かせない基礎知識を◯と▷で表している。◯と▷の仕組みがわかれば配色の原理を自由自在に使いこなせる。

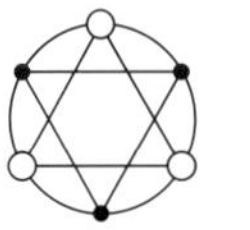

色相環図

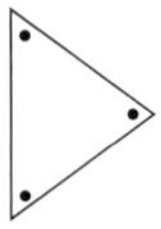

トーン図

美しさとイメージの両輪

美しい配色であっても、イメージが合わない配色は効果がない。一致しない配色は混乱を生むだけで、単なる色の洪水になってしまう。良い配色は、美しさとイメージが一致した時にできる。

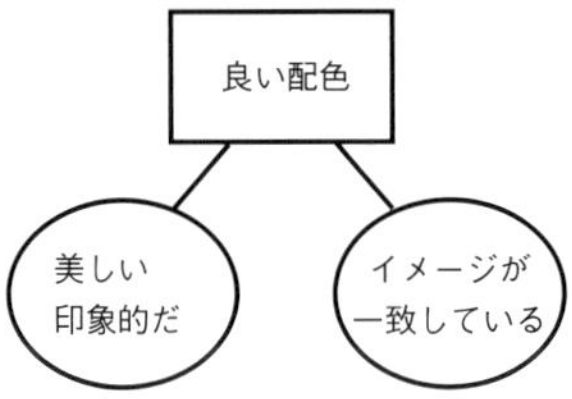

色表の数字は印刷の色指定に

カラー印刷で色を再現するにはセット４色（黒、青、紅、黄）を重ね刷りする。色票の数字は左から順に、黒-青-紅-黄の指定%である。色票に記入されている数字を読み取れば、各々がどのような色のバランスで混色されているかがわかる。また、数字をそのまま転記すれば、カラー印刷の色指定として使える

第1部 配色の準備

配色の準備　第3～第7日目のポイントを予習

1日目 配色する前に

眠っているセンスを呼び覚まそう

第1日目は配色のポイントを大まかに予習する。印象に残る配色には共通する<型>があること、美しい配色には原理原則が伴っていることを理解しよう。日常では気づかないが、これらの型や原理は実は自分の中に眠っていただけだったことがわかる。センスを呼び覚まして配色のイメージをふくらまそう。

おいしそうなサラダはどっち？

A

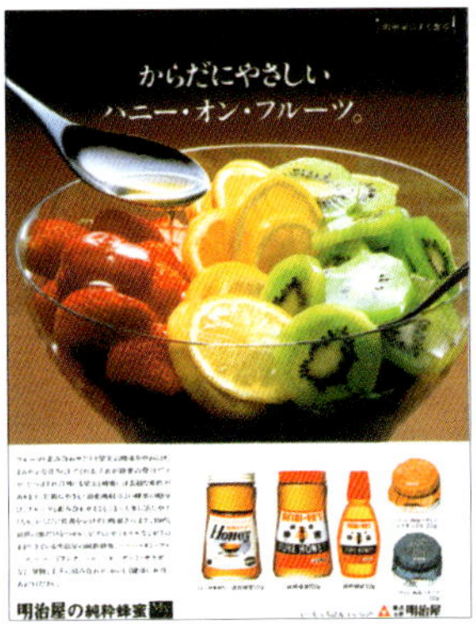

B

もし、あなたがBの写真を選び出していれば、配色のセンスがあることの証明。鮮やかな色を加えると、おいしそうに感じる（P.46）

1 眠っているセンスを呼び覚まそう

Q１ ２台のパソコンを見比べて、楽しい気分になるのはどちら？

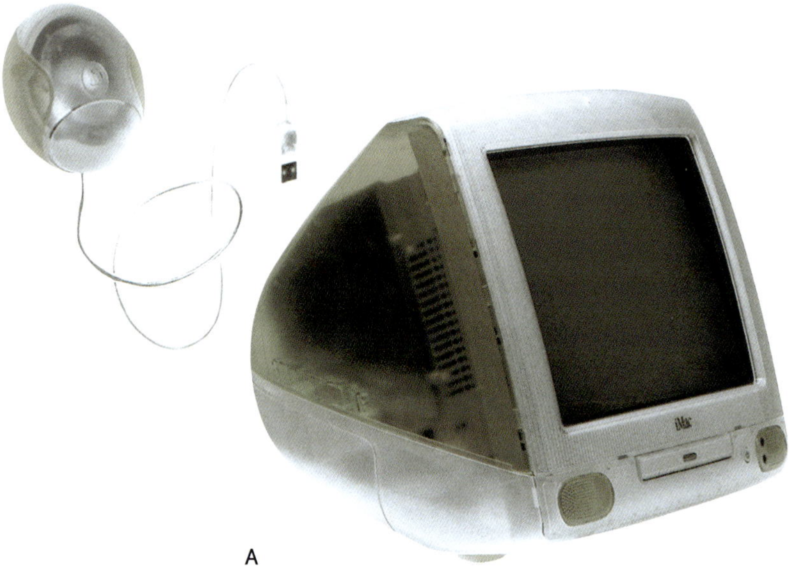

A

Q２ 楽しそうなお祭りは４つのうちどれ？

C

D

チェック１ 楽しさは明るいトーンで　色彩に含まれるくすみをとると、明るい色になり楽しくなる

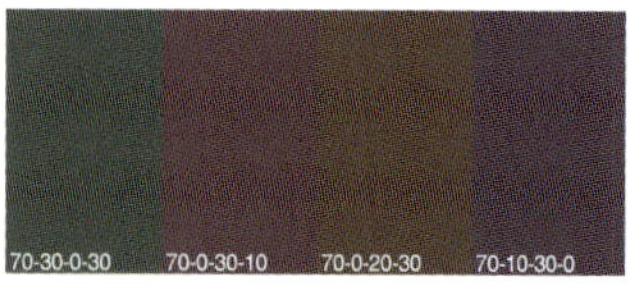

かなり渋いトーンで楽しさがない

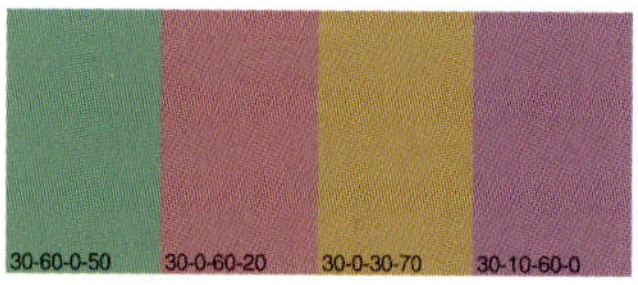

まだ、渋さが残っている

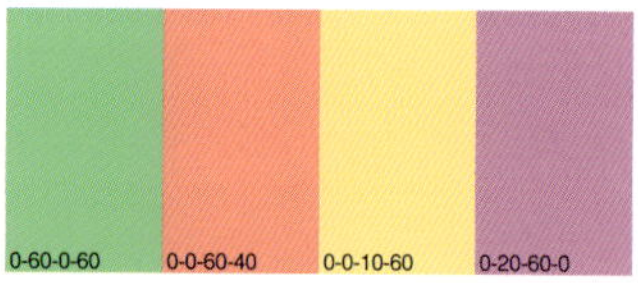

明るい色になり、楽しくなった

チェック２ 広い色幅でお祭りらしく　色相の幅が広がると、お祭りのような開放的な雰囲気に

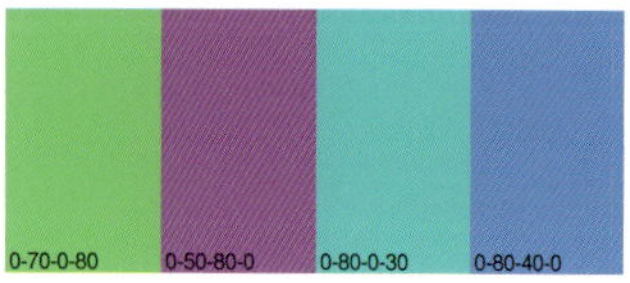

寒色中心なので涼しい感じに

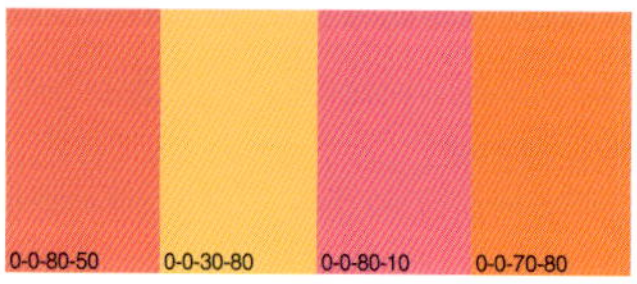

暖色中心は明るく元気

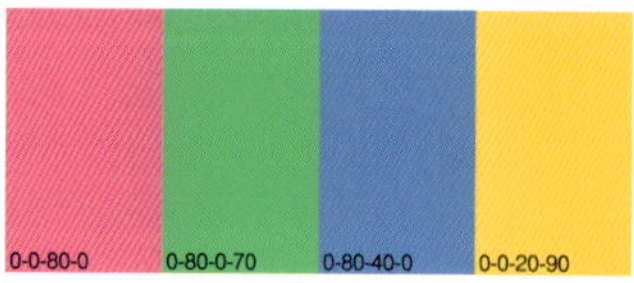

色の幅を広げると、お祭りらしくなった

1

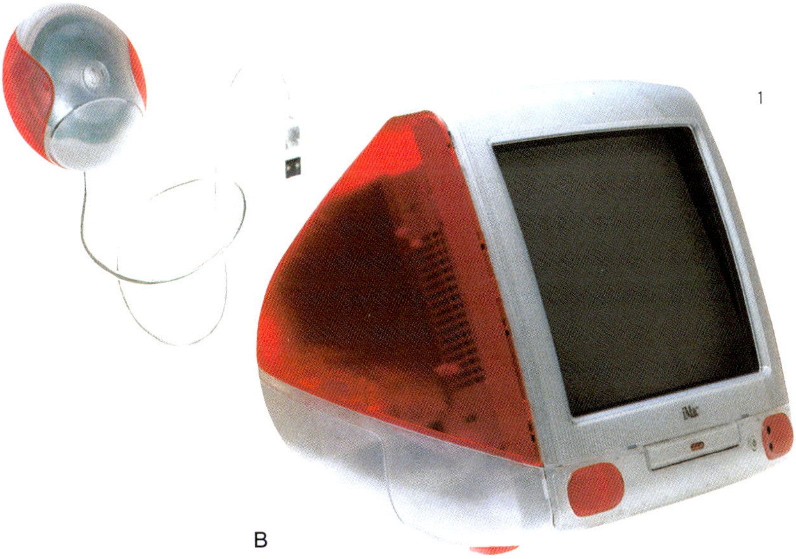

B

2

E

F

こたえとアドバイス

Q１

正解はＢ。明るい色は気分を楽しくする

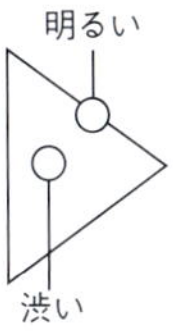

Ａは灰色に近く、Ｂは明るいピンク。渋いトーンは落ち着いた気分にさせるが、楽しさには欠ける。明るい色や鮮やかな色は、人を楽しい気持ちにさせる

スケルトンは親しみやすい

スケルトン配色は、カジュアルな腕時計や文房具に用いられ、親しまれてきた。コンピュータをスケルトン配色にすると、文具のように一層身近に感じられる。半透明で内部が見えるので、穏やかなトーン効果も加わる

Q２

正解はＦ。決め手は鮮やかで真っ赤な衣装

背景の緑と対比して赤の華やかさが際立っている。さらに、白い衣装と黒い牛の対比もキリリとして、祭りらしい特別な緊張感を表している

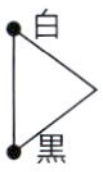

C　子供の衣装が渋い色で華やかさがない
D　鮮やかな色になったが、寒色なのでさびしい
E　かなり華やかになってきた。しかし、朱色の持つ強さにはかなわない

2 「型」が決まると印象に残る

原理が生きると印象深い配色になる

配色には一種の「型」があり、いずれかの型にすっきりまとまった時に、印象深い配色になる。
それらの型は色みや明るさ、鮮やかさの要素を組み合わせてできている。型の原理や効果をチェックして、自由に使いこなしてみよう。

型が決まる ◀ 色み（色相）が的確
明るさ（明度）が的確
鮮やかさ（彩度）が的確

雨上がりの静かな路地だが、配色が平凡で印象が弱い

反対色の効果

2

淡くやさしいブルーに対し、反対色の黄色が生きていて楽しい。黄色を除くと活気がなくなってしまう

当たり前のようでも重要な用途とイメージの一致

渋いトーンで落ち着いた配色

3

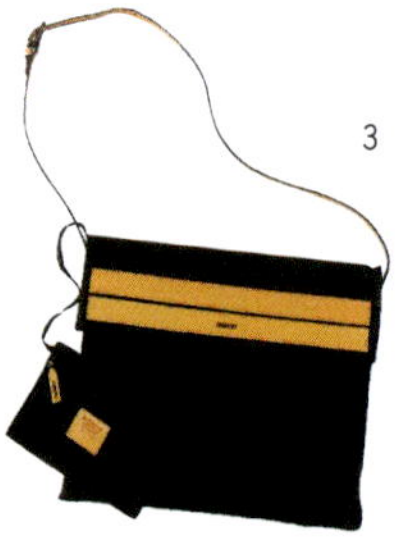

5

元気な純色による配色

4

6

様々な物には用いる人の年齢や環境があり、それにふさわしい色調がある。用途とイメージが一致すると共感がわき、一致しないと違和感が出て無視したい気持ちになる

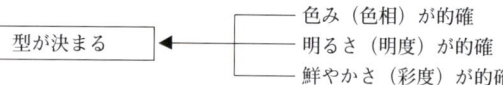

1

傘の紫と奥のすだれの黄色が反対色。風景全体がこの反対色効果という型によって引き締まり、印象深い写真になった

トッピングの効果

7

8

そばがきの素朴な色調に菜の花のやさしい黄緑、柚子皮の黄が添えられ、いっそうおいしそうに。鮮やかな色を添えるトッピング効果

チェック1 反対色の効果 反対色を加えると、配色全体が引き締まるだけでなく、印象深い配色に

類似色は穏やかだが、緊張感が足りない

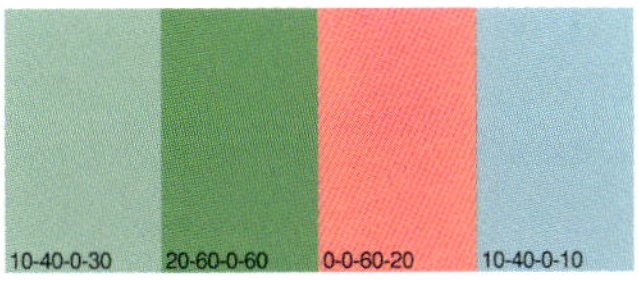

トーンはソフトだが反対色の赤みが効果的

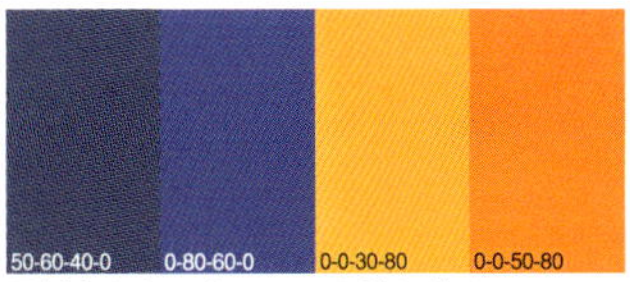

反対色を組み合わせると引き締まる

チェック2 イメージと一致する効果 伝えたい内容と配色のイメージが一致すると、共感を呼ぶ

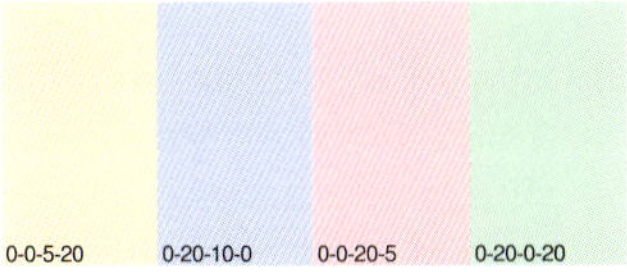

ソフトで淡いトーンは幼児を連想させる

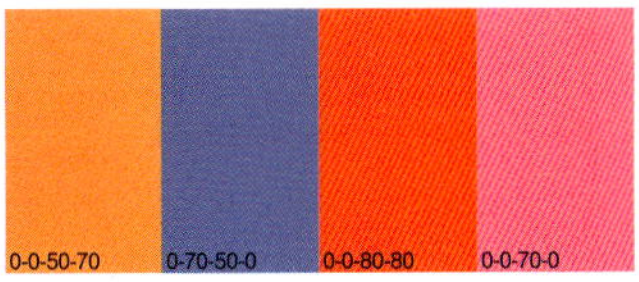

明るいトーンは元気で力強く若者らしい

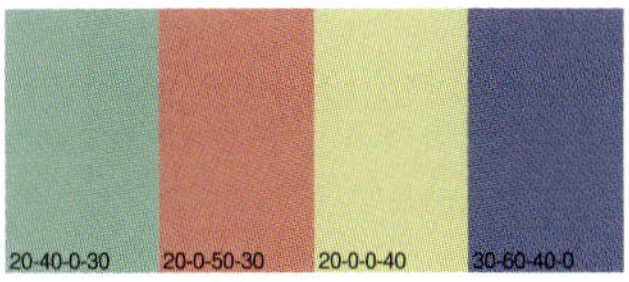

渋いトーンは老齢を思わせる

チェック3 アクセント色の効果 鮮やかで強い色のアクセントは、その面積が小さいほど効果的

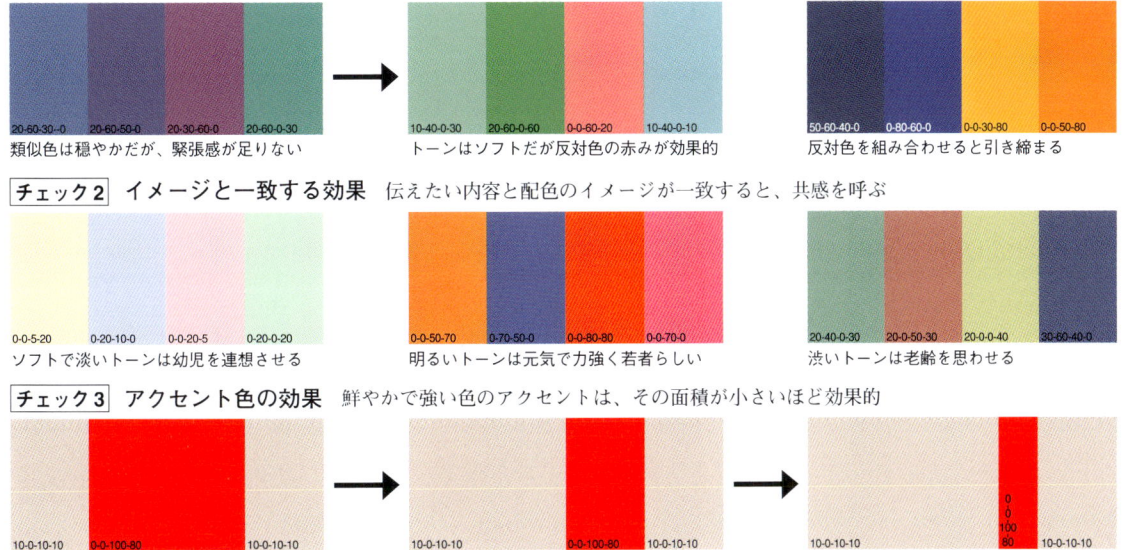

面積が大きすぎるとアクセントにならない

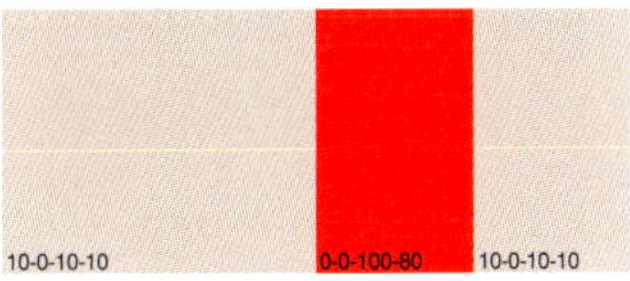

アクセント色がまだ大きい

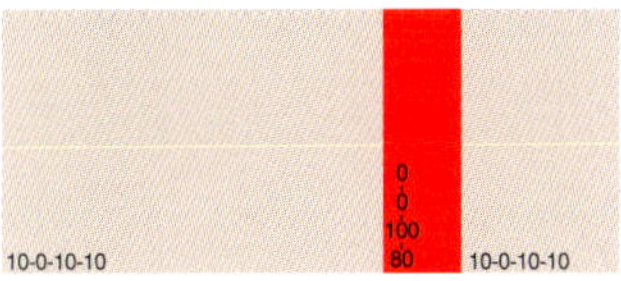

面積を小さくするとシャープになる

3 楽しい配色をつくる方法

鮮やかな色で活気を出そう

アルプスの写真２枚を比べてみよう。どちらが活気があるだろうか。正解は右。色を鮮やかにすると、一気に楽しい光景に変わる。左の写真は暗い印象で、観光する気分と似合わない。

1

鮮やかになるほど楽しい気分が盛り上がる

淡いトーン、渋いトーンにもそれぞれの良さがあるが、「おいしく見える色」は鮮やかな色

3

上品だが気分が盛り上がらない

落ち着いた気分になってしまう

目の前が明るくなった

反対色を加えると楽しさと活気が増える

同じ空の色でも、反対色が加わると一気に楽しい気分になる

4

青い空だけではさびしい

少し元気が出てきた

鮮やかな反対色で全体が生き生きする

楽しい配色をつくる、最も効果的な方法の基本をチェックしてみよう。代表的な方法は、色を鮮やかにすること、反対色を組み入れること、の2つ

2

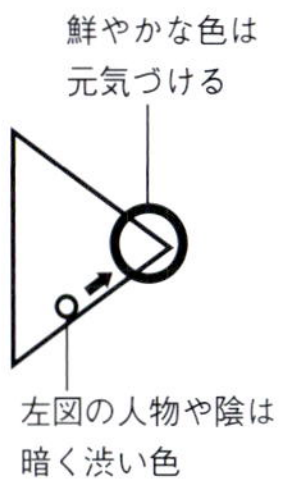

パラソルの赤が好印象

左は逆光のため暗くなってしまい、色みが少なくなってしまった。
一方、右の写真は印象的だ。これは赤いパラソルの鮮やかな色の効果。主役のアルプス自体は2枚の写真とも同じようにすばらしく、残雪の白が青空に浮き上がって見える。しかし脇役のパラソルの鮮やかさが違うだけで、これだけの差がついてしまう

チェック1　鮮やかな色が加わると楽しくなる

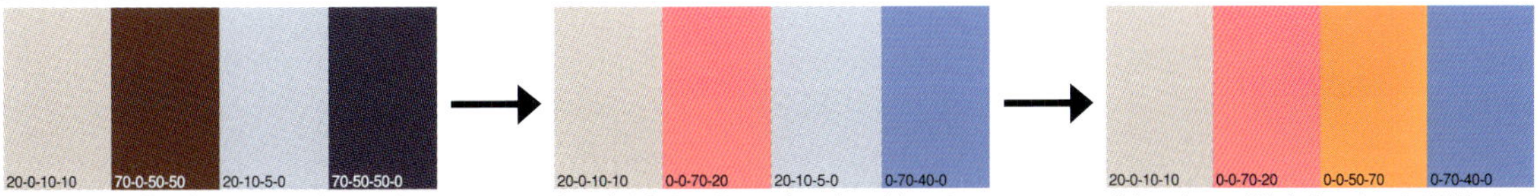

渋いトーンで落ち着いているが楽しさがない
紅と青を加えると、かなり楽しくなった
さらにオレンジを加え、すっかり楽しく

チェック2　鮮やかな色が加わると華やかになる

ソフトなトーンは落ち着いた楽しさ
鮮やかな色を加えると華やいだ感じに
赤みも加わると、さらに楽しくなる

チェック3　反対色は全体を生き生きさせる

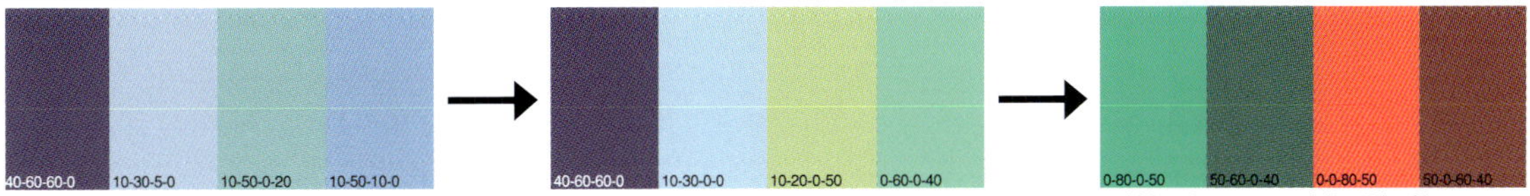

寒色だけで、落ち着いている
黄緑を加えたら少しだけ動きが出てきた
反対色を加えると、全体が引き締まる

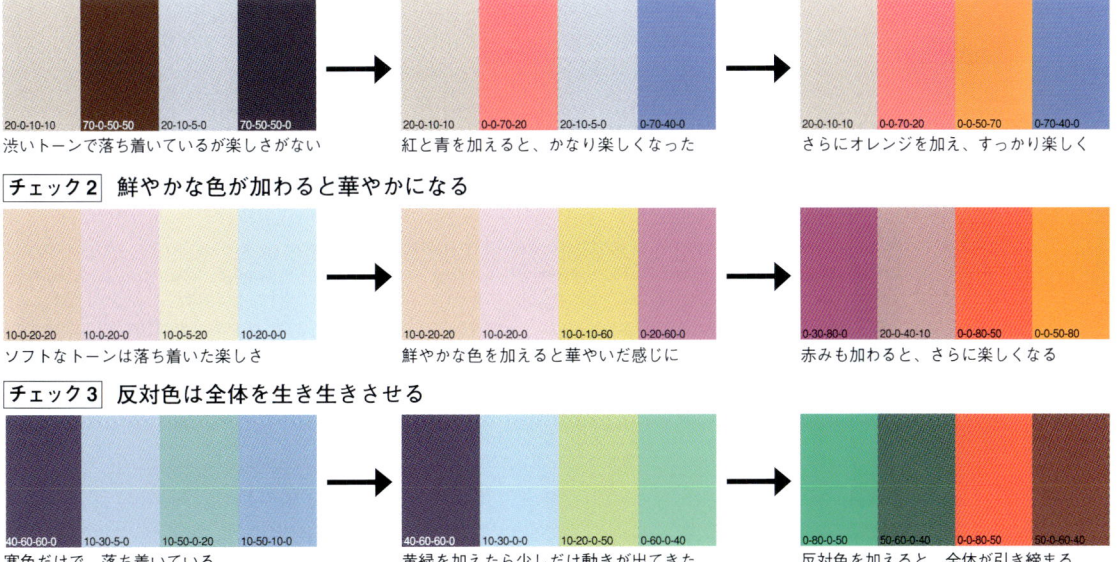

4 混乱をしずめる方法

三要素を同化させる

混乱した配色をしずめるには、色相、明度、彩度のそれぞれの要素を近づける方法が基本。
それぞれの色には主役、脇役といった役割がある(P.28)。その役割に応じて、しずめてよい脇役は同化させて落ち着かせ、元気に目立たせたい主役はそのまま残す。これで混乱がおさまり、主役がはっきりと浮かび上がる。

原作（右図）の色を意図的に変えて、配色を混乱させた。原作のような美しい統一感がなくなり、華やかではあるが、雑然としてきた

色みや明るさを統一すると、まとまりが出てくる 様々な色相や明度を漫然と配置すると無秩序になる

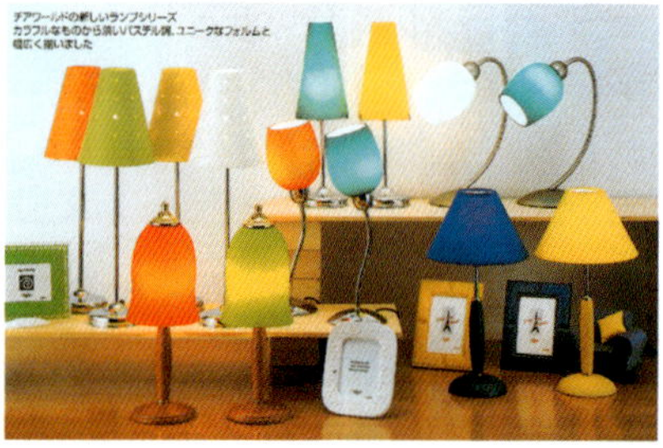

2

様々な色で雑然としている

いくつかの色相を同じにしたら、落ち着いてきた

色調を変えると伝えたいメッセージが変わってしまう 統一感のない激しい対比は混乱を表す

3

無秩序で統一感のない色彩が、混乱の様子を伝える

色調を近づけて落ち着かせると、今度は街が穏やかに

1

対比色相による統一感

中心のブルーを反対色のオレンジ、黄色が引き立てる。壮麗で静かな、統一感のある聖堂からは、今にも美しい音楽が聞こえてくるようだ

暗色のトーンで統一

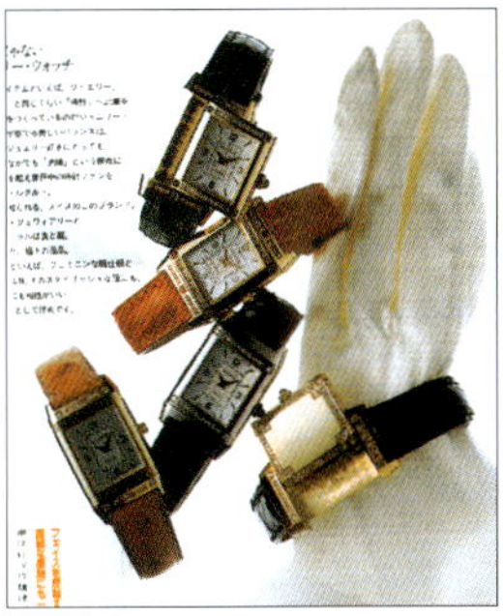

4

高級、豪華なイメージ。暗色(P.21参照)で統一したトーンが落ち着きを生む

チェック1　色相を近づける　カラフルな色を組み合わせると、元気になると同時に、混乱も起きやすい

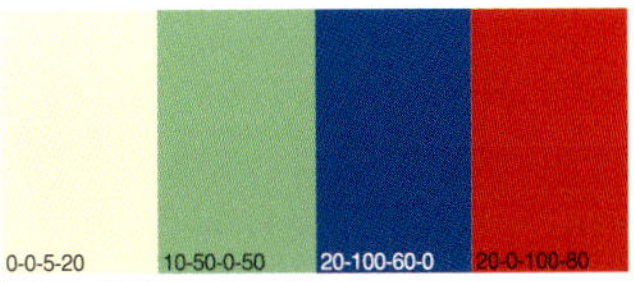

幅広い色相のため混乱

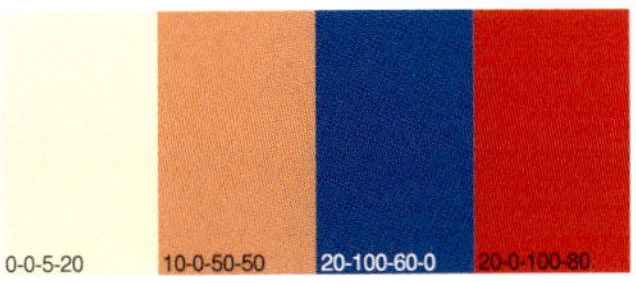

緑を赤系に替えたら落ち着いてきた

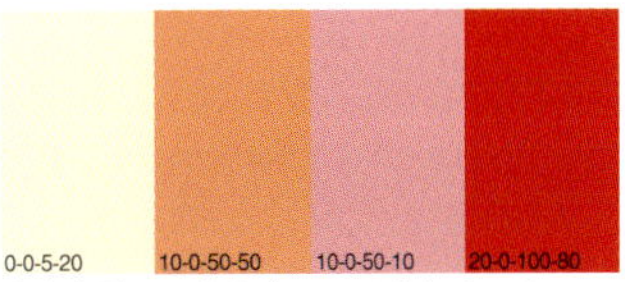

青も赤系にしたらすっかりまとまった

チェック2　明度を近づける　明るさの差を広げすぎて混乱したら、明るさを近づけて落ち着かせる

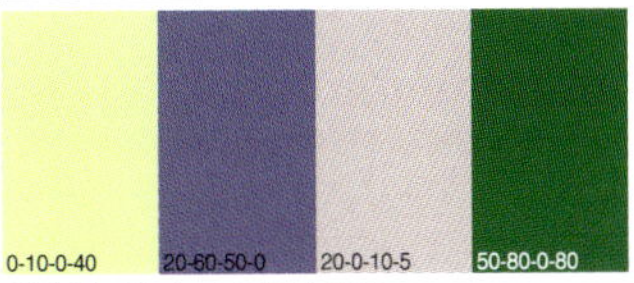

明度差が大きく元気な配色

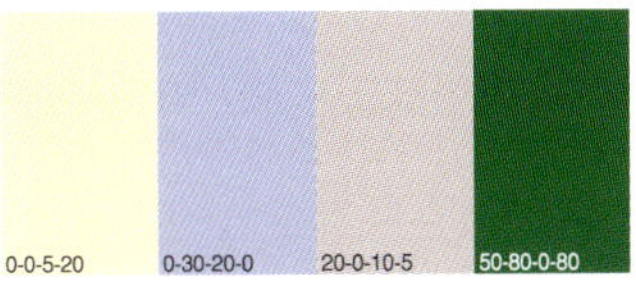

紫を明るくして隣の色に近づけた

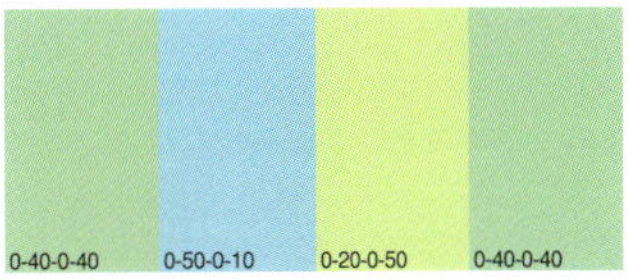

すっかり穏やかな表情になった

チェック3　彩度を近づける　鮮やかさを同じにすると、全体が同じ気分になる

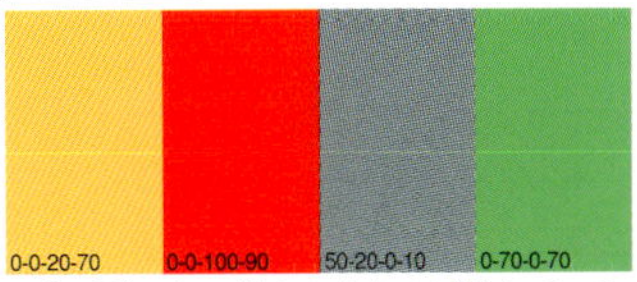

灰色が他の色の鮮やかさとかけ離れている

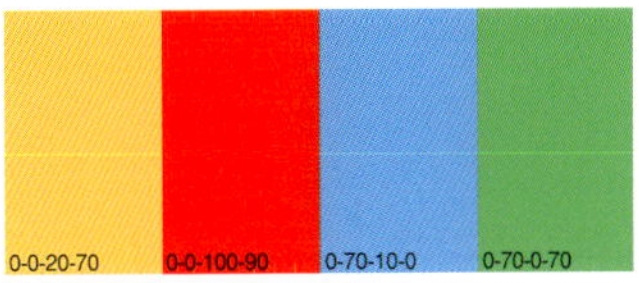

灰色を鮮やかな青に替えると少しまとまる

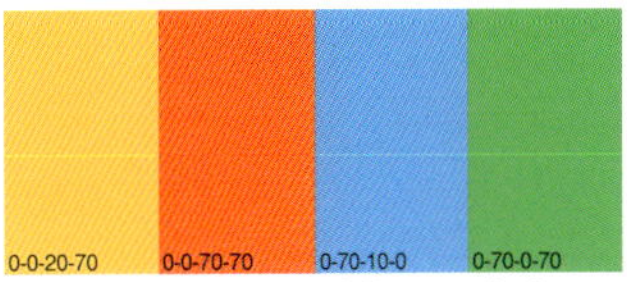

赤を少し落ち着かせ、全体を同じ気分に

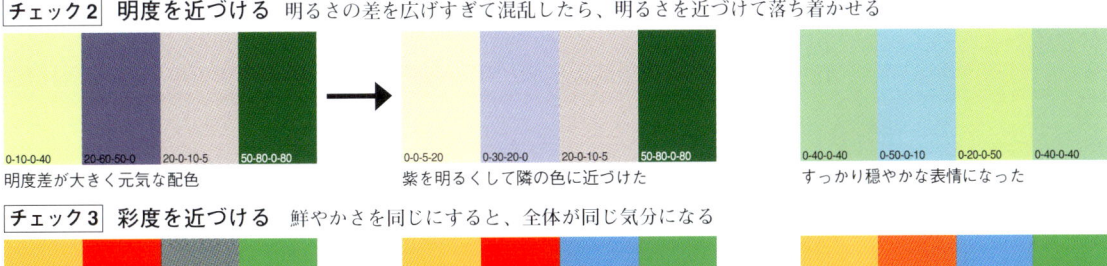

5 くどい色、暗い色を生かす方法

くどい色を魅力的な色に見せる

元気のよい色を選んでいったら、いつの間にか、くどい色面になってしまった。こんな時は一歩退いてみるとすっきりした配色になる。
例えば、白のスペースを広くすると強い色は和らぎ、かえって生き生きしてくる。

1

オレンジと青の反対色が正面から激しくぶつかり合い、くどい配色になってしまった

くどい色を生かす白色

緑と赤の反対色同士で全面を埋めつくすと、くどい配色になる

2

白いスペースを中間にはさむと、赤と緑の対比が生き生きして見える

緑色はくどくなりやすいので特別な工夫が必要

3

元気な誌面だが、少し強すぎるのが気になってしまう

白色を加えてトーンの幅を広げると、自然な印象になった

一方の色みに白を混ぜて抑えてみると、対立がかなりやわらいで、落ち着いてきた

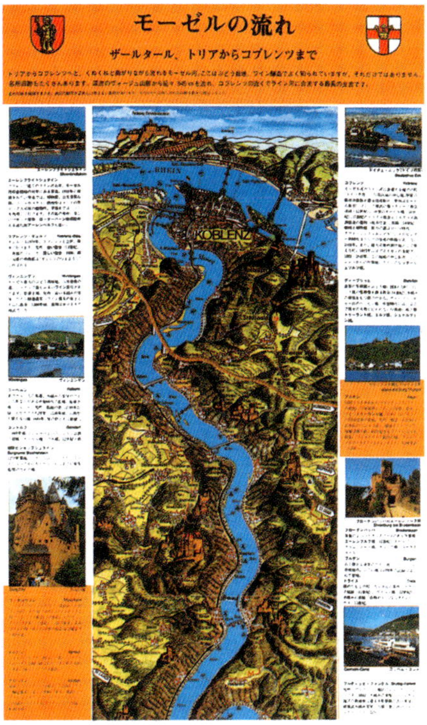

中間にホワイトスペースをはさむと、すっきりとして、両方の色がかえって生き生きしてきた

チェック1 **白色をはさむ** くどい色の間に白色のスペースをはさむと、さっぱりして元気さが生きる

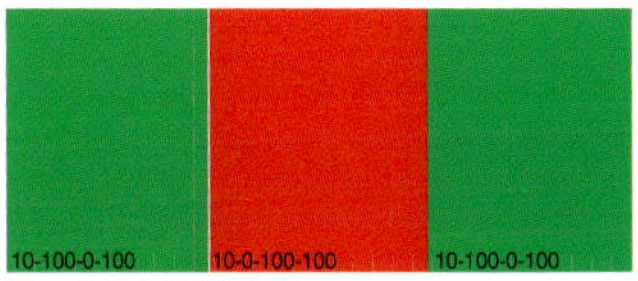

強い色の対比はくどい

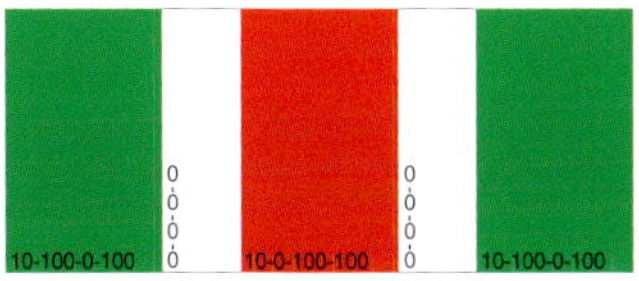

白色をはさむと、くどさがやわらぐ

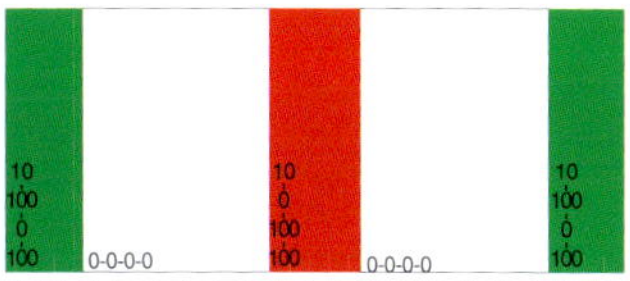

白地を大きくすると赤と緑が生き生きする

チェック2 **白色を混ぜる** 白色を混ぜると強い色自体のイメージが変わり、ソフトで明るくなる

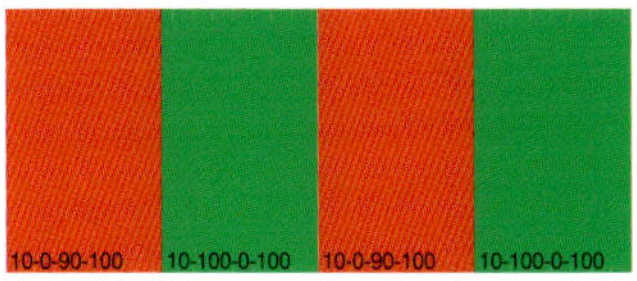

色が強すぎる

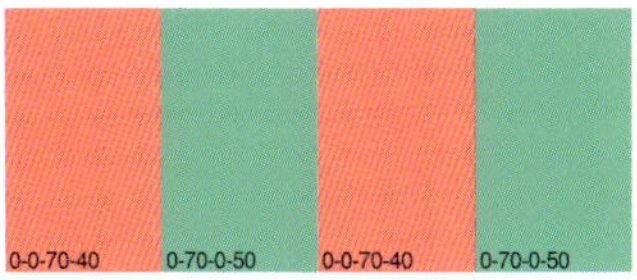

白色を混ぜると少し落ち着く

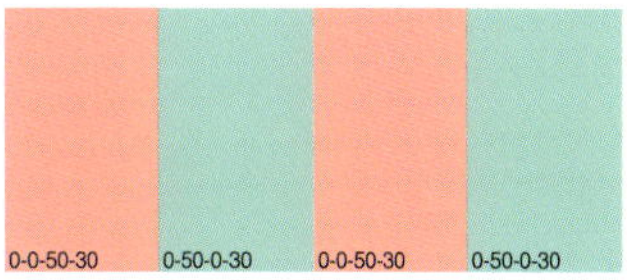

白色の量を多くしたら、ソフトになった

チェック3 **緑には黒を加える** 純色の緑色は不自然で人工的に見えやすいので、黒を加えてなじませる

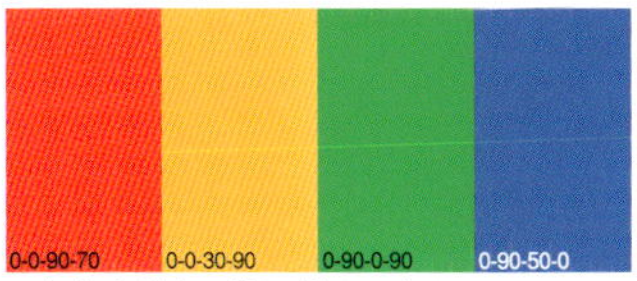

4色とも純色に近い鮮やかなトーン

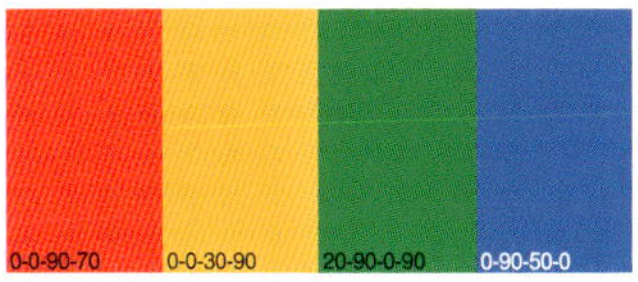

緑にだけ黒を20%加える

黒を40%にすると全体的に落ち着く

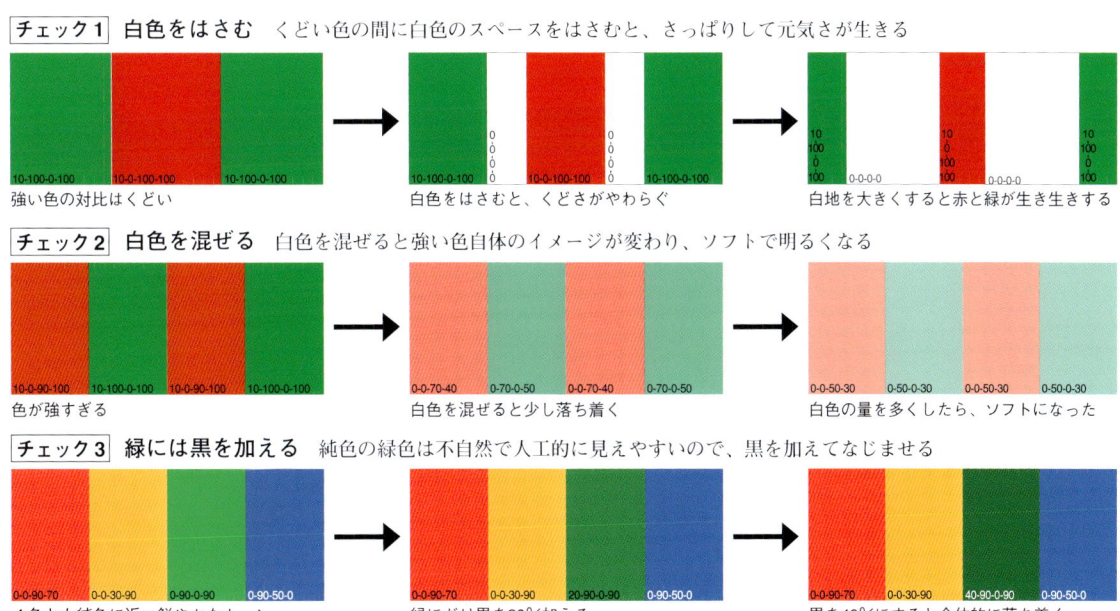

6 イメージと表現が一致すると安心

イメージのギャップは厳禁

どんなに美しい配色であっても、イメージが合っていないと違和感を覚えてしまう。和菓子には和菓子らしいイメージの色調があり、洋菓子には洋菓子にふさわしいイメージのトーンがある。

1

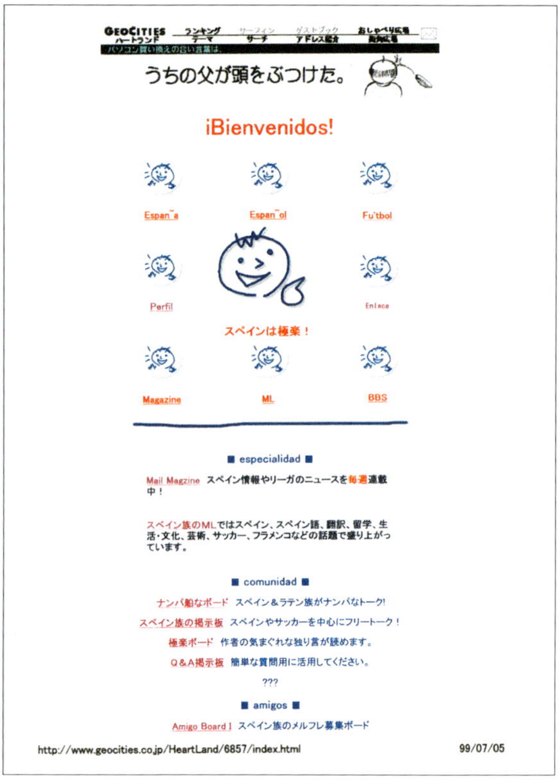
GEOCITIES
ハートランド
ランキング
テーマ
サーフィン
サーチ
ゲストブック
うちの父が頭をぶつけた。
¡Bienvenidos!
Espan˜a
Espan˜ol
Fu'tbol
Perfil
Enlace
スペインは極楽！
Magazine
ML
BBS
■ especialidad ■
Mail Magzine スペイン情報やリーガのニュースを毎週連載中！
スペイン族のMLではスペイン、スペイン語、翻訳、留学、生活・文化、芸術、サッカー、フラメンコなどの話題で盛り上がっています。
■ comunidad ■
ナンパ船なボード スペイン＆ラテン族がナンパなトーク!
スペイン族の掲示板 スペインやサッカーを中心にフリートーク！
極楽ボード 作者の気まぐれな独り言が読めます。
Q＆A掲示板 簡単な質問用に活用してください。
???
■ amigos ■
Amigo Board！ スペイン族のメルフレ募集ボード
http://www.geocities.co.jp/HeartLand/6857/index.html
99/07/05

各々にふさわしいトーンがある

2

和菓子にふさわしいのは落ち着いたトーン

3

暗色が、ケーキの高級感や格調の高さを表す

4

野性的な力強さを強調したい時には、渋く、暗いトーンで表現する

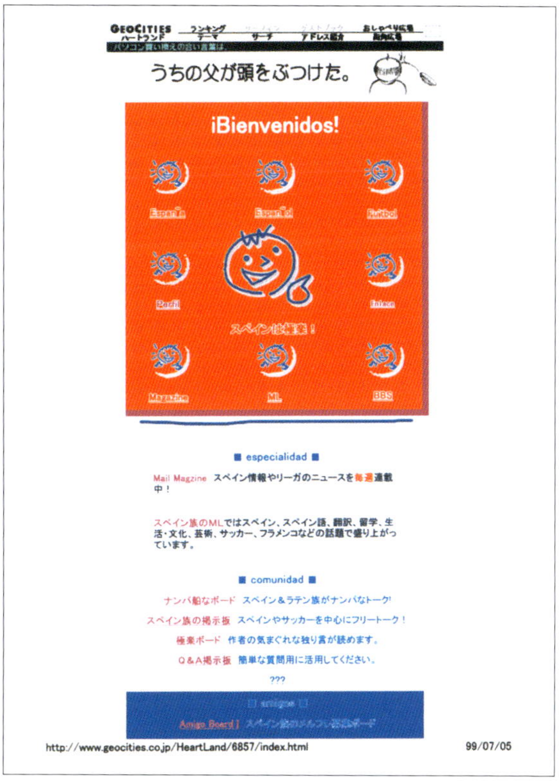

熱く鮮やかなスペイン色

5

鮮やかな原色の赤と緑が、情熱のスペインを表す

スペイン色を増やしたら「共感」が大きくなる

スペインをテーマにしたホームページ。左図は軽妙で楽しい画面だが…右図ではスペインらしい鮮やかな色彩を増やしてみた。文字を読まなくても、一目でスペインらしさを感じさせる

チェック1 年齢差とトーンの関係 白に近い淡い色は乳児らしく、鮮やかで強い色は若者らしい

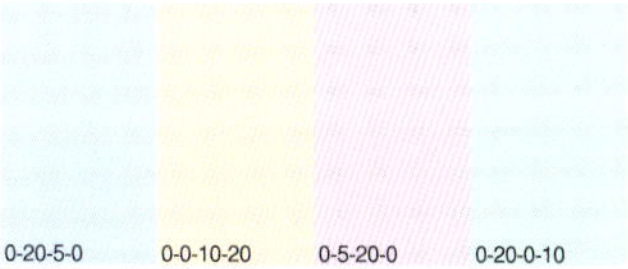

乳児の淡くソフトなトーン

→

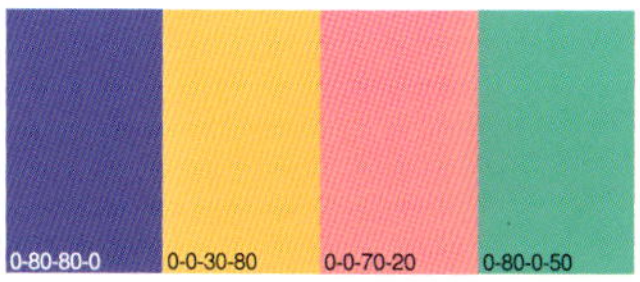

元気で活発な少年の鮮やかなトーン

→

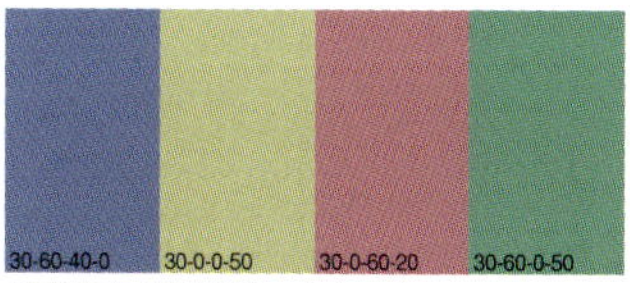

初老の渋く落ち着いたトーン

チェック2 寒暖を表す色相 寒さは青などの寒色で、暖かさはオレンジなどの暖色で表す

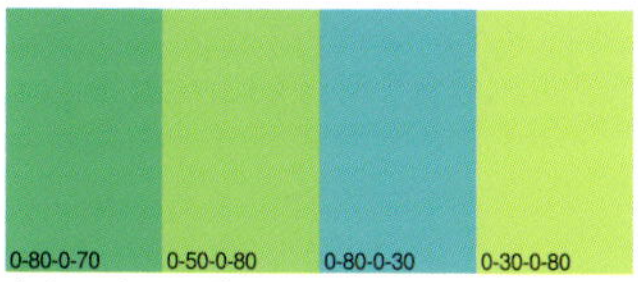

寒色は涼しい感じ

→

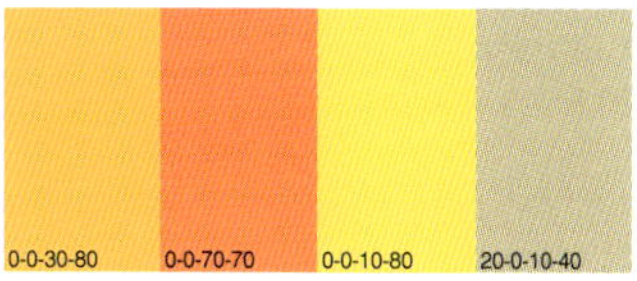

オレンジを中心とした暖色は暖かい

→

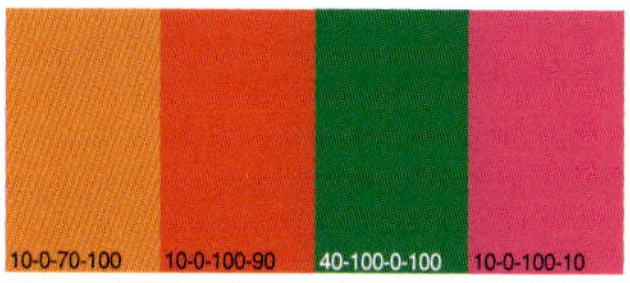

強い暖色の中に反対色を加えると熱くなる

チェック3 いろいろなイメージ トーンと色相を組み合わせて、複雑で幅広いイメージをつくる

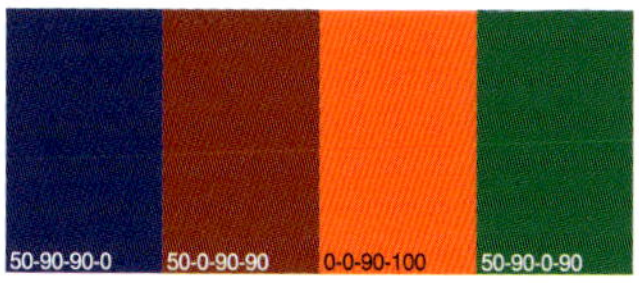

ダイナミック。トーンも色相も強い対比

→

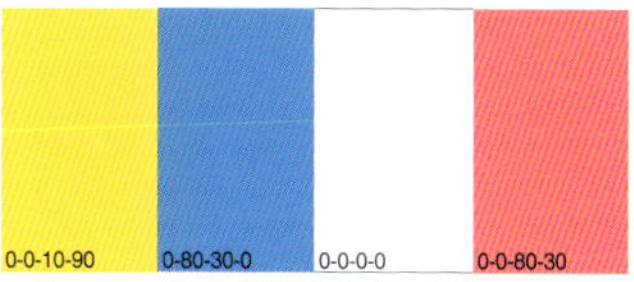

スポーティー。明るく鮮やかな色

→

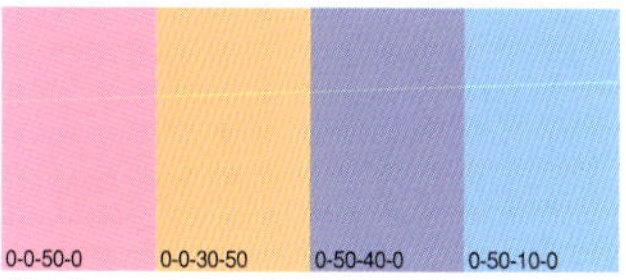

都会的。ソフトなトーン

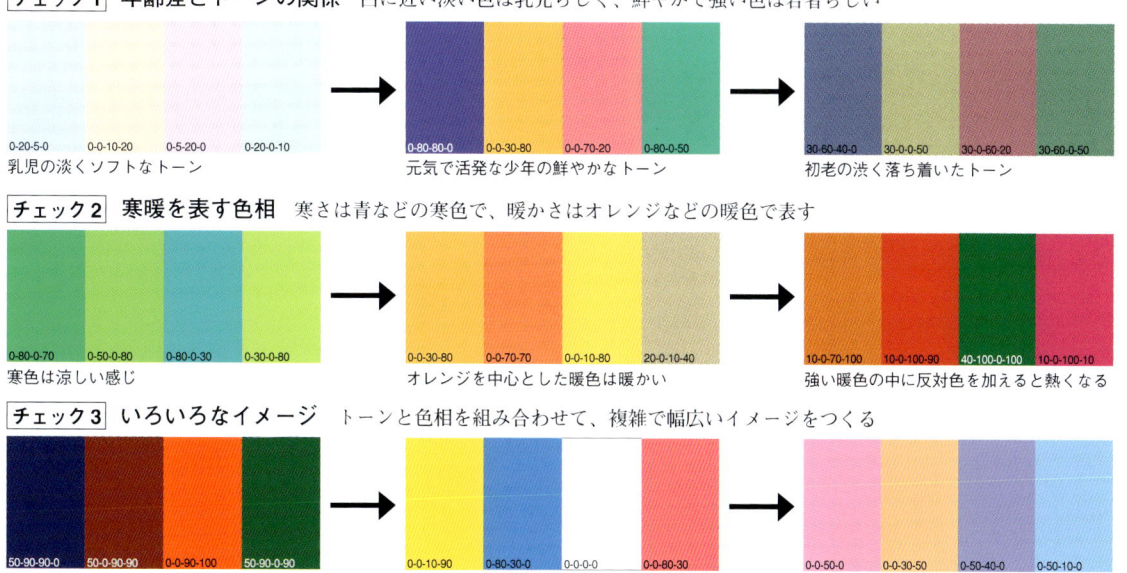

Q＆A　第１日目の復習

Q１　印象的な配色はどれ？　下の３図はどれも落ち着いた配色だが、その中でもっとも晴れやかな配色はどれ？

1

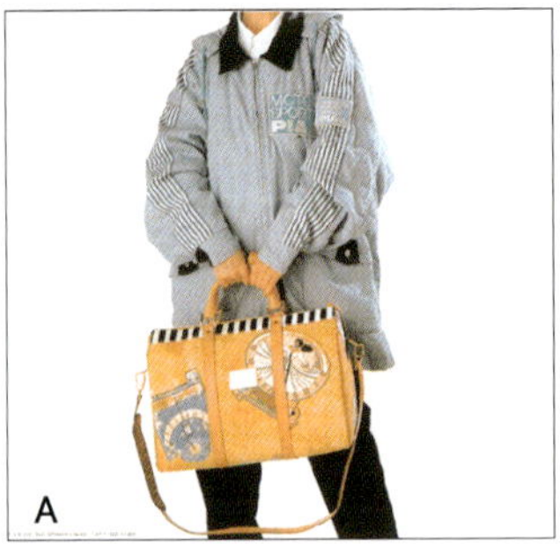
A

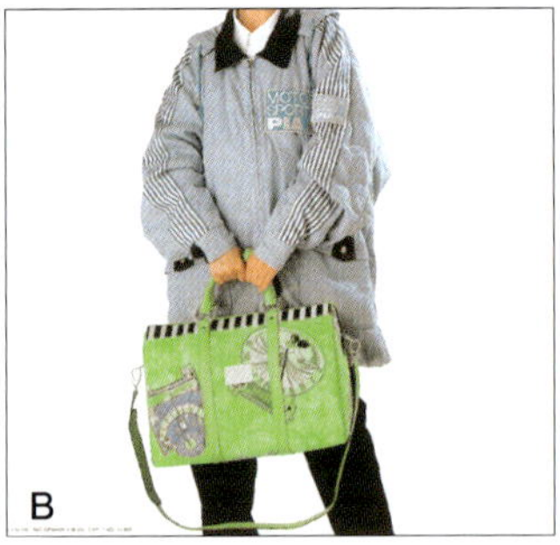
B

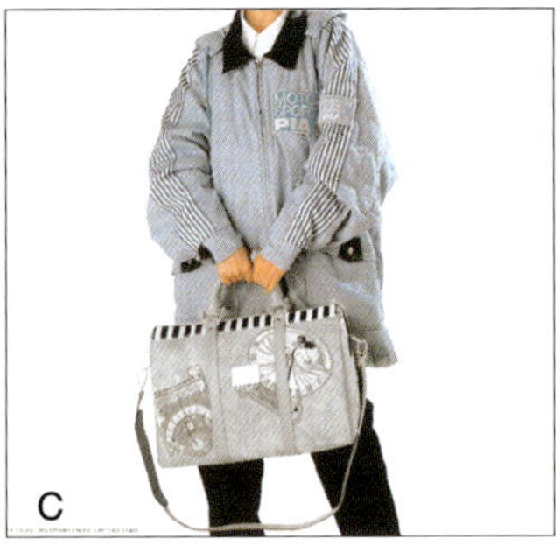
C

Q２　本物のポップな腕時計はどれ？

女性誌に「キッチュでポップな動物柄。どこか懐かしいダサカワイさが魅力」と紹介されていた若者向けの腕時計。３点のうち、どれが紹介文の言うイメージだろうか。

2

D

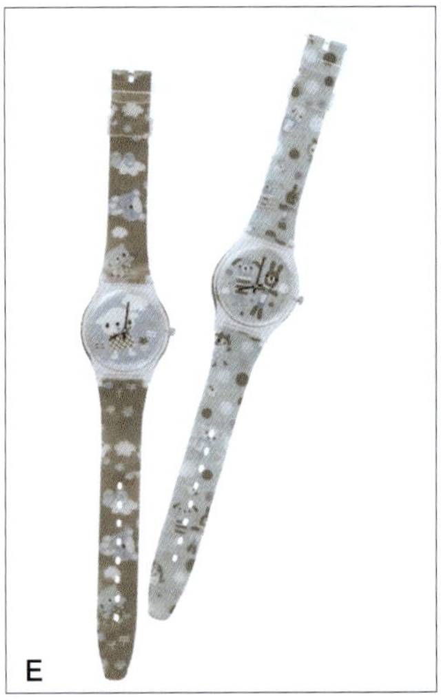
E

F

Q３　おいしそうな写真はどれ？　どの写真の配色がいちばんおいしそうに見えるだろうか。

3

G

H

I

Q４ ふさわしいキャッチフレーズはどれ？

自動車の広告で、車種の性格を描き分けた３点のイラスト。それぞれにふさわしいキャッチフレーズはⅠ～Ⅲのどれだろうか。

- Ⅰ カジュアルで買いやすい価格——□
- Ⅱ 上質でハイセンス——□
- Ⅲ 痛快な走りが楽しめる——□

4

J

5

K

6

L

Q５ 印象的なのはどの配色？

明るい青色を基調にした鳥羽水族館のホームページ。特に楽しいのはどの配色か。

M

7

N

O

こたえと解説

Q１ Aの明るい茶色

青いコートに対し、明るい茶色は反対色なので目立つ。緑は鮮やかなトーンだが、寒色でコートの色に近いため、少しさびしい

Q２ Fの明るいピンク

明るいピンクと青、黄色の三角型配色で楽しい（P.64参照）。Eはモノトーンでシックだが、いわゆるポップではない。Dは濃く強いトーンで、楽しさからは遠い

Q３ 鮮やかなH

鮮やかないくらの上にさらに緑のトッピングが乗って、おいしさが一層引き立っている。Gは全体のトーンが渋いので、食欲をかきたてない。Iにはトッピングがないので、その分だけおとなしくてさびしい

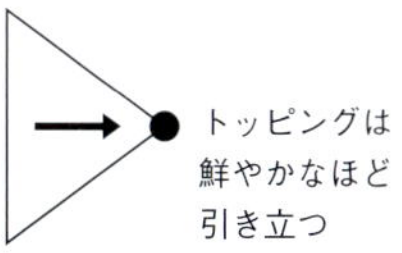

Q４ J＝Ⅱ　K＝Ⅲ　L＝Ⅰ

この問題はかなりむずかしいが、何回も見比べてチェックしてほしい。

Kは色の鮮やかさが＜スポーツ＞や＜走り＞を象徴。Jは渋いトーンが高級感を伝える

Q５ Nの鮮やかな黄色

どれも明るいブルーをバックにして、水族館らしい配色だ。３点を比べると、Nのレモンイエローがひときわ印象的。黄色は青の反対色であり、青を引き立てる効果がある

2日目 配色のツール

配色の準備　○と△で配色の原理を把握

＜三属性＞を理解すると配色が自由自在になる——→ P. 20～P. 27

山中で迷った時に、現在位置を知る道具が地図とコンパスだが、配色をする時に、色の位置を測る道具は＜三属性＞だ。三属性はこの本で説明している様々な原理原則を理解するために必要な、基本的なツールだ。

＜五役色＞を使い分けると配色がすっきりする——→ P. 28～P. 37

小説や映画に主役、脇役があるように、配色にも役がある。主な役割は、主役、脇役、支配色、なじませ色、アクセント色の5種類で、役割を想定しながら選べば、的確な色を迷わずに選び出せる。

三属性を理解する

＜色立体＞に置き換えて理解しよう

色の性質は色相、明度、彩度の3つの要素でできている。これを三属性という。右図のような三次元立体に置き換えてみると、色の位置関係が理解しやすくなる。

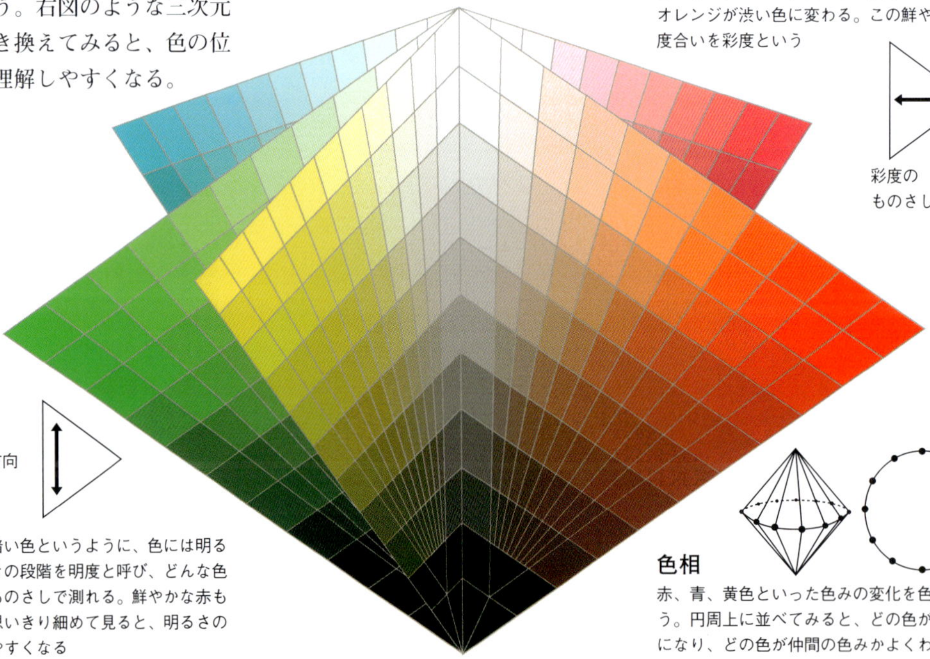

彩度

鮮やかなオレンジに灰色を加えていくと、茶色になり、やがて灰色になる。鮮やかだったオレンジが渋い色に変わる。この鮮やかさの度合いを彩度という

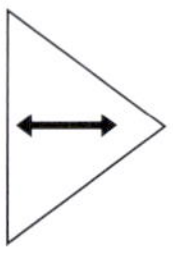

彩度のものさしの方向

明度のものさしの方向

明度

明るい色、暗い色というように、色には明るさがある。その段階を明度と呼び、どんな色も明るさのものさしで測れる。鮮やかな赤も緑も、目を思いきり細めて見ると、明るさの段階が比べやすくなる

色相

赤、青、黄色といった色みの変化を色相という。円周上に並べてみると、どの色が反対色になり、どの色が仲間の色みかよくわかる

○と▷とで＜三属性＞を覚えよう

三属性を○と▷に置き換えると覚えやすい。
色相は○型で理解する。３原色の赤、黄、青とその中間の橙、緑、紫の３色を加え、計６色を覚えるだけでいい。
明度と彩度の関係は、▷型のトーン図に置き換える。純色や明色、暗色、濁色などの関係が理解できる。
これだけマスターすれば、思いどおりの配色ができる。

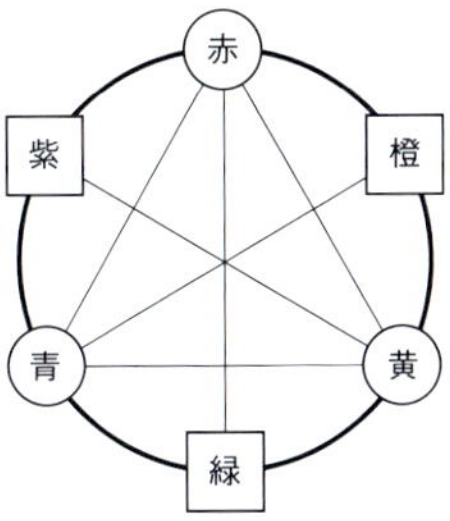

基本の３色、中間の３色

色相は○型に並べる。３原色の赤、黄、青を三角形型に並べ、その中間に橙、緑、紫の３色を並べる

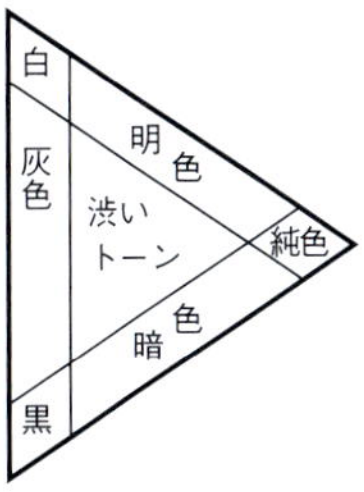

７つの部分に分ける

まず三角形の頂点に白と黒を置く。次に白と黒の中間が灰色。純色と白の中間が明色、純色と黒の中間が暗色になる。中央の残されたところが渋いトーン。計７つのトーンに大別される

みかんの形にしても、三属性がわかる

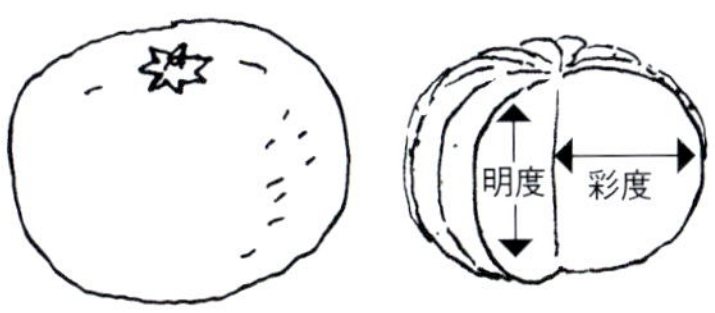

色相はみかんを水平に切って、上から見た形

明度は中心の芯。上が白で下が黒。彩度は芯からの距離。芯から離れるほど鮮やかさが増し、いちばん外周のふくらんだところが純色

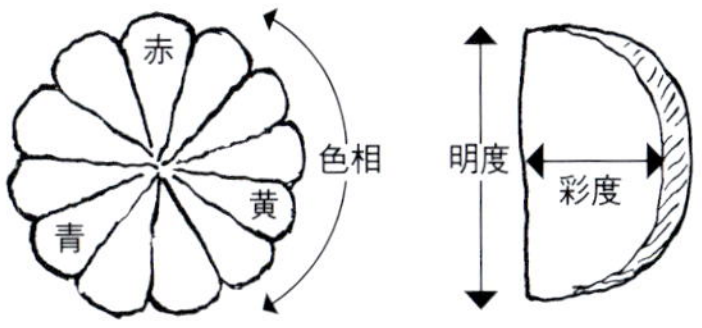

1 色相

色相は6色で覚える

色相の関係は◯型に並べると理解しやすい。最も基本的な色は、3原色と呼ばれる赤、黄、青の3色。次にその中間に橙、緑、紫の3色を並べると、6等分された色相環となる。さらにその中間をつくると12色相、24色相になるが、まずは基本6色がわかれば十分だ。

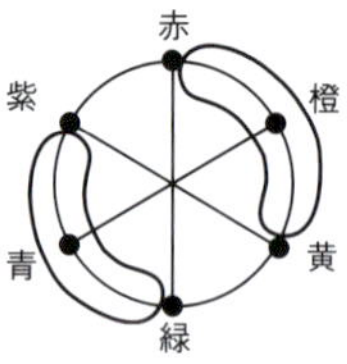

反対色、類似色、同系色

色相環図の反対側にあるのが反対色で、赤の反対色は緑。隣にある色が類似色で、赤の類似色は紫と橙。同系色とは、同じ色相に白や黒を混ぜ合わせた色

木もれ日の差す緑一色の風景。色相差の少ない類似色だけでの配色は、静かで穏やか

色相の効果

色自体の効果には､暖かさや活気を生む暖色(赤や橙、黄）と、クールなイメージになる寒色（青など）がある。

また、色相差をコントロールすることでも、印象を変えられる。例えば、反対色を用いると、生き生きとしたイメージがつくり出せる。

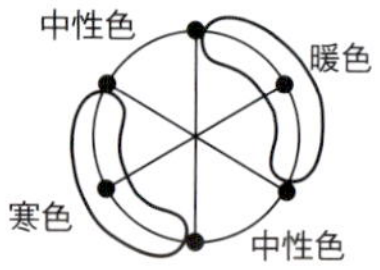

チェック1　**暖色と寒色**　色相を大きく分けると、暖色と寒色、及びその間にある中性色に分けられる。中性色には、緑色と紫色がある

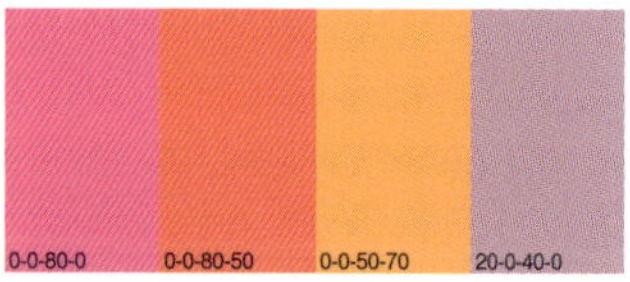

朱色は暖色

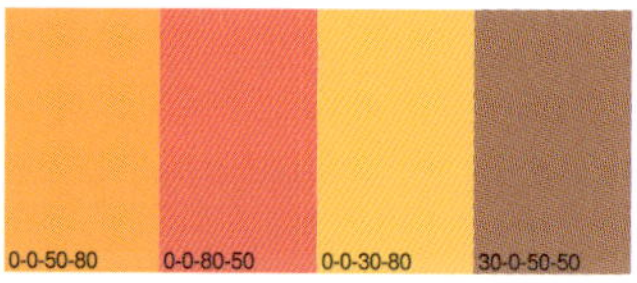

オレンジは暖色の典型

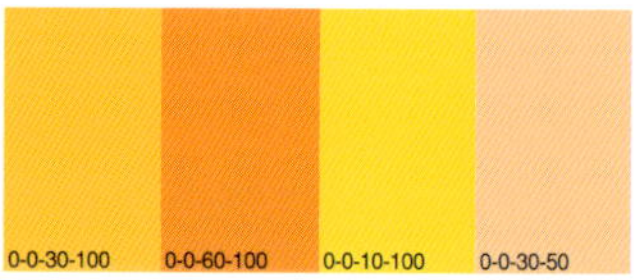

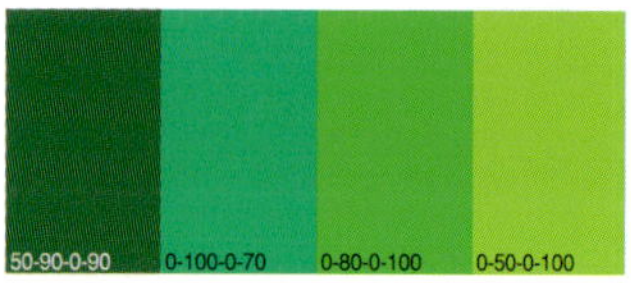

黄緑は寒色の青より中性色に近い

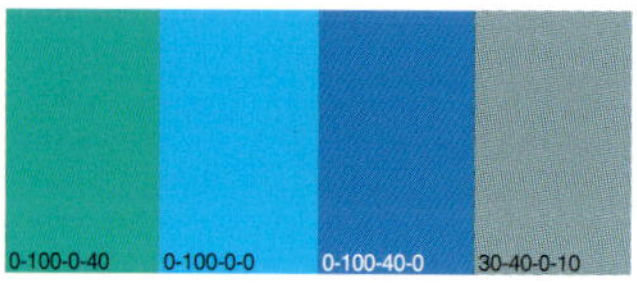

青は寒色の中心

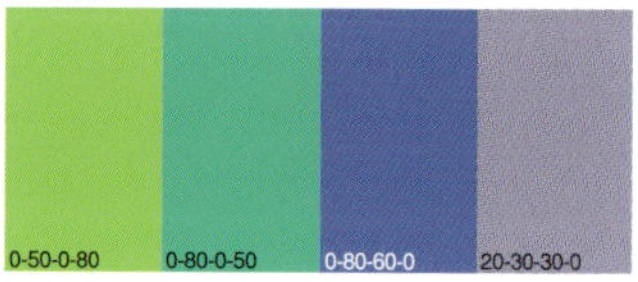

紫は暖色と寒色の間

1

反対色の朱色が加わると、緑色が生き生きとし、全体に緊張感が出た。印象的な配色ができる

色相差で印象を変える

2

色相差の少ない、類似色での配色は、穏やかではあるが、非日常的で幻想的な印象だ

暖色を加えると色相差が広がり、幻想的な世界から日常的な風景に一変した

チェック2 **色相差の効果**　同系色、類似色で配色すると、穏やかで落ち着いた印象になる。逆に、色相差を最大にすると反対色になり、全体を引き締める効果になる

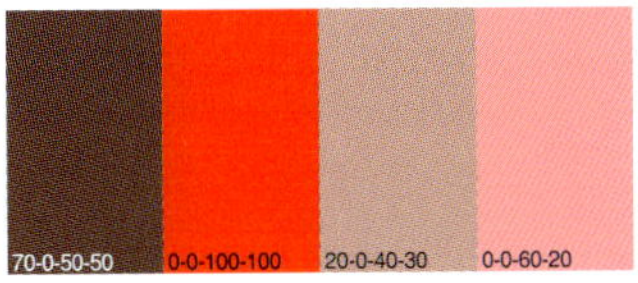

赤系を中心とした類似色

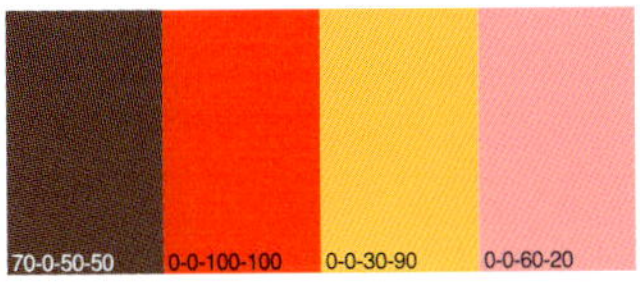

少し離れた黄色が加わると活気が出る

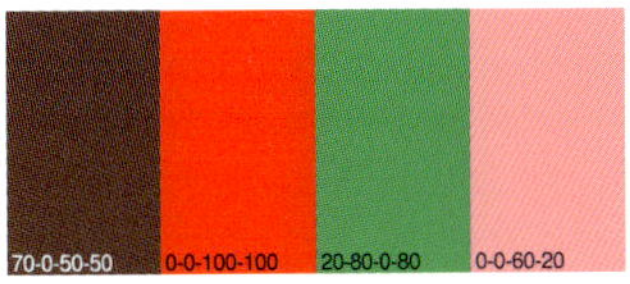

反対色の緑で引き締まる

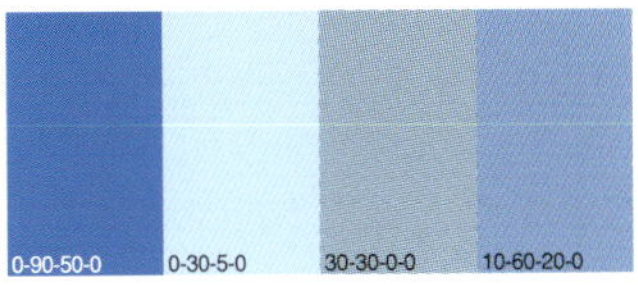

類似色の組み合わせは穏やか

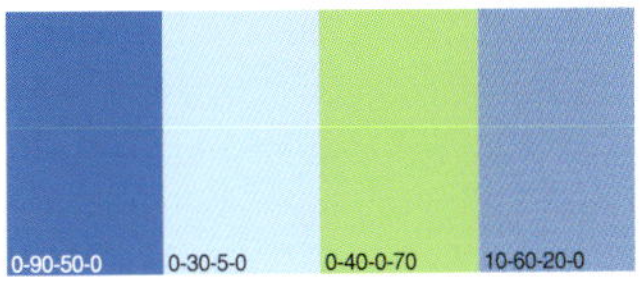

緑が加わると、変化ができた

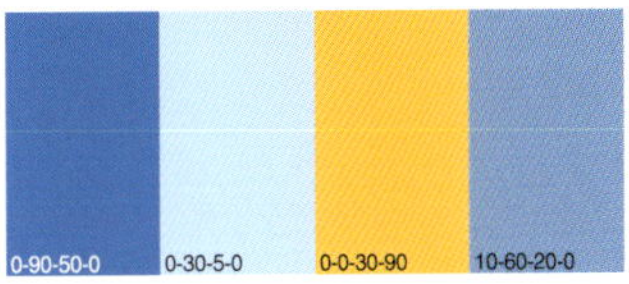

反対色の黄色が加わると引き締まった

2 明度

明度のスケール

色彩の中で最も明るい色が白で、最も暗いのが黒だ。その中間に灰色があり、白に近い淡い灰色から、黒に近い濃い灰色までの、グレースケールという明度のスケールができる。

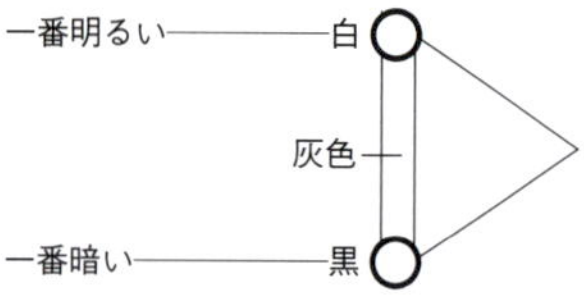

明度の効果

明るさ自体の効果では、明るい色が軽快な印象を、暗い色が重い印象を、それぞれつくり出す。
また、明度差をコントロールして差が大きいと元気に、小さいと穏やかにすることもできる。

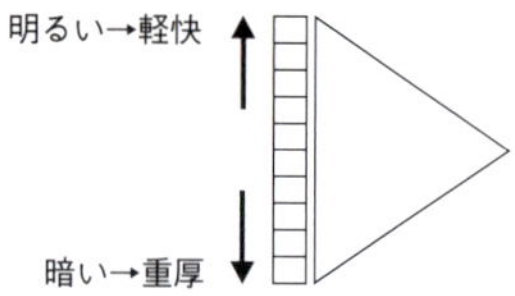

明暗差を大きくすると力強くなるが、上品さが失われてくる

食べ物に合う明度

暗過ぎると食欲がセーブされる

明るくさわやかな気分になる

チェック１ **明度の位置**　明色を主体にすると明るく楽しくなり、暗色を主体にすると重厚で落ち着く

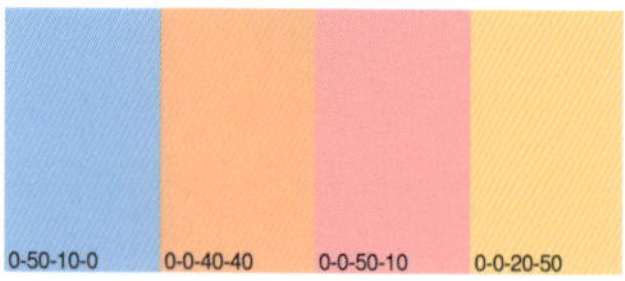

反対色の青がさわやか

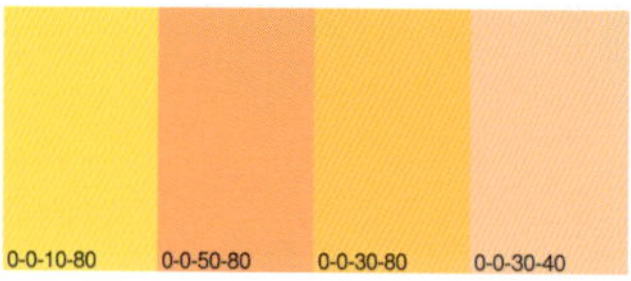

暖かく穏やかな明るさ

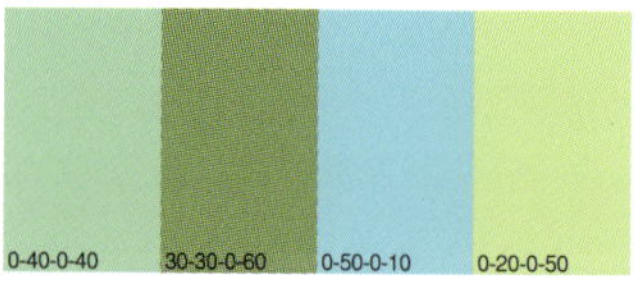

明るく涼しげ

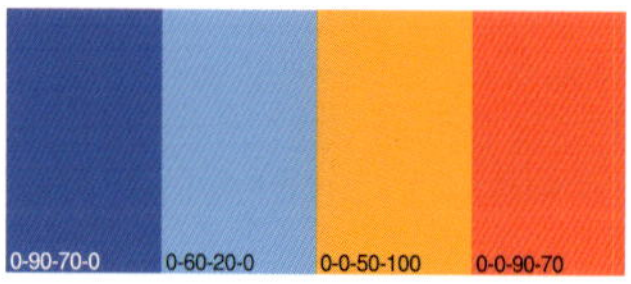

鮮やかでも、暗い色には重厚さがある

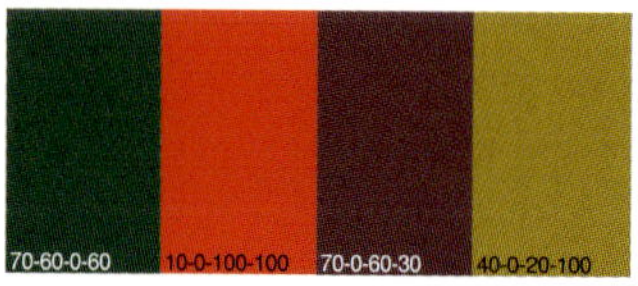

濃い赤が力強いエネルギーを表す

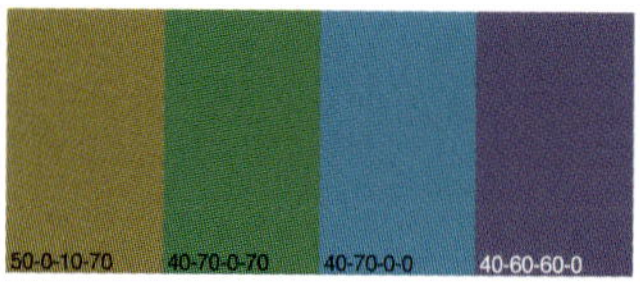

重厚で落ち着きがある

1

明度差を少なくすると、上品で品質の良いイメージが表現される

明度差小で穏やかに

3

明度差が小さく明るい色調の配色は、
穏やかな印象をつくり出す

明度差で印象をコントロール

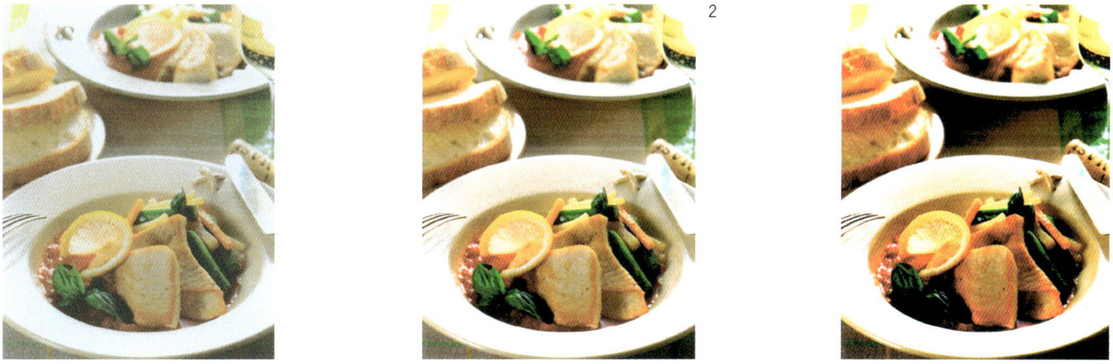
2

明度差を小さくすると上品になる ←→ 明度差を大きくすると元気が出る

チェック 2 **明度差の大小** 明度差を小さくすると上品になり、大きくすると活気が出る

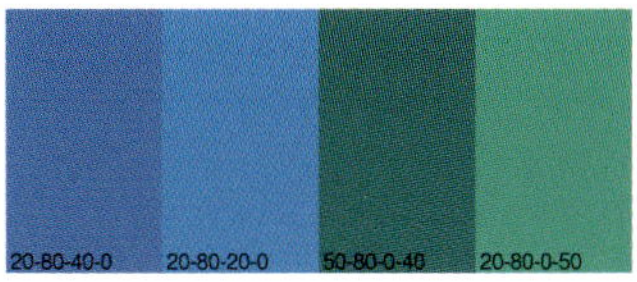

明度差が小さいので穏やか

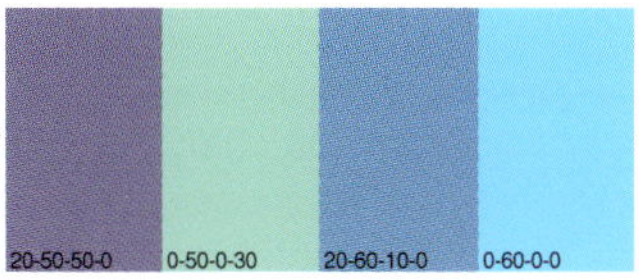

中位の明度差

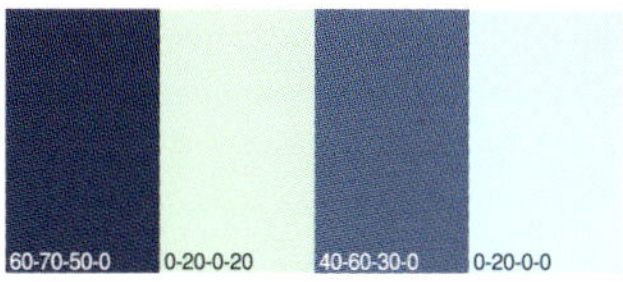

明度差が大きくなると力強さが出る

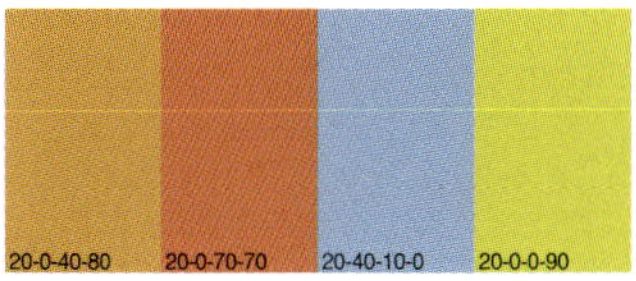

明度差 小

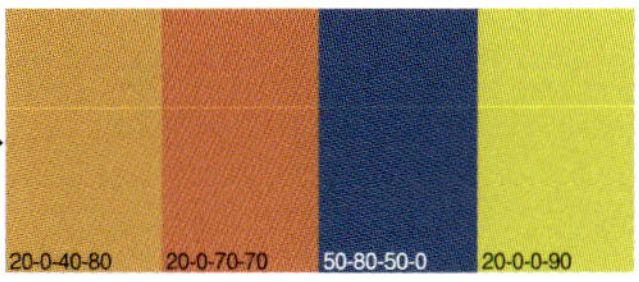

明度差 中

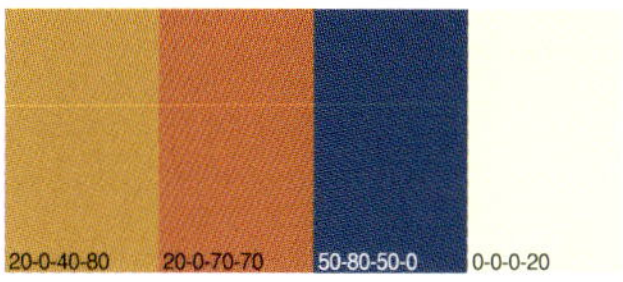

明度差 大

3 彩度とトーン

彩度とトーンの関係

鮮やかな色は彩度が高く、濁った色は彩度が低い、というように色の鮮やかさを測定するのが彩度。しかし、彩度を使いこなすには＜トーン＞に置き換えて考えた方がわかりやすい。
トーンは、彩度と明度が交差してつくり出される。色立体を縦に切ると同一色相のトーンがグラデーションになっている（下図の変形四角形のひとつひとつがトーン）。トーンは高い低いで表さず、淡い、強いといった言葉で表す。

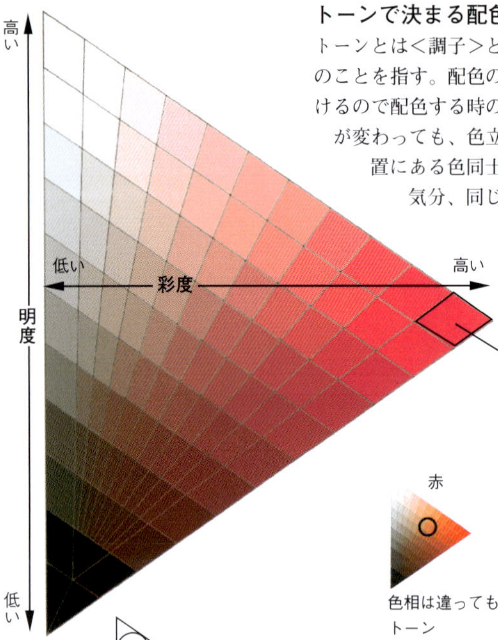

トーンで決まる配色イメージ

トーンとは＜調子＞ともいい、気分や雰囲気のことを指す。配色の印象を最も強く決定づけるので配色する時の最重要ポイント。色相が変わっても、色立体の三角の中で同じ位置にある色同士はトーンが一緒。同じ気分、同じ調子を表す

色相は違っても同じ位置にあるトーンは同じトーン

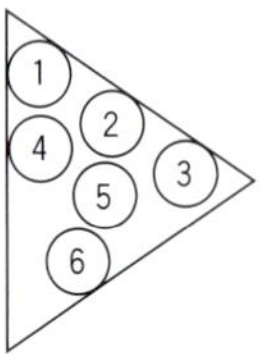

和風にふさわしいトーン

1

和風の品物には、渋いトーンが似合うが…

鮮明なトーンは華やかなシーンを暗示する

チェック1 **トーンの位置**　トーンの位置によって、配色イメージの大半が決定する

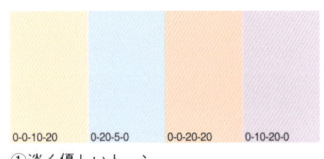

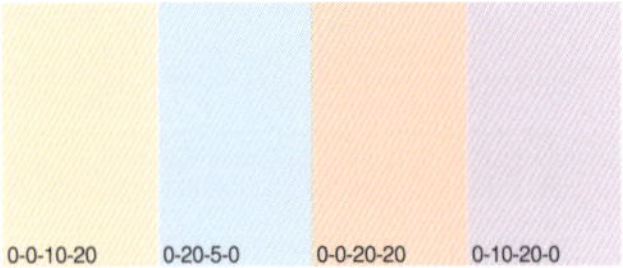

①淡く優しいトーン

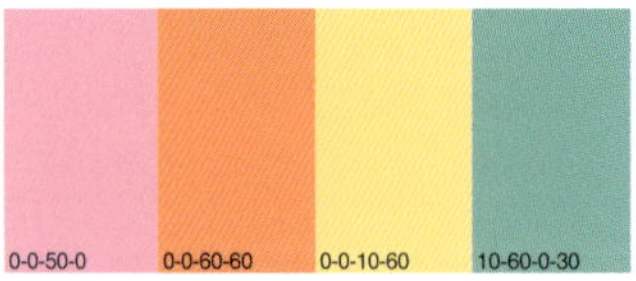

②明るく軽快なトーン

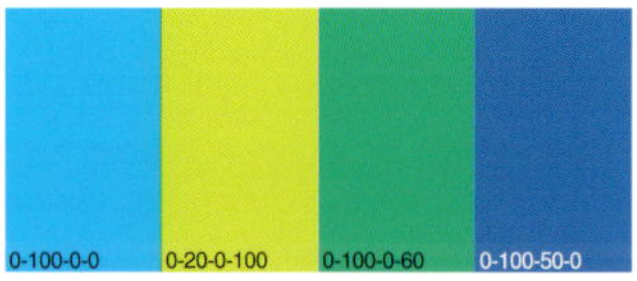

③元気あふれる鮮やかなトーン

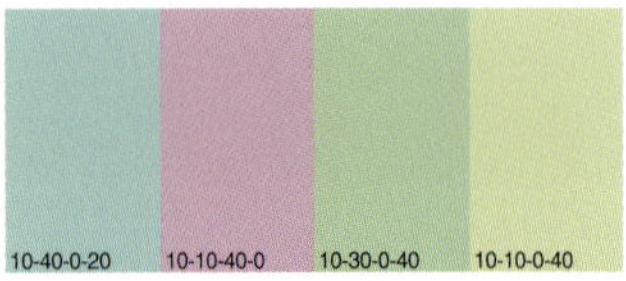

④上品でソフトなトーン

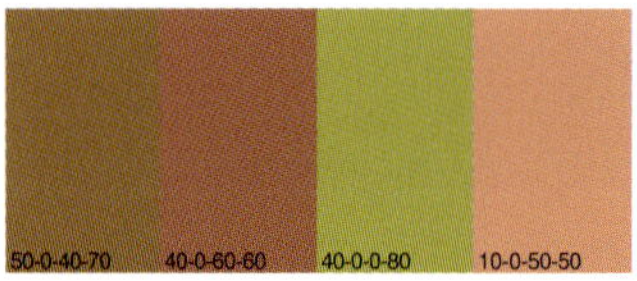

⑤渋く落ち着いたトーン

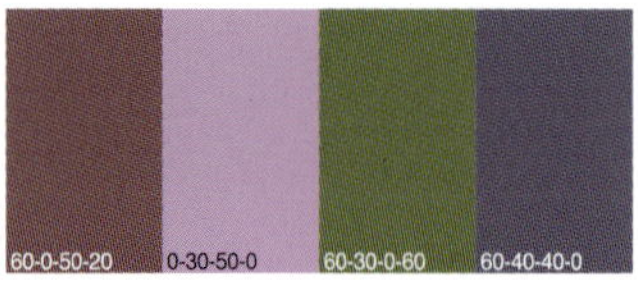

⑥重厚なトーン

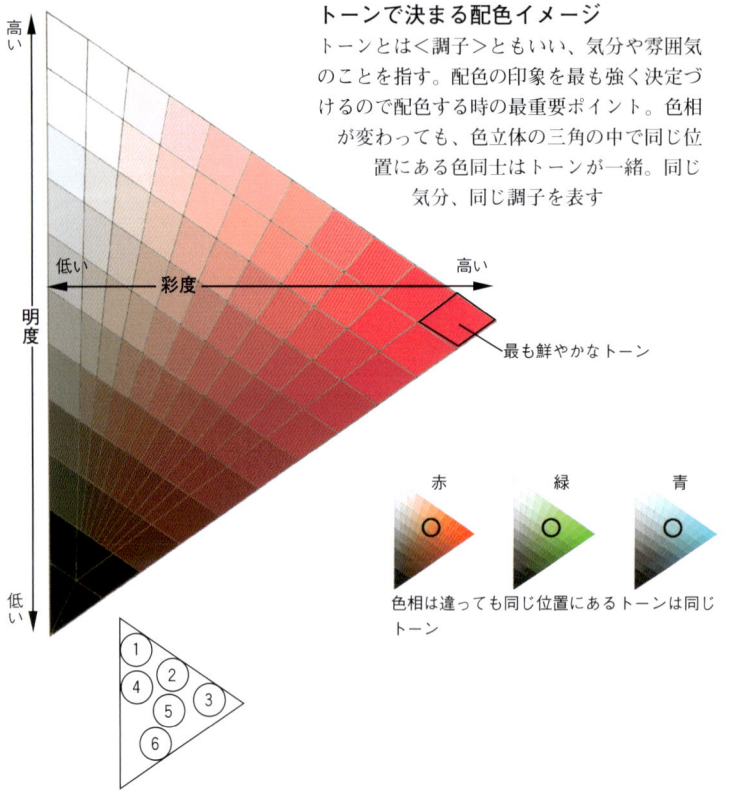

渋く淡いトーンは、上品な大人のイメージを表す

トーンをさらに淡くすると、幼児向けのイメージに近づく

アールデコ風の華やかでレトロなトーン　トーンが時代の気分を表す

グレイッシュで華やかさがない

2

ほどよい渋さが落ち着きを表す

鮮やかすぎると落ち着きに欠ける

チェック2　トーン差の効果　小さな差は穏やかで調和し、大きな差は変化を生む

近いトーンだけなので落ち着く

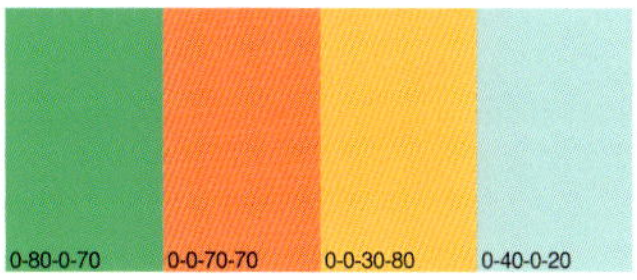

中位のトーン差

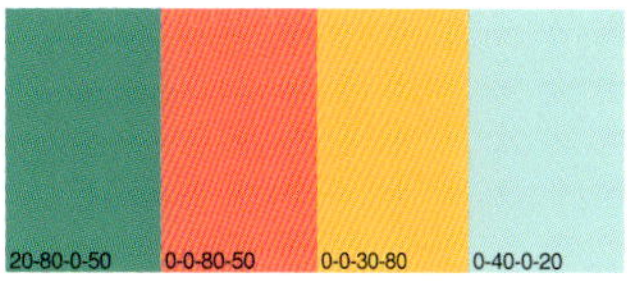

淡いトーンとの対比が強くなった

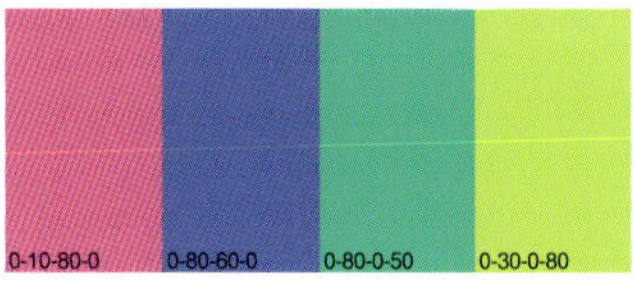

トーン差 小

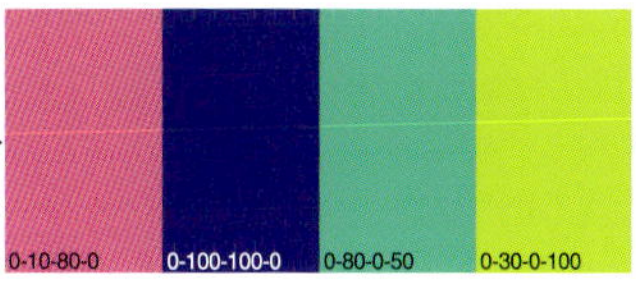

トーン差 中

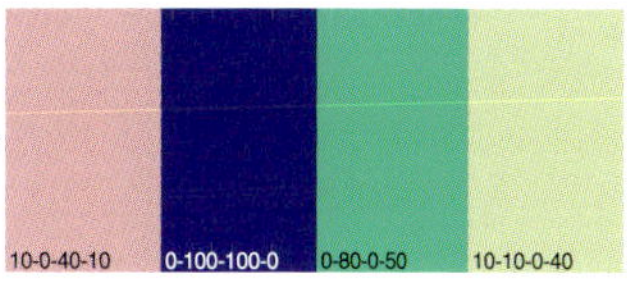

トーン差 大

五役色を理解する

小説や映画に主役、脇役があるように、配色の各々の色には役割がある。その色が役割を果たした時に、はじめて配色全体がすっきりして安定する。最も基本的な役割は5つあり、これをマスターすれば、配色づくりに役立つ。

1 主役色

文字通り、配色の中心になる色。他の色を選び出す時もこの主役色が基準になる。

2 脇役色（引き立て色）

主役を引き立てるための色で、縁の下の力持ち。主役の近くにわざと反対色を置くと主役が生き生きとしてくる。

3 支配色（背景色）

背景として全体を包み込む色は、面積が小さくても配色全体の気分を支配する。

4 融合色（なじませ色）

主役色がその他の色から浮き上がり遊離した時、離れたところに渋めの同系色を置いて全体をなじませる。

5 アクセント色

強い色を小さい面積に散らすと、配色全体が生き生きする。

（**十役色** 以上の他に、6 つなぎ色、7 散りばめ色、8 バランス色、9 添え色、10 重ねハイバルール色がある）

本物はどっち？

2図とも、強く激しい色が同じように主張し合っている。しかし、もう一度見比べると、一方の配色は落ち着いてしっかりしていることがわかる。安定感のある配色はどっち？

A

B

こたえと解説 正解はA図だ。A図のポイントは中央や上にある赤で、赤が主役となって全体を引き締めている。一方、B図の主役は黄色なので全体をまとめる強さがない

1 主役色

主役が決まると全体が安定する

主役には、最も強い色を置く。主役にふさわしい強さにすると配色全体の中心が明示されるので、色の見え方がすっきりとし、安定する。主役の位置は中央部でも画面の端でもよい。強い色を置けば、そこが主役になる。

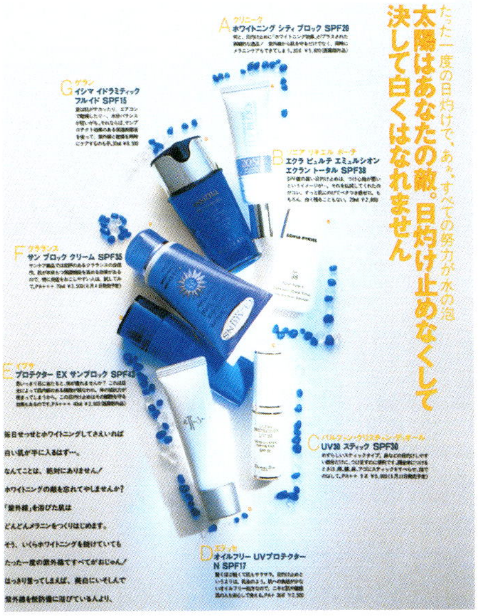

主役色がはっきりしないので全体が散漫になる

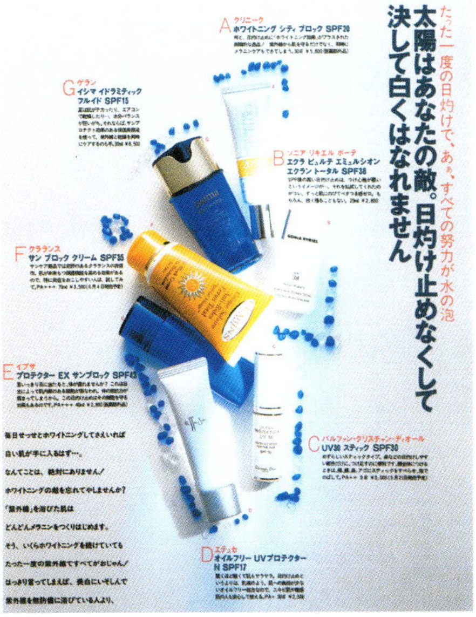

強い主役色を中心にして全体が引き締まる

主役の小ささを生かす

たとえ主役が小さくても色が強く印象的ならば、面積の小ささがかえって効果的。特に彩度の高い色を主役に置くと、配色全体が安定する。

パッケージの鮮やかな赤がないと主役が弱くなり、見る人は不安な気持ちになる

主役を強い色にすると、メリハリがついて落ち着いた

2 脇役色（引き立て色）

反対色が主役を生かす

主役に脇役色（引き立て色）を添えると配色全体が生き生きして、見違えるように活気が出てくる。主役色に対し反対側にあたる色相が脇役色になり、主役を引き立てる役割になる。

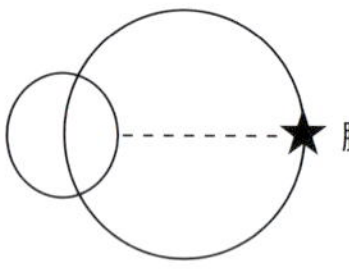

少ない面積で引き立てる

2

緑の間にみえる小さなとうがらし。その鮮やかな赤が、全体をさわやかにしている

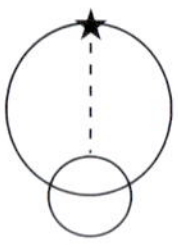

脇役色（引き立て色）がないので緊張感がなくぼやけている

チェック1 **渋い反対色が主役を引き立てる**　色相環で見て、主役色の正反対にある色相を添えると、主役色が生き生きとして引き立てられる

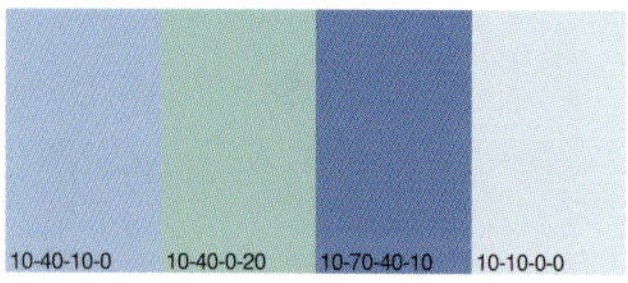

類似色だけでは主役色が引き立たない

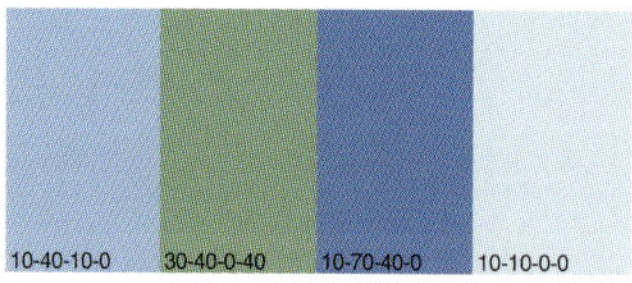

緑を強めて変化をつくる

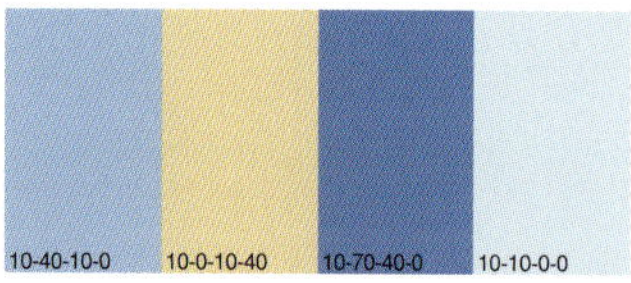

弱いトーンであっても反対色ならば主役色が引き立つ

オレンジの類似色

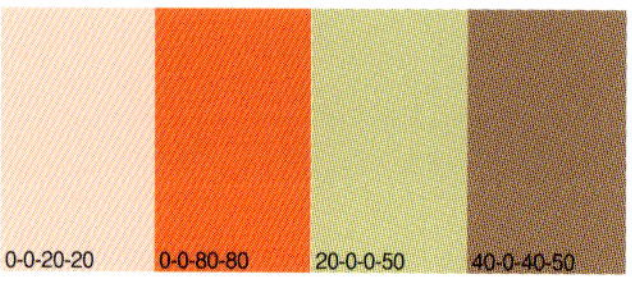

色相幅を広げる

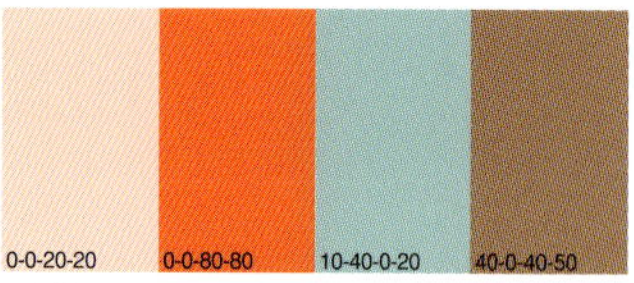

反対色の弱い緑が朱色を引き締める

1

反対色の緑を添えてみると、一気に緊張感が強まる。緑のトーンは弱く、かつ小面積だが、これだけで全体を十分引き締める

反対色で引き立てる

3

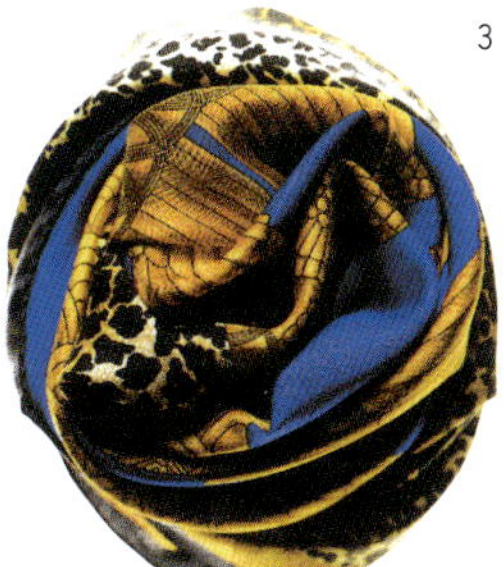

鮮やかな青が引き立て色。主役の濃い黄色を印象づける

4

主役の明るい黄色と黄緑に対し、渋めの茶色が引き立て役。脇役色は茶色は、渋めのトーンで赤の仲間

チェック２ **面積は少ない方が効果的** 引き立て色の面積が大きすぎたり彩度が強すぎると、肝心の主役色を弱めてしまう。控えめの渋さ、控えめの面積が効果的

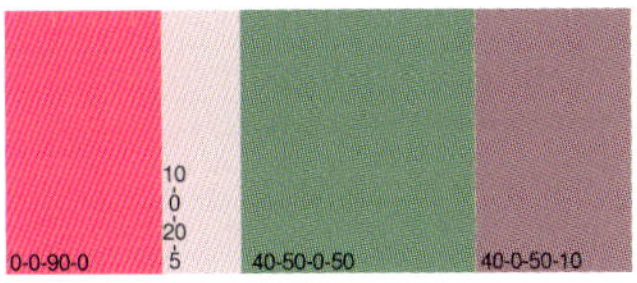

引き立て色が大きすぎて主役色が生きない

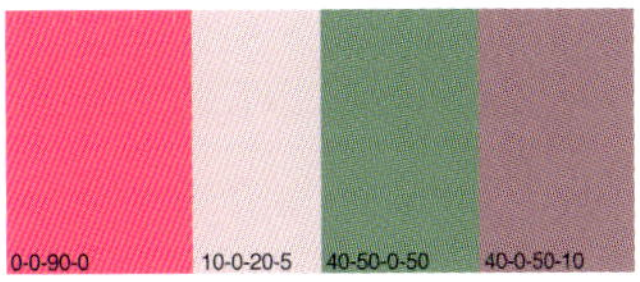

小さい面積でも主役色を引き立てる

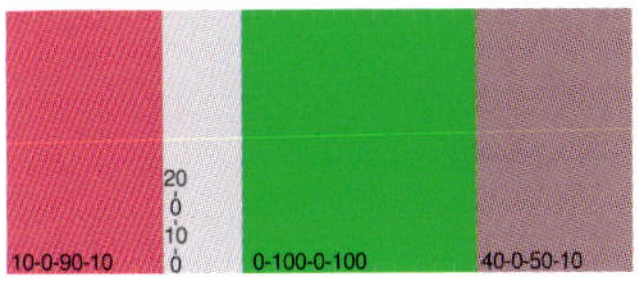

鮮やかな強い色は大きくすると逆効果

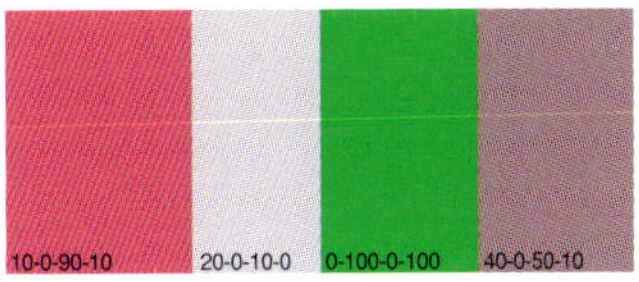

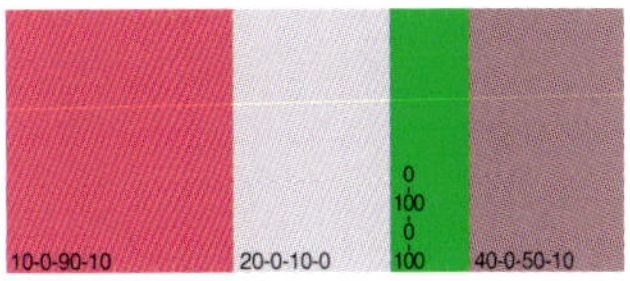

鮮やかな引き立て色は小面積でも十分

3　支配色（背景色）

背景の色が全体のイメージを支配する

同じものを撮影していても背景色を変えるだけで、イメージがすっかり変わってしまう。主役の後ろに隠れるように見える背景色だが、実は配色全体のイメージを支配している。主役色は配色の中心とはいえ、案外弱い立場なのだ。

1

穏やかで明るい茶色に囲まれて、静かな雰囲気

主役のイメージを決定するのは支配色

3

4

主役のチョコや和菓子のイメージに、背景色のトーンを合わせる。支配色が主役のイメージを左右するので、背景に正しい色を選べた時に初めて、配色計画が成功する

チェック１ **小面積でも支配色になる**　背景色は、小面積でも主役を包み込んでいれば立派な支配色。小さな面積であっても全体のイメージを左右する

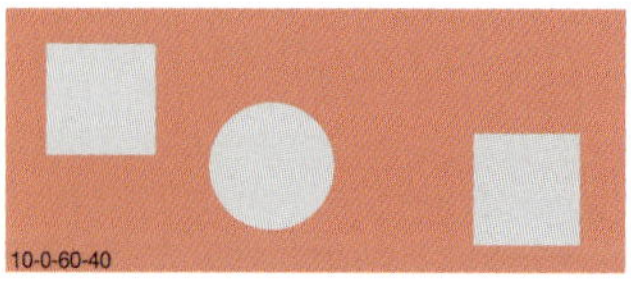

大面積はもちろん全体を支配する

背景色は小面積であっても、全体を支配する

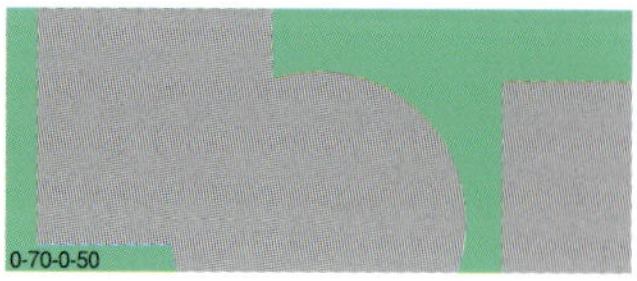

2

渋めの強い赤に変えると、きりっと引き締まる

伝えたいメッセージに合わせて背景を選ぶ

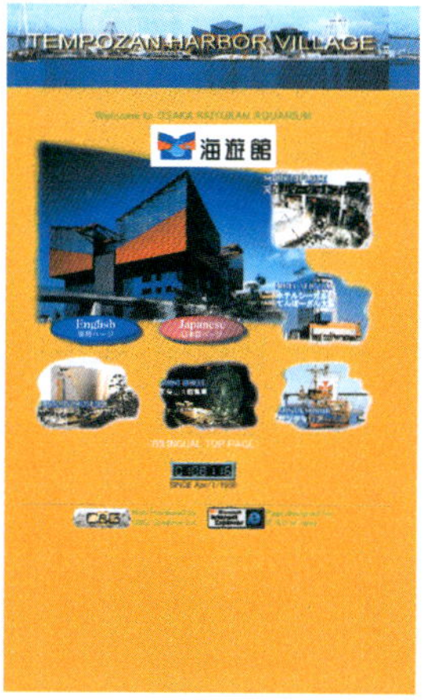

海をモチーフにしたテーマパークのホームページ。暖色ではイメージに合わず共感できない

5

海のイメージに合わせて背景を明るいブルーに。内容と色が一致して落ち着いた

チェック2 **色の強弱に関係なく支配** 背景色に色の強弱は関係ない。渋い色なら全体のイメージを渋くし、強い色なら全体を強い調子にする

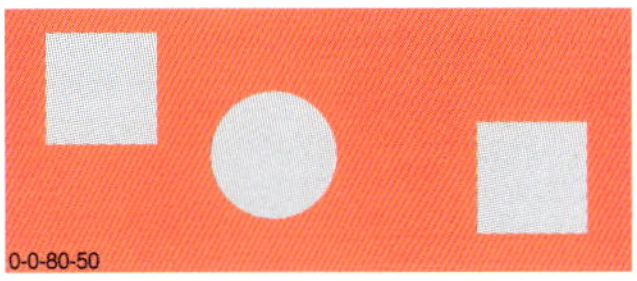

強い色は当然全体を支配する

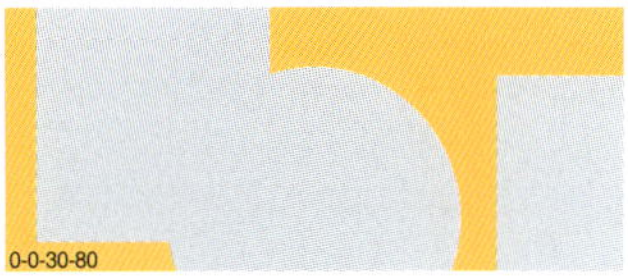

弱い色でも全体を支配する

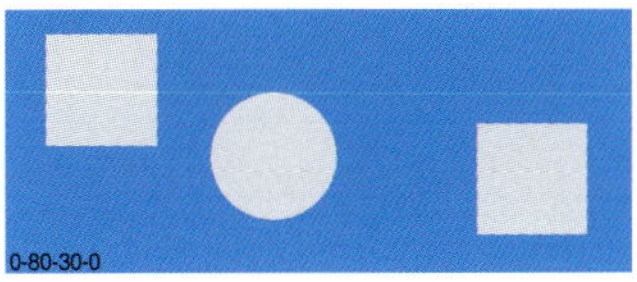

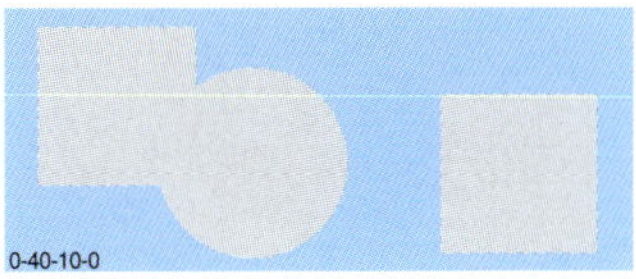

4 融合色（なじませ色）

浮き上がった色をなじませる

強い色同士が強く対立したり、１色だけが浮き上がってしまった時には、＜なじませ色＞を添えると、全体が穏やかにおさまる。

2

繰り返しが融合させる

赤の繰り返し、青の繰り返しが赤と青の対比をなじませている。共通の繰り返しによってリズムが生まれ、リズムによって全体が融合する

そら豆とエビの
ぽんぷら
そら豆がおいしい季節。
新鮮なエビとあわせて
彩りよくからっと揚がったら
きょうは味ぽんでいただきます。
名付けて、そら豆とエビの「ぽんぷら」。
さっぱり味の味ぽんだから
油っこい料理も
おいしく食べられますね。

笹の葉色を茶色にすると右図のようななごやかな融合関係がなくなってしまう

印象は強いままで落ち着かせる

3

帽子の色相差が大きいのでバラバラな印象

すべての色を同系色にすると、全体が穏やかになるが印象が弱くなる

上部の帽子を紫にすると、中心部の紫色となじんで全体が融合する

1

そら豆とエビの
ぽんぷら
そら豆がおいしい季節。
新鮮なエビとあわせて
彩りよくからっと揚がったら
きょうは味ぽんでいただきます。
名付けて、そら豆とエビの「ぽんぷら」。
さっぱり味の味ぽんだから
油っこい料理も
おいしく食べられますね。

笹の葉の緑が天ぷらの中にある緑と共鳴し合い、配色全体を融合させている

トッピング色がなじませる

トッピングが海鮮と同系色なので目立たず、外周に敷かれた緑色だけが浮いている

4

トッピングを緑色にすると、外周に敷かれた緑と響き合って全体を盛り上げる

チェック なじませ色を加える 離れた場所に置いた共通色相が、主役色をなじませ全体を融合させる

0-0-30-90
0-80-50-0
0-0-50-70
0-0-30-90

なじませ色がなく青が孤立している

→

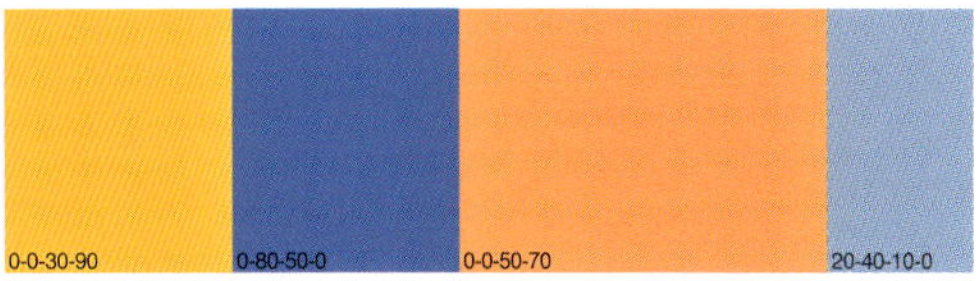
0-0-30-90
0-80-50-0
0-0-50-70
20-40-10-0

なじませ色を加えると全体がまとまる

10-40-0-40
10-0-80-80
40-50-0-30
10-10-0-10

赤が孤立している

→

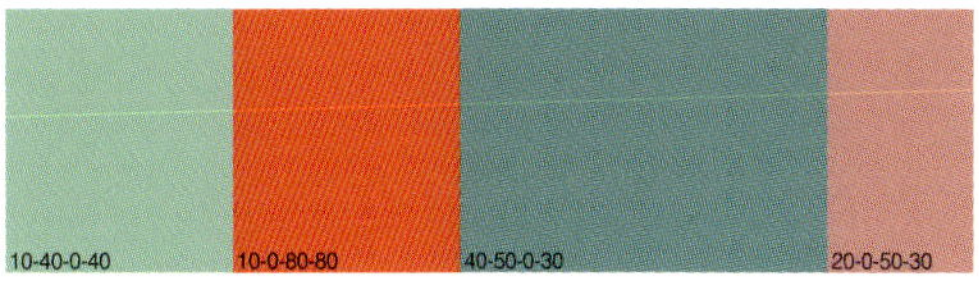
10-40-0-40
10-0-80-80
40-50-0-30
20-0-50-30

渋い赤を添えるとまとまりが出てきた

5 アクセント色

アクセントを加えると生き生きする

変化が少なくつまらない配色の中にアクセント色を加えると、一変して活気が出てくる。
左の図はクマのシルエットがポイント。このクマを鮮やかな反対色に替えると、さらにインパクトが増して楽しい画面になる。この違いがアクセント色の効果だ。

1

Last Update:7July, 1999
Next Update:17 July, 1999
Note: We are preparing English page, but currently this site is Japanese only.
For inquries/orders of teddy bears (especially Japanese artists/Japan exclusives)
you are welcome to mail us to info@bears-shop.com.
BEAR'S SHOP
BEAR'S SHOP Online
ようこそいらっしゃいませ！！
西日本最大級のテディベア専門店
ベアーズ・ショップです！
こんにちは！お元気ですか？
今回の更新日は、七夕ですね。今年は雨かしら？それとも晴れ？
でも、織り姫と彦星、世界のどこか晴れた空で会っていることでしょう。
一つだけ夢を叶えてくれるとしたら、あなたは何をお願いしますか？
一つだけと言われると、むずかしいですね。
みなさんの願いが、今年も一つ叶いますように。
毎年一つづつ願いが叶うといいですよね。

黒のクマがアクセントになっているが、やや地味で、重い感じがする

「鮮やかで小面積」が効果的

左のクマは黒で、明るいバックに対し、明度対比になってある程度のアクセントになっている。しかし、この黒を鮮やかな反対色にすると、色相対比が加わって、まったく違った感じになる。

形だけではアクセントにならない

IPSA
自然の紫外線は手強いから。
IPSA
強力に肌を守るサンブロックを。

せっかくの細い線が化粧瓶と同系色の青なので、地味な印象になりパッとしない

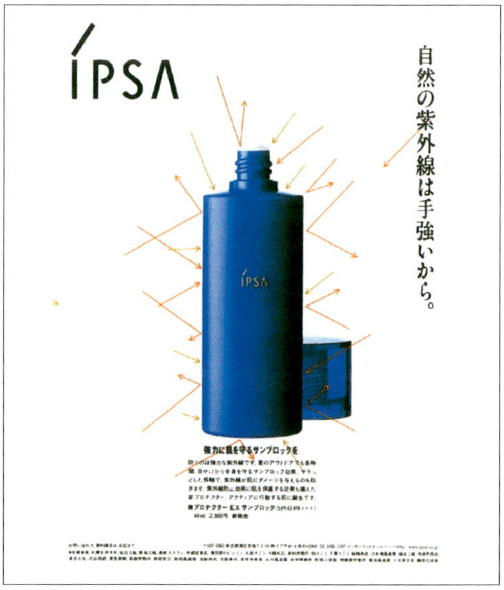
IPSA
自然の紫外線は手強いから。
IPSA
強力に肌を守るサンブロックを。

細くシャープなオレンジの線が、青紫の化粧瓶を生き生きさせる。小面積なので、主役のイメージはそのまま保持される

Last Update:7July, 1999
Next Update:17 July, 1999
Note: We are preparing English page, but currently this site is Japanese only.
For inquries/orders of teddy bears (especially Japanese artists/Japan exclusives)
you are welcome to mail us to info@bears-shop.com.
BEAR'S SHOP
BEAR'S SHOP Online
ようこそいらっしゃいませ！！
西日本最大級のテディベア専門店
ベアーズ・ショップです！
こんにちは！お元気ですか？
今回の更新日は、七夕ですね。今年は雨かしら？それとも晴れ？
でも、織り姫と彦星、世界のどこか晴れた空で会っていることでしょう。
一つだけ夢を叶えてくれるとしたら、あなたは何をお願いしますか？
一つだけと言われると、むずかしいですね。
みなさんの願いが、今年も一つ叶いますように。
毎年一つづつ願いが叶うといいですよね。
クマを鮮やかな反対色に変えると、生き生きしてきた

2

アクセント色でさわやかに

主体色が紫なので、反対色の明るい黄緑をアクセントに添えると、紫のバッグが明るくさわやかになる

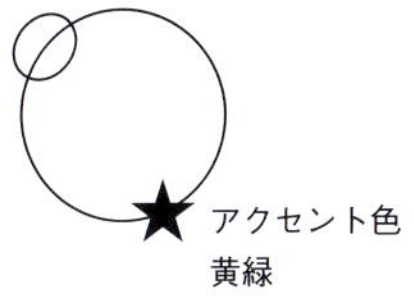
アクセント色
黄緑

チェック1 **小面積ほど効果的** 色が強くその面積が小さいほど、アクセント効果が高い

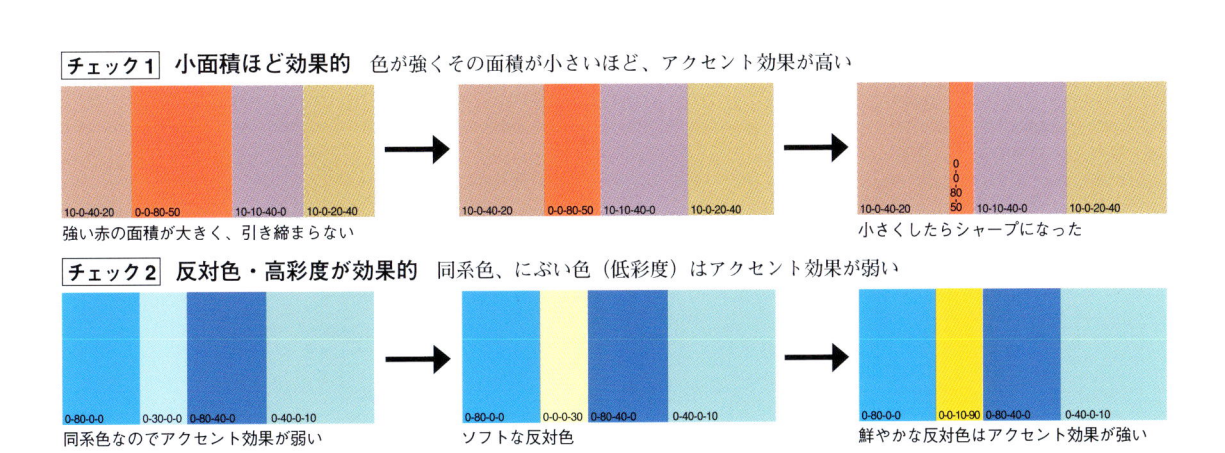

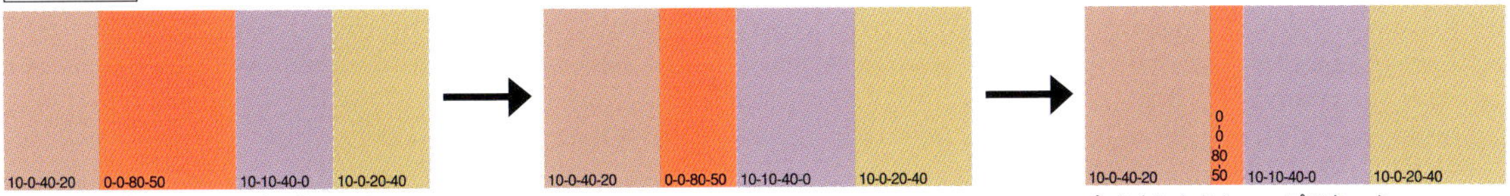
10-0-40-20
0-0-80-50
10-10-40-0
10-0-20-40
10-0-40-20
0-0-80-50
10-10-40-0
10-0-20-40
10-0-40-20
0-0-80-50
10-10-40-0
10-0-20-40
強い赤の面積が大きく、引き締まらない

小さくしたらシャープになった

チェック2 **反対色・高彩度が効果的** 同系色、にぶい色（低彩度）はアクセント効果が弱い

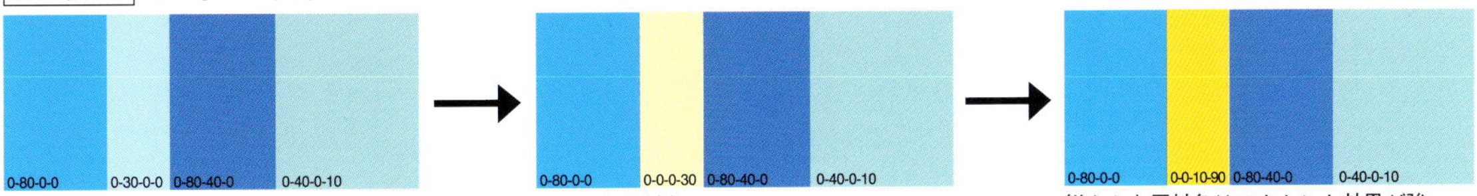
0-80-0-0
0-30-0-0
0-80-40-0
0-40-0-10
0-80-0-0
0-0-0-30
0-80-40-0
0-40-0-10
0-80-0-0
0-0-10-90
0-80-40-0
0-40-0-10
同系色なのでアクセント効果が弱い

ソフトな反対色

鮮やかな反対色はアクセント効果が強い

Q&A　第2日目の復習

Q1 **色相環の理解**　下の写真は「静」をイメージした類似色グループと、その反対色で配色されている。A～Fの各色はどの色相に近いか？　色相環図の□中にA～Fをあてはめよう。

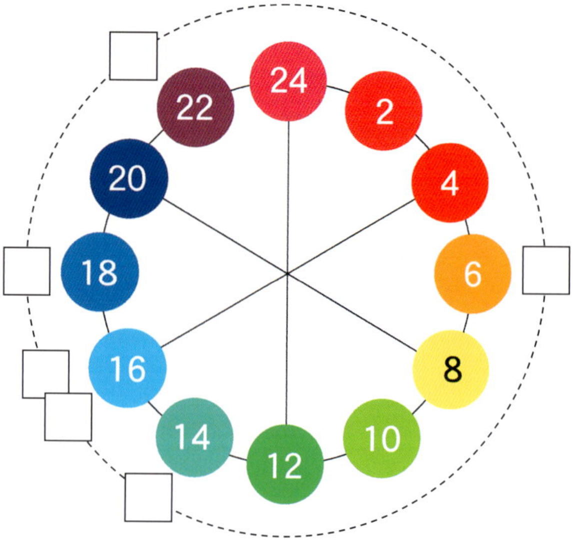

Q2 **トーンの理解**

衣服に配色された4つの色G～Jはどのトーンに属するか？　右のトーン図の□の中にG～Jをあてはめよう。

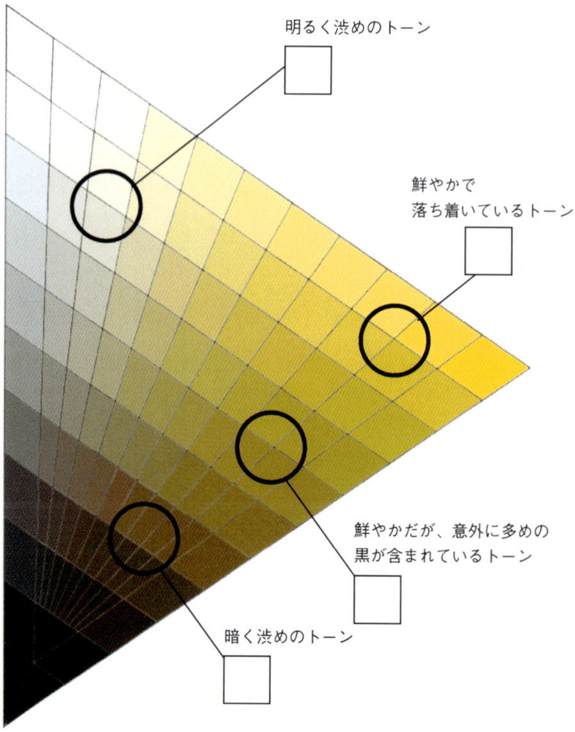

Q 3 五役色の理解

新聞紙スタイルのＰＲ誌。Ｋ～Ｐの各色はどんな役割か？　左の覧にあてはめよう。

1 主役色
2 脇役色（引き立て色）
3 支配色
4 融合色（なじませ色）
5 アクセント色

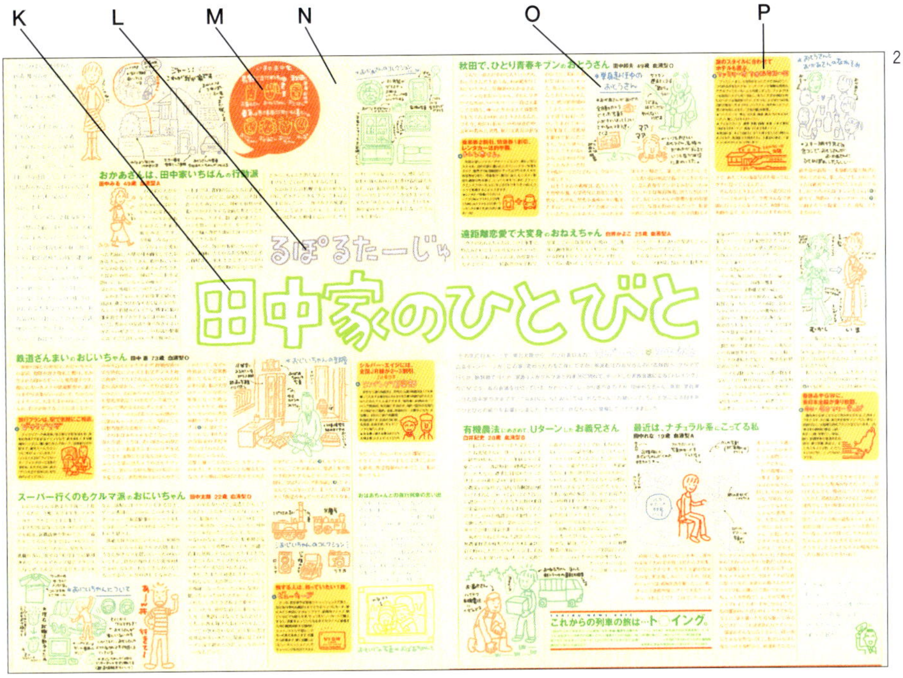

Q 4 五役色の理解

衣服の配色は人物自体が主役なので主役色は存在しない。支配色とアクセント色が中心だ。Q～Vの各色はどんな役割か？

3 支配色
4 融合色（なじませ色）
5 アクセント色

こたえと解説

Q 1

Ｆの茶色はオレンジの暗濁色

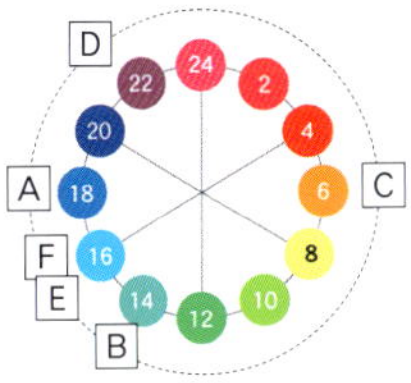

Q 2

Ｇはわずかに黒が入っている

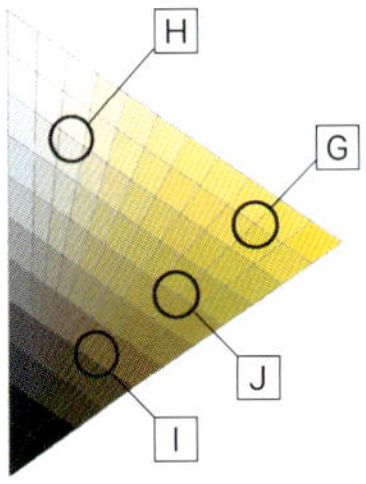

Q 3、Q 4

1 主役色	K	—
2 脇役色	L	—
3 支配色	N	R　V
4 なじませ色	O	S　U
5 アクセント色	M　P	Q　T

第2部 配色の実践

第１日目では配色効果全般について、第２日目では実践に必要な予備知識をマスターした。第３日目からはいよいよ配色の実践技術をマスターしていこう。

配色の実践 1 美しい配色（造形性）

引き立てる型――――――――第３日目、第４日目

なじませる型――――――――第５日目

配色の実践 2 配色のイメージ（物語性）

イメージづくり―――――――第６日目

イメージマップ―――――――第７日目

<引き立て>と<なじませ>の両面から調整

配色を組み立てるには、プラスとマイナスの両面から考えていく。つまり、配色を盛り上げ引き立てる方向と、落ち着かせてなじませる方向の両面だ。

例えば、自分の好きな色を中心にして第１案ができたとしよう。次にこれを見て、落ち着きすぎてぼやけていないか、きつすぎて不安定になっていないかを見比べてみよう。もし落ち着きすぎていたら、引き立てる方向に向かわせればよい。反対に不安定なら、しずませ、なじませる方向で調整すればよい。

引き立てる ←――――――――→ なじませる

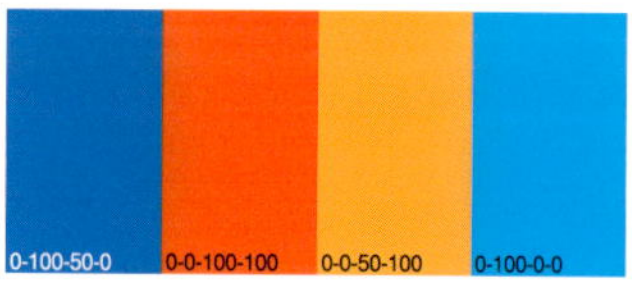

トーンを強くする

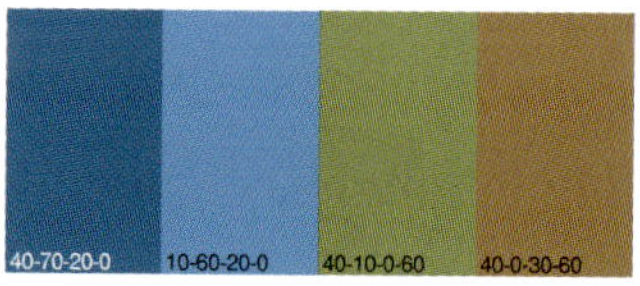

トーンを落ち着かせた

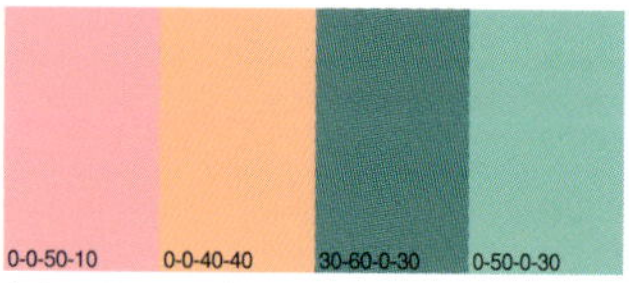

色相の差を広げた

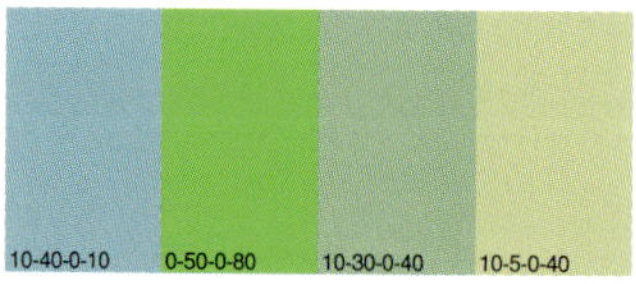

色相を近づけた

3
日目

配色の実践

引き立てる型 1

主役をはっきりさせる

配色全体がぼやけてしまったら、ポイントをしぼり込んで主役をはっきりさせよう。配色全体の中で主役になる部分をより強調し、あいまいなところは取り去る。ポイントがはっきりすると、気分が盛り上がるだけでなく、全体がすっきりとして落ち着く。

くすみを取って彩度を上げる

沈んだ色調、重苦しい色調になってしまったら、くすみを取って鮮やかな色を増やそう。一気に明るい配色になる。沈んだ色調とは墨色を多めに含んでいる色のことで、この墨色を減らすと鮮やかな色に変わる。この方法は配色を引き立たせるやり方の中で最もシンプルだが、最も効果的でもある。

1 中心を盛り上げる

主役がはっきりすると安心する

中心の印象が盛り上がると、心に残る配色ができる。明度対比を強めて中心のバルールを高くすると、見違えるほど強い印象の配色がつくり出せる。

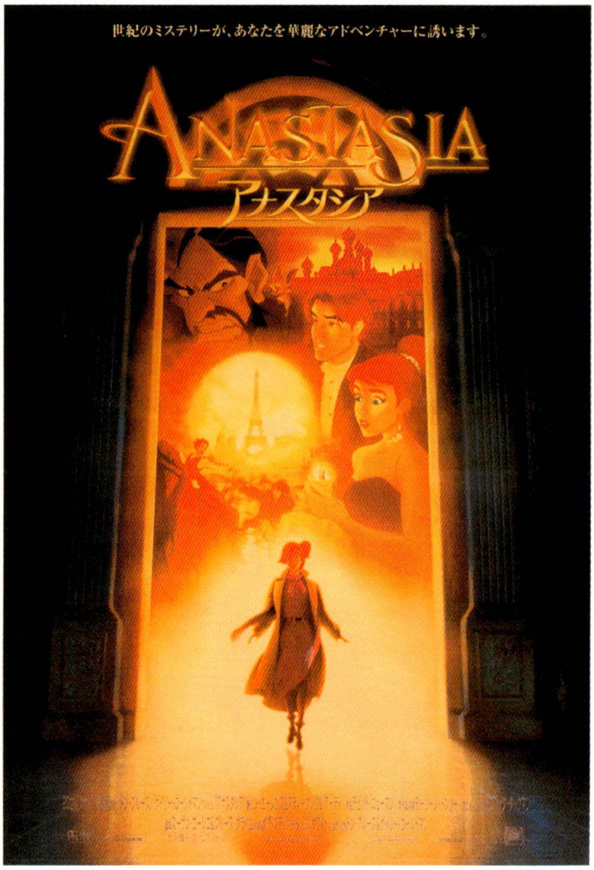

幻想的な画面だが、主役がはっきりしないので印象が薄い

中心の彩度を高くする

中央部が弱いと盛り上がらない

1

鮮やかな赤と黄色で盛り上がり、安心する

中心部を強くする方法

ツール1 彩度を高くする

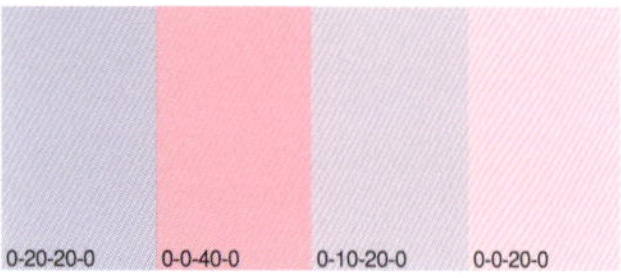

ソフトで穏やか

→

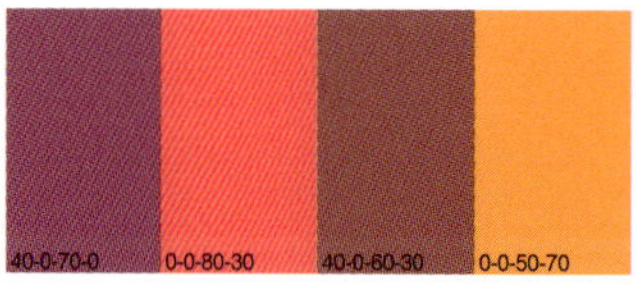

活気が出てきた

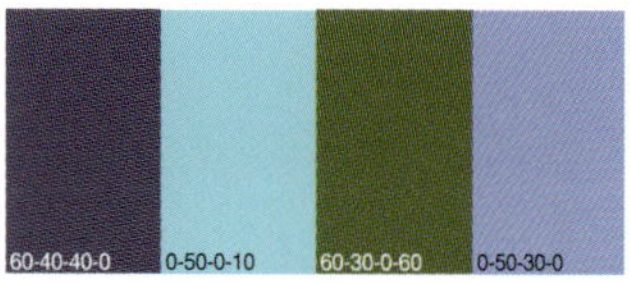

低い彩度によって落ち着いている

→

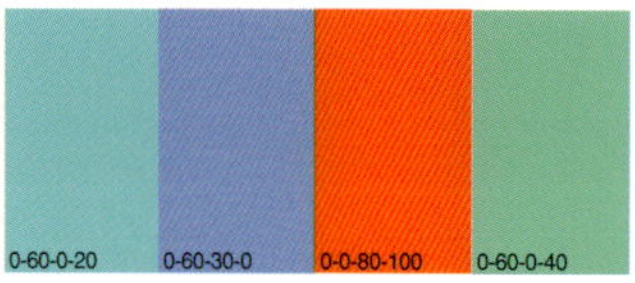

鮮やかな朱色が印象的

ツール2 明度対比を強める

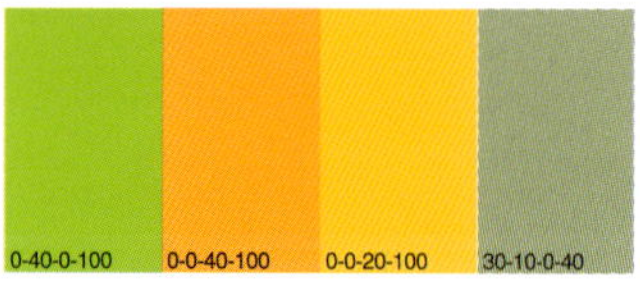

春のようなのんびりした気分

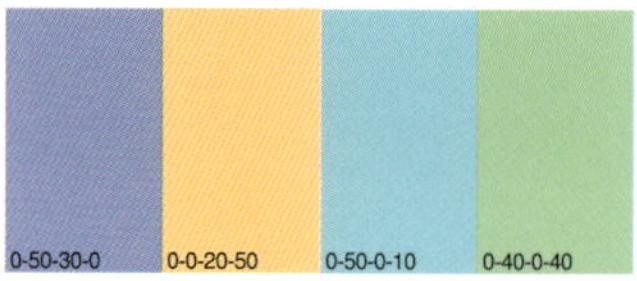

穏やかな同明度

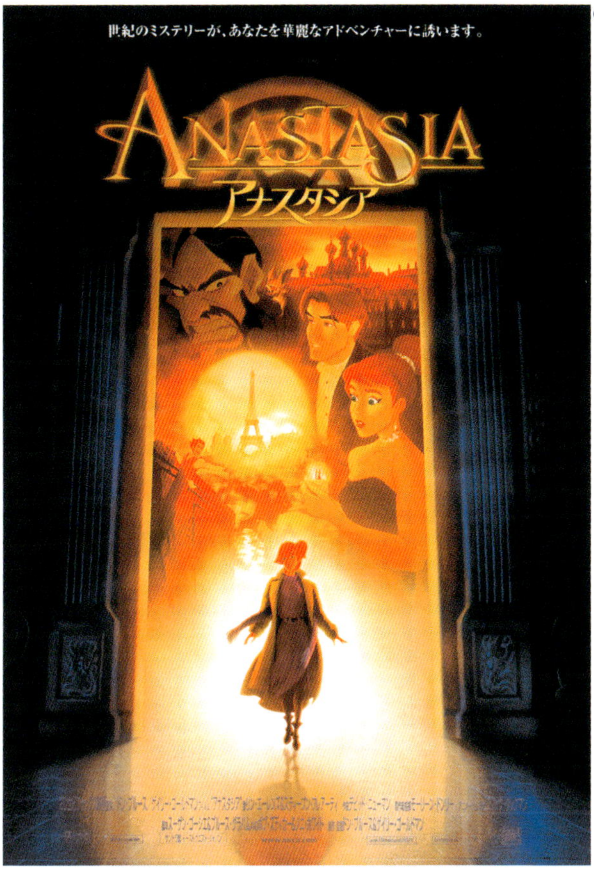

背景を明るくして中心人物との明度対比を大きくする。中心がはっきりして主役が盛り上がってきた

●中心に強い色を置く

2

楽しい写真だが中心部が弱いと散漫な感じ

中央に強い色を置くと配色の中心がはっきり示され、全体が引き締まる

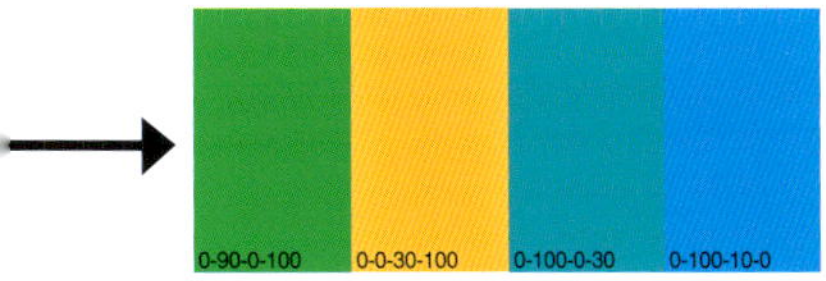

夏日のようなはっきりした強さ

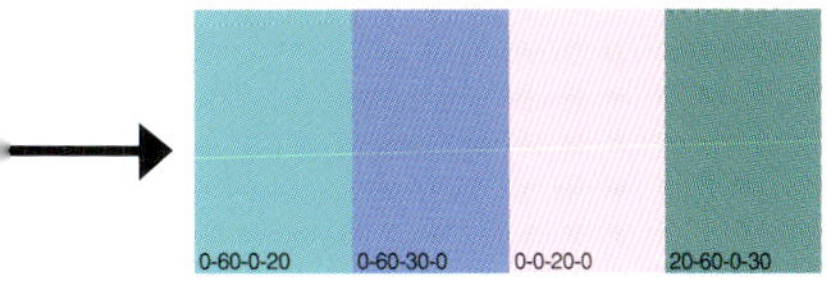

はっきりしてきた

ツール3 色相対比を強める

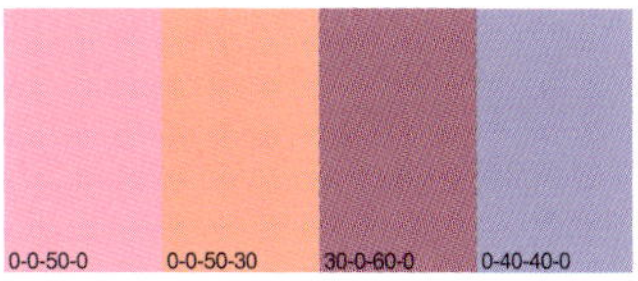

ソフトで優しい

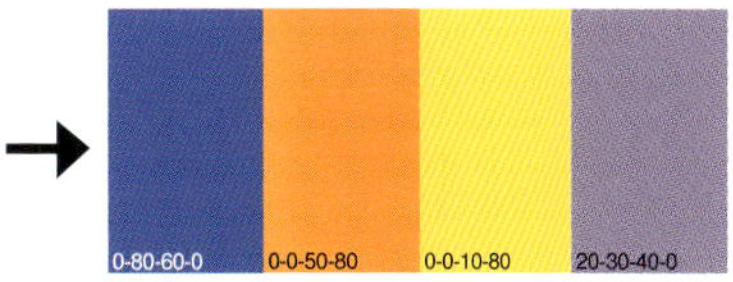

強く活気がある

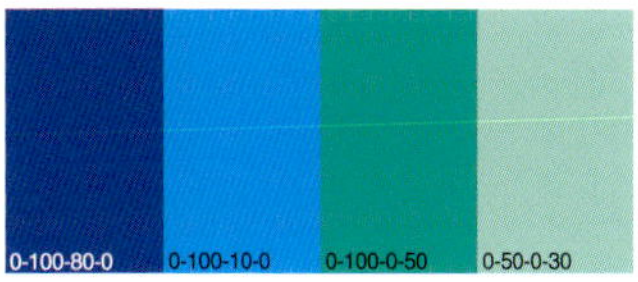

落ち着いている

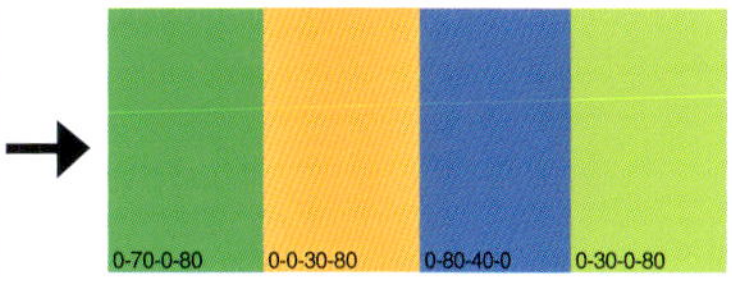

動きが出てきた

2 ワンポイントをつくる

ワンポイントで落ち着いた楽しさを

穏やかで落ち着いた配色は美しいが、均一すぎてつまらなくなると台無し。中心に小さな面積のワンポイントをつくると、上品な上にも活気のある両立した配色ができあがる。

背景色を控えめにすると
ワンポイントが生きる

ワンポイントになる色の面積は、小さいほど印象的。その小さなワンポイントを生かすためには、周辺に置く背景色はできるかぎり控えめな方がよい。バルールの低い、穏やかな色彩群の中でも、ワンポイント色が生き生きして見える。

ナチュラルで落ち着いた色調の配色だが、このままでは少しもの足りない

黄色い小さな花がワンポイント

2

テーブルの上の小さな花の黄色がワンポイント効果。見落としそうなくらい小さな花だが、この花があるのとないのとでは大違い。小さな黄色い花を置くと、部屋全体が明るい日差しに満ちてきた

1

静かな配色の中にリボンのワンポイントをつくると、落ち着いた楽しさが生まれる

淡い青でも主役になる

主役以外のすべてを白黒にして、淡いワンポイント色を生かす

ワンポイントをつくる方法

チェック 1 **背景色は控えめに** 背景色は一歩引いて、ワンポイントを引き立てる

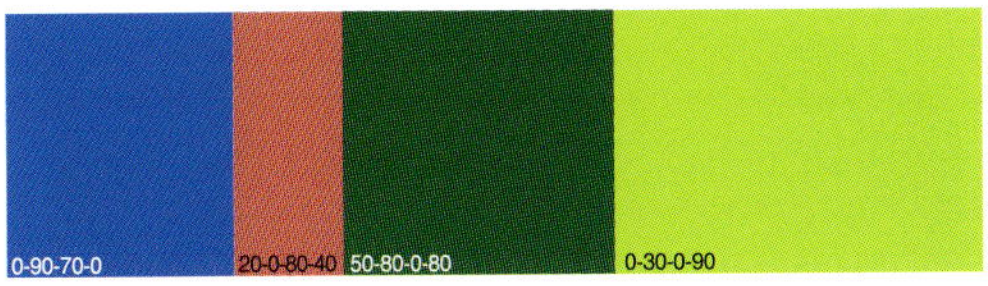

背景色も鮮やかなので、ワンポイント色が生きない

→

背景色を渋くしたらワンポイントが生きてきた

チェック 2 **淡い色でもワンポイント** 背景色が控えめならば、ワンポイント色は鮮やかでなくても効果がある

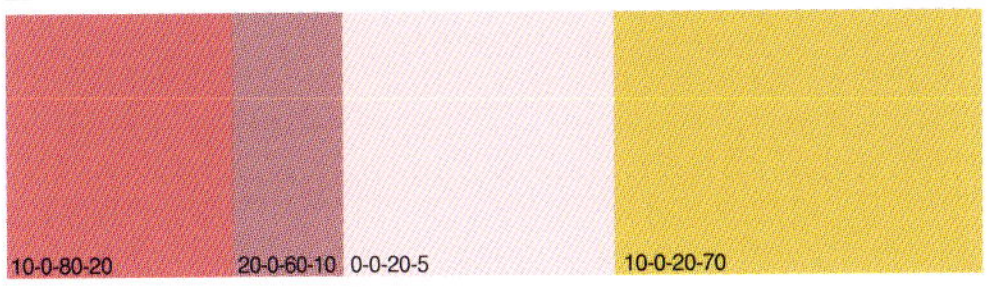

背景色も鮮やかなので効果がない

→

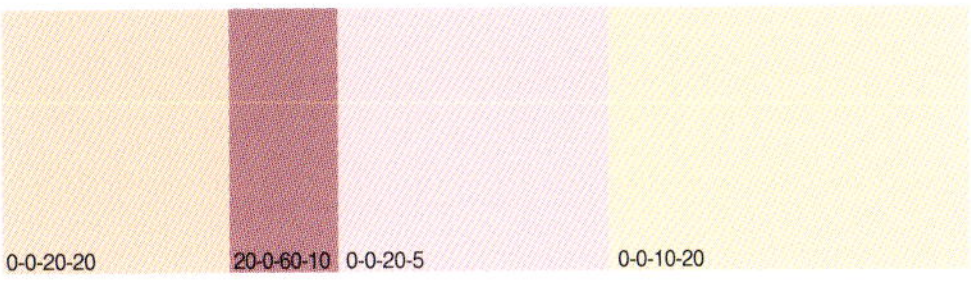

他の色を淡くしたら、えんじ色が浮かび上がった

3 鮮やかな色を加える

鮮やかな色は元気が出る

下のトーン図の中で、右先端は最も鮮やかな純色。反対の左端には白から黒までのグレースケールがあり、右端に近づくほど彩度が高くなる。
彩度が高いほど活気が出て元気な印象になる。もし配色を楽しくしたかったら、彩度の高い色を加えてみよう。

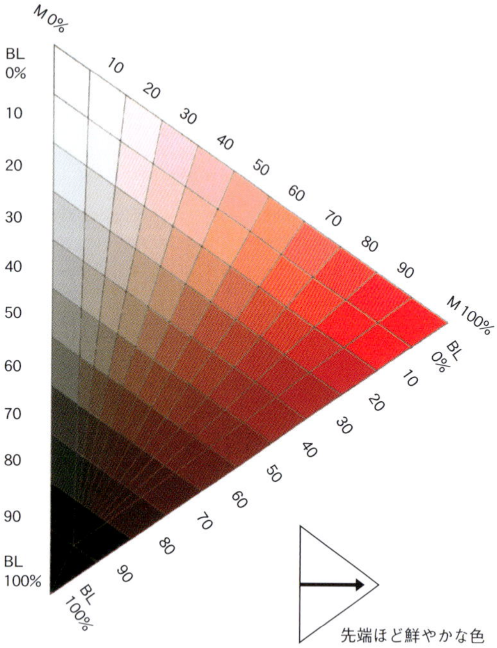

先端ほど鮮やかな色

少し渋めの赤。それなりに落ち着いているが…

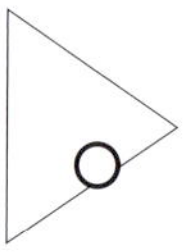

鮮やかさが増えると食欲も倍増

2

これだけでも十分おいしそうだが…

3

真っ赤な色の鮮やかなイチゴが加わると、一段とおいしそう

1

中央部だけを鮮やかにした。全体の落ち着いた感じはそのままで、華やかさが加わった

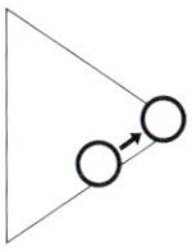

ふさわしい鮮やかさを選ぶ

渋いトーンは上品で落ち着くが、どこかもの足りない

小面積の鮮やかな色を加えたら、上品なままで華やかさが出てきた

チェック **鮮やかな色の効果**　鮮やかな色が加わると、より元気になり、見る人の興味も倍増する

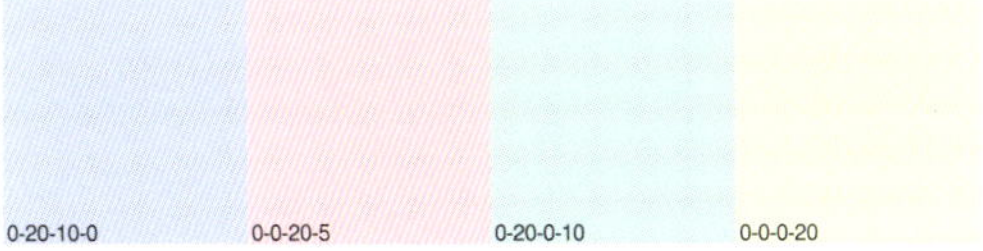

淡くソフトなトーンはおとなしい

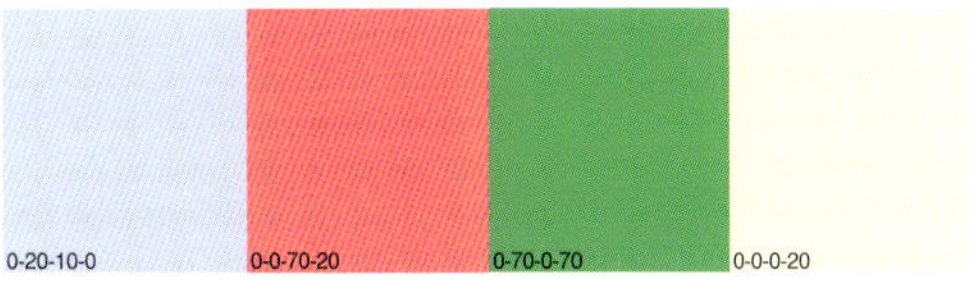

鮮やかな色を加えたら活気が出てきた

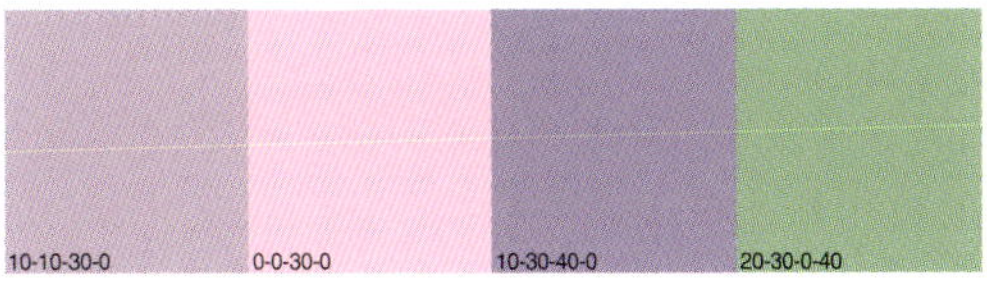

おとなしいトーンが主体

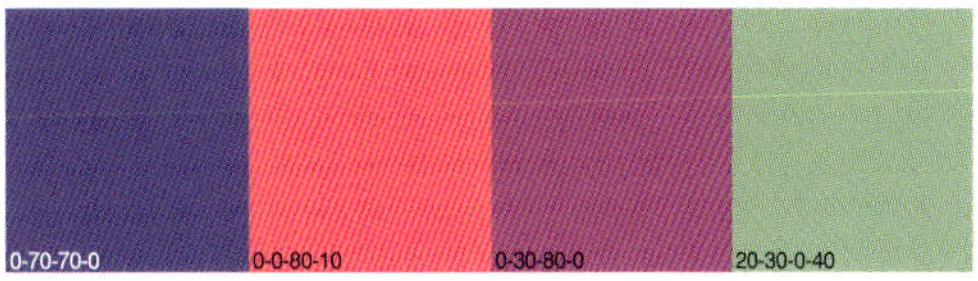

鮮やかな色を増やす

4 色彩面を増やす

色みをつけて活気を出そう

白黒主体や無彩色の画面はどこかもの足りない。少しでも色を加えたら、一気に動きが出て楽しくなる。画面がさびしかったら、思いきって色彩面を増やしてみよう。

1

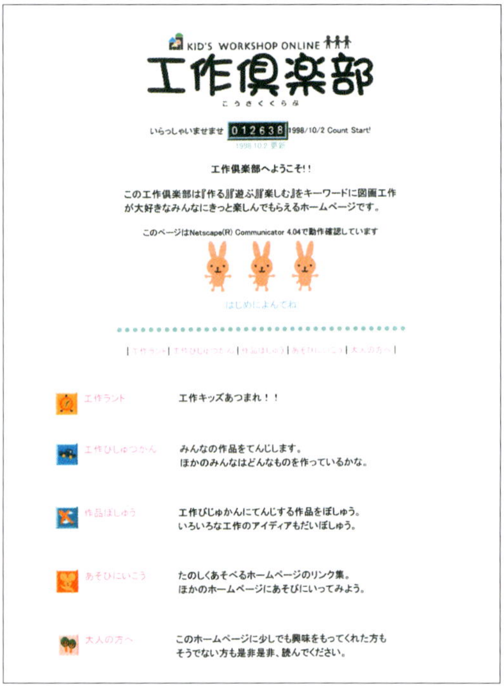
KID'S WORKSHOP ONLINE
工作倶楽部
こうさくくらぶ
いらっしゃいませませ 012638 1998/10/2 Count Start!
工作倶楽部へようこそ!!
このエ作倶楽部は『作る』『遊ぶ』『楽しむ』をキーワードに図画工作が大好きなみんなにきっと楽しんでもらえるホームページです。
このページはNetscape(R) Communicator 4.04で動作確認しています
はじめによんでね
工作キッズあつまれ！！
みんなの作品をてんじします。
ほかのみんなはどんなものを作っているかな。
工作びじゅかんにてんじする作品をぼしゅう。
いろいろな工作のアイディアもだいぼしゅう。
たのしくあそべるホームページのリンク集。
ほかのホームページにあそびにいってみよう。
このホームページに少しでも興味をもってくれた方も
そうでない方も是非是非、読んでください。

タイトルの書体やウサギのイラストが楽しいが、白地が多くてクール

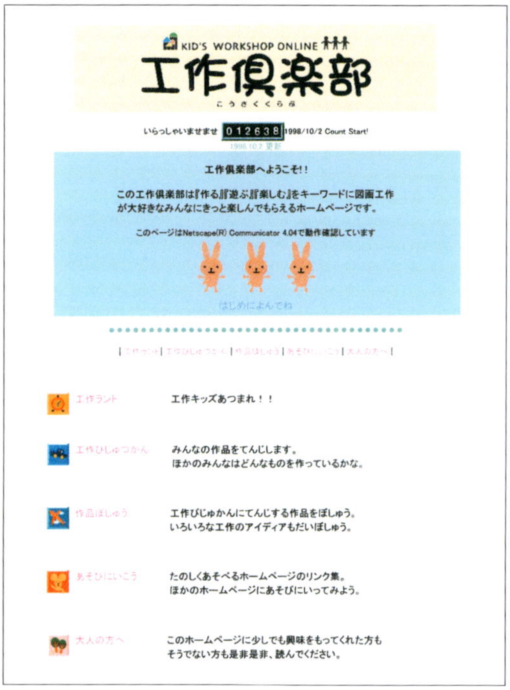
KID'S WORKSHOP ONLINE
工作倶楽部
こうさくくらぶ
いらっしゃいませませ 012638 1998/10/2 Count Start!
工作倶楽部へようこそ!!
このエ作倶楽部は『作る』『遊ぶ』『楽しむ』をキーワードに図画工作が大好きなみんなにきっと楽しんでもらえるホームページです。
このページはNetscape(R) Communicator 4.04で動作確認しています
はじめによんでね
工作キッズあつまれ！！
みんなの作品をてんじします。
ほかのみんなはどんなものを作っているかな。
工作びじゅかんにてんじする作品をぼしゅう。
いろいろな工作のアイディアもだいぼしゅう。
たのしくあそべるホームページのリンク集。
ほかのホームページにあそびにいってみよう。
このホームページに少しでも興味をもってくれた方も
そうでない方も是非是非、読んでください。

色彩面を増やしたら、タイトル文字の楽しさが生きてきた

渋めの色彩面で格調高く

CHARVALE

時計も背景もモノクロで、重厚だがさびしい

3

CHARVALE

色をつけたけど渋めなので、時計の高級感にふさわしく、格調高さを引き立てている

チェック 色彩面が増えると活気が出て、印象的になる

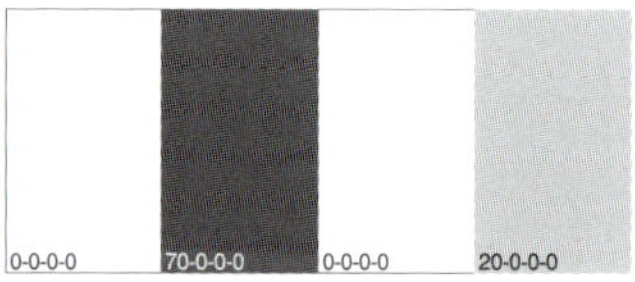
0-0-0-0
70-0-0-0
0-0-0-0
20-0-0-0

無彩色だけでは無難だが楽しさがない

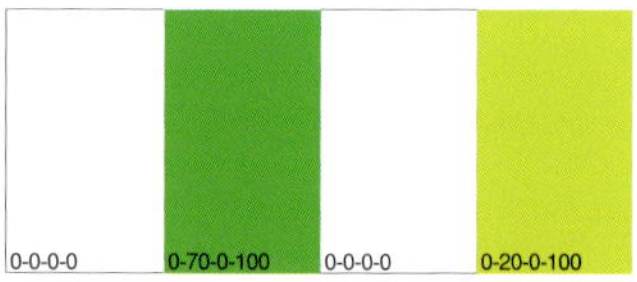
0-0-0-0
0-70-0-100
0-0-0-0
0-20-0-100

色彩面に替えたら一気に明るくなった

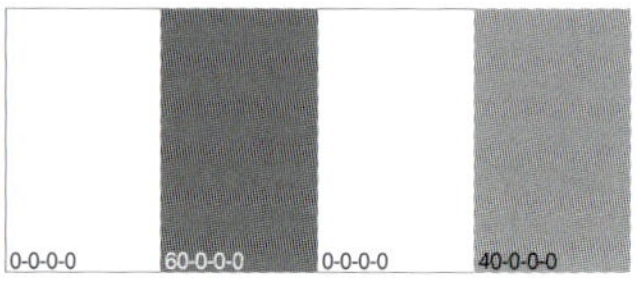
0-0-0-0
60-0-0-0
0-0-0-0
40-0-0-0

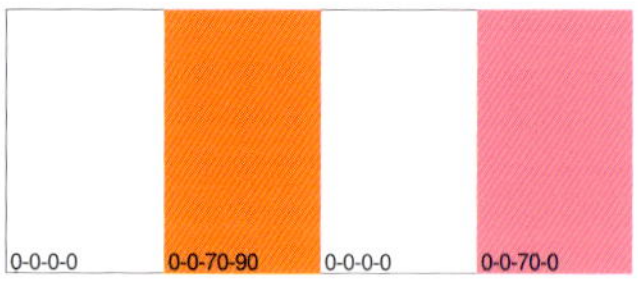
0-0-0-0
0-0-70-90
0-0-0-0
0-0-70-0

5 一段階くすみを取る

明るさを一段ずつ調整する

ホームページの色を決める時、背景を渋めのトーンにすると落ち着く。しかしこれでは上品ではあっても楽しさがない。そんな時は背景色をもう一段階明るい色に変えてみよう。明るくて楽しい印象になる。

2

いらっしゃいませ！
BOTさんの絵本へようこそ
ようこそ！あなたは、66403番目のお客様です。
65536色モード以上で、見て下さいね。
Copyright 1996 BOTSAN.
Last up date 1999.7.5
BOTさん情報
みんなでお話。高速チャットシステム
快適な新サーバーに引っ越しました。(6/4)
かえるまんじゅう。BOTさんの掲示板。(5/24)
表紙アニメーションコレクション(New!6/21)
伝言板が4つ。伝言板のページみんな書いてね。
楽しい、BOTさんオリジナルグッズコーナー。
BOTさん腕時計、出来ました。(10/28)
BOTさんソフトコーナ。はじめました。
新登場！BOTさんデスクトップ時計。
大好評。BOTさんスクリーンセーバーも、
こちらに引っ越しました。(12/3)
BOTさん。(1/12)
BOTさんの楽しいお話のコーナー
くまが好き。(New! 7/5)
オリジナルテディベアのコーナー
くまの写真が、たくさん増えました。
パンが好き。(New! 6/25)
パンとケーキのコーナー
6月のパン、載せました。
おともだち。(New! 6/3)
おともだちリンクのコーナー
おたよりくださいね。
またきてね！

落ち着いた色調だが渋すぎて楽しさがない

いらっしゃいませ！
BOTさんの絵本へようこそ
ようこそ！あなたは、66403番目のお客様です。
65536色モード以上で、見て下さいね。
Copyright 1996 BOTSAN.
Last up date 1999.7.5
BOTさん情報
みんなでお話。高速チャットシステム
快適な新サーバーに引っ越しました。(6/4)
かえるまんじゅう。BOTさんの掲示板。(5/24)
表紙アニメーションコレクション(New!6/21)
伝言板が4つ。伝言板のページみんな書いてね。
楽しい、BOTさんオリジナルグッズコーナー。
BOTさん腕時計、出来ました。(10/28)
BOTさんソフトコーナ。はじめました。
新登場！BOTさんデスクトップ時計。
大好評。BOTさんスクリーンセーバーも、
こちらに引っ越しました。(12/3)
BOTさん。(1/12)
BOTさんの楽しいお話のコーナー
くまが好き。(New! 7/5)
オリジナルテディベアのコーナー
くまの写真が、たくさん増えました。
パンが好き。(New! 6/25)
パンとケーキのコーナー
6月のパン、載せました。
おともだち。(New! 6/3)
おともだちリンクのコーナー
おたよりくださいね。
またきてね！

背景色に含まれる黒をゼロにしたら、明るい印象になった

チェック 黒を少なくすると明るい印象になる

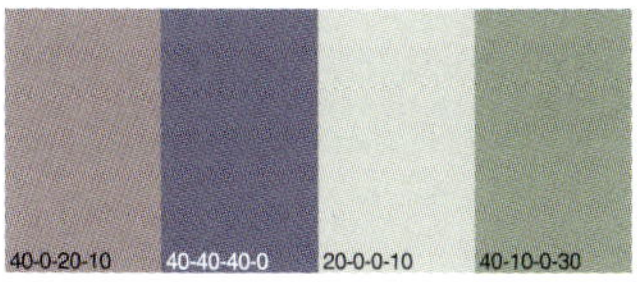

40-0-20-10
40-40-40-0
20-0-0-10
40-10-0-30

くすんで落ち着いている

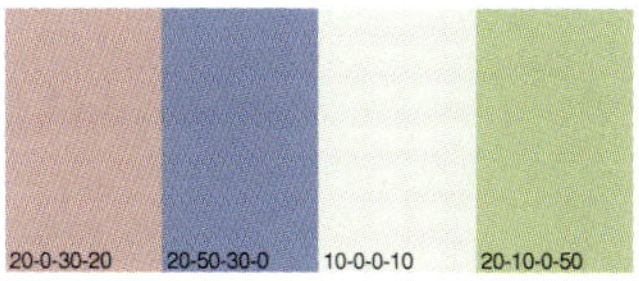

20-0-30-20
20-50-30-0
10-0-0-10
20-10-0-50

生き生きしてきた

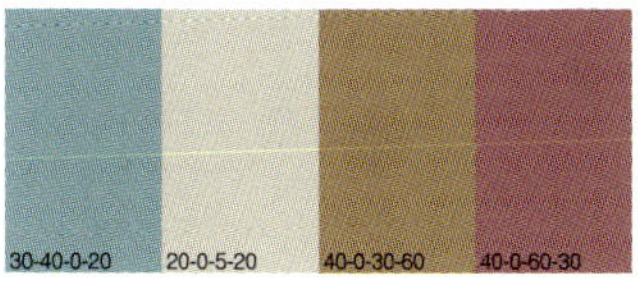

30-40-0-20
20-0-5-20
40-0-30-60
40-0-60-30

渋く落ち着いている

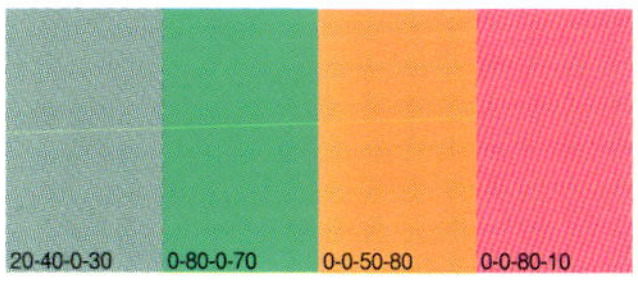

20-40-0-30
0-80-0-70
0-0-50-80
0-0-80-10

活気が出てきた

落ち着いた明るさをつくる

ただ明るくするのではなく、落ち着いた気分を残したい場合は、黒をゼロまで減らさないで、10%ほど残しておこう。明るくかつ落ち着きのあるトーンとなる。

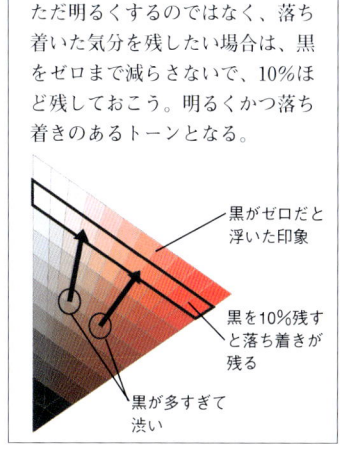

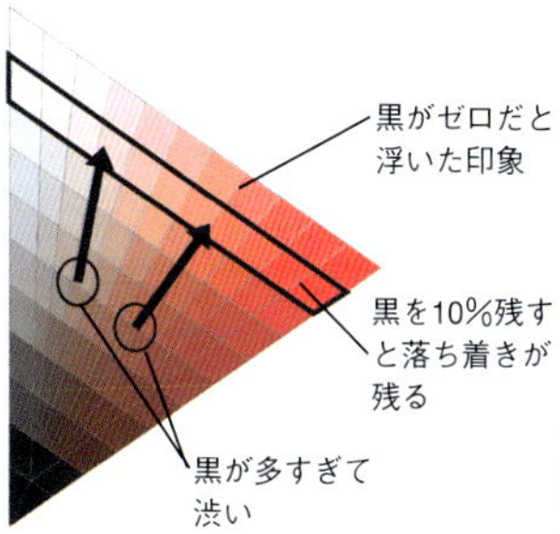

黒がゼロだと浮いた印象
黒を10%残すと落ち着きが残る
黒が多すぎて渋い

6 明度差をつける

明度差をつけると元気になる

明度差は大きくするほど力強く、きりりと引き締まる。反対に少なくすると、穏やかで破綻のない配色になる。でき上がった配色が上品すぎてパンチが必要ならば、ひと調子明度差を大きくしてみよう。

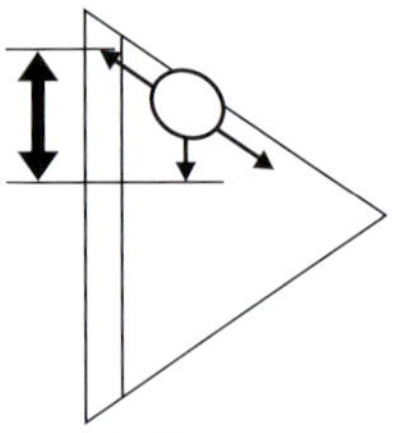

明度差 小

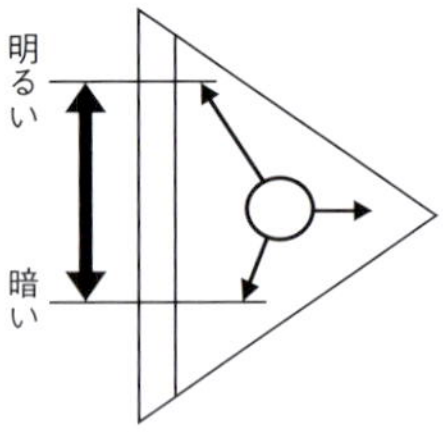

明度差 大

1

中央の背景が同明度なので上品だ。しかし、パンチが足りない

コントラストの効果

背景を明るくするとコントラストが弱まり、印象が穏やかになる

背景を濃くすると明暗対比が強まり、ドラマティックになった

● 中間色を濃くすると白が浮かび上がる

白いたばこのパッケージが浮かび上がり主役がはっきりしてきた。全体の明度差も大きくなったのでシャープなメリハリがついた

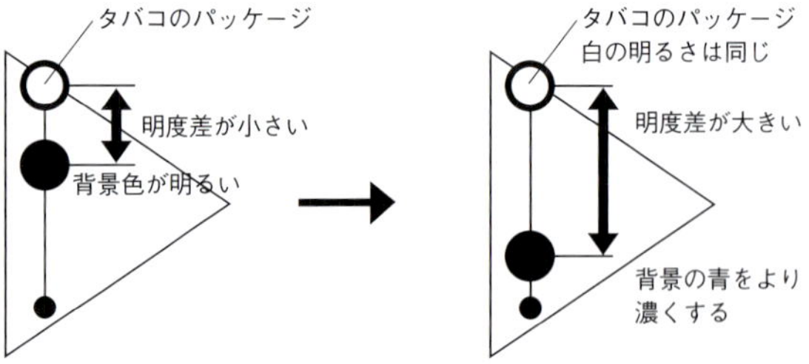

中央部の地色を鮮やかにしたら、明度差がついてだいぶ元気さが出てきた

小差は上品、大差は元気

2

明度差を近づけるとおとなしく上品な印象に ⟷ 差を大きくすると活発でスポーティーな印象に

白と黒の対比はさわやかな緊張感

白やグレー、黒は無彩色といって、鮮やかさのない、感情を抑えた色だ。色相差がないため、明度差の程度や配色が決め手。明度差を大きくするほど、さわやかに引き締まる。

チェック **明度差の効果** 明度差をつけるとシャープになり、活気が生まれる

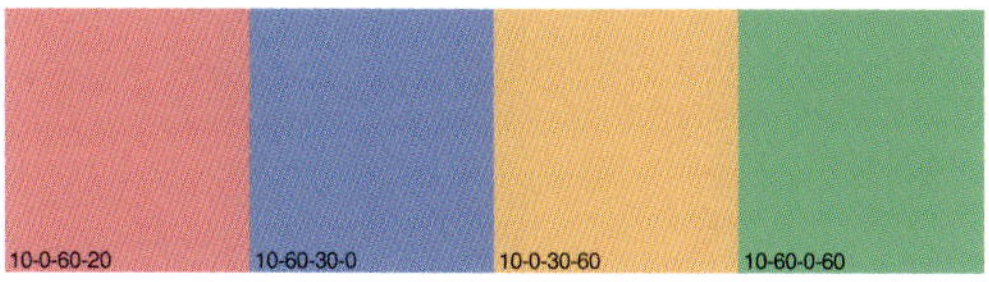

少し渋めのトーンで落ち着いている

→

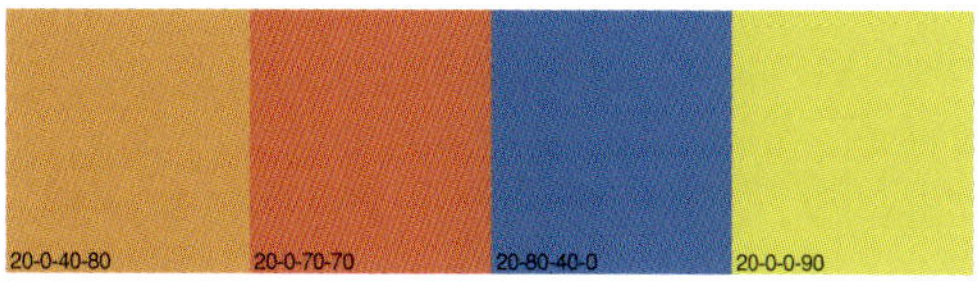

明度差を強めたらシャープになってきた

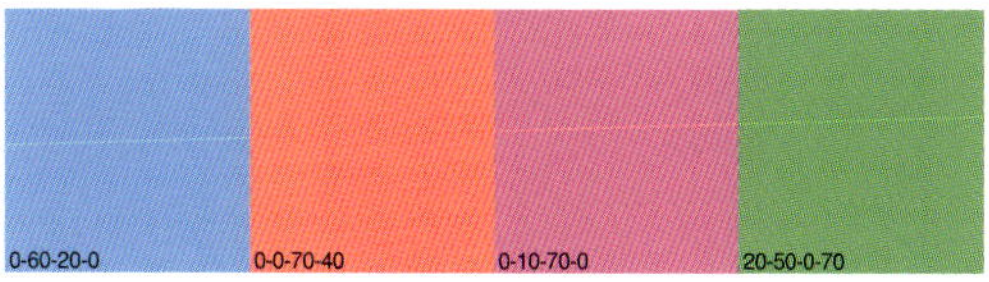

鮮やかな色だが同じ明度なので落ち着いている

→

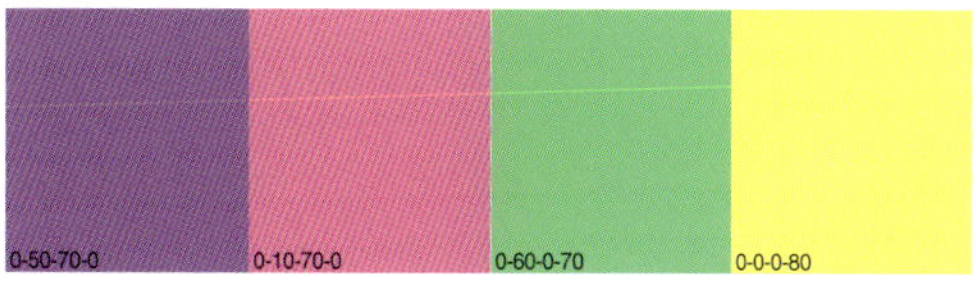

明度差をつけたら活気が出てきた

7 セパレーション（分離配色）

分離すると動きが出てくる

色相順、明度順に配列することを＜グラデーション配色＞という。反対に、各色が独立するように配置する方法を＜セパレーション（分離配色）＞という。同じ色を用いても並べる順番によってかなり印象が変わってくる。

グラデーション型の配置

色相順に並べると、静かで落ち着いた配色になるが、半面、緊張感がなくなり、つまらなくなる欠点もある

活発さの表現

2

各々の色を分離させて、独立し合うように配置する。秩序感や内向的なイメージから開放され、活発な印象になる

チェック1　**均一に散らす**　色同士の関連を分離してバラバラに並べ換えると、1色1色が独立する。動きが出て元気な印象になる

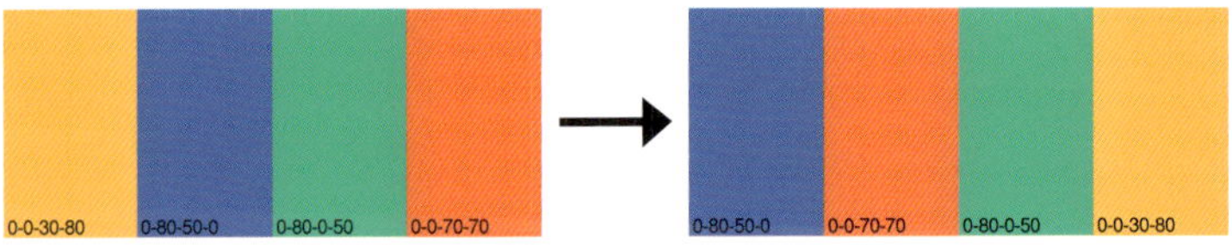

近い明度をまとめる　　分離すると元気になる

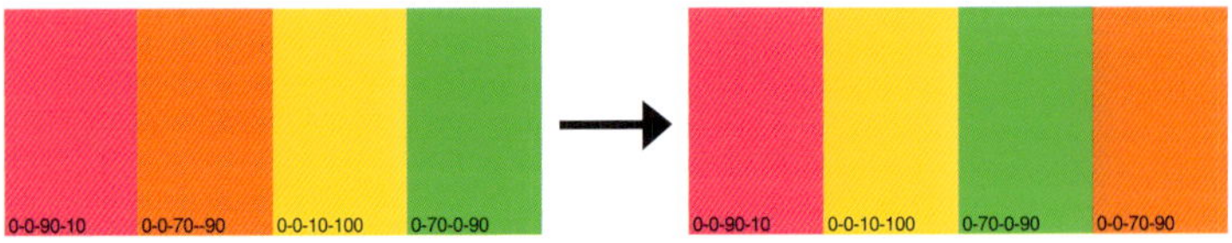

鮮やかだが落ち着いている　　各色が独立して生き生きする

1

セパレーション型の配列

左図と同じ色を使って、バラバラに並べ換えた。1色1色が独立して、リズムが出てきた

> **均一な距離に配置する**
> セパレーション効果を出すには、同じ大きさの色面を等間隔に配置するとよい。色同士のつながりが弱まり、1色1色の独立した主張が動きをつくり出す。

3

均一に散らす

同じ色が1か所にまとまらないように置く。それぞれの色が独立して見えるので、歯切れがよく、リズム感が生まれる

4

心地よいリズム感

色相順を崩して、各々の色をバラバラに置くと、動きが出て楽しい

チェック2 **グラデーションとセパレーションの比較** 同じ色を用いても、並べる順番によって印象が一変する。また、その中に反対色を加えると、さらに生き生きしてくる

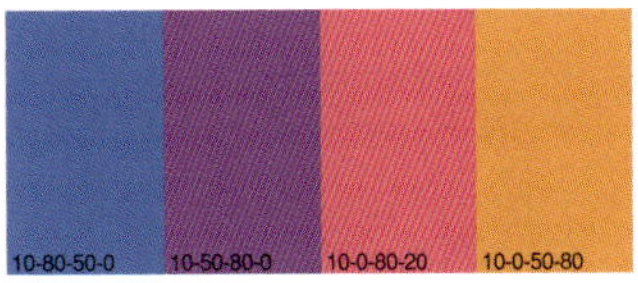

鮮やかな色調の色相グラデーション

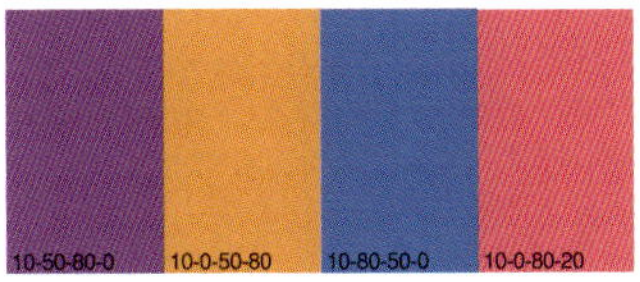

セパレーション

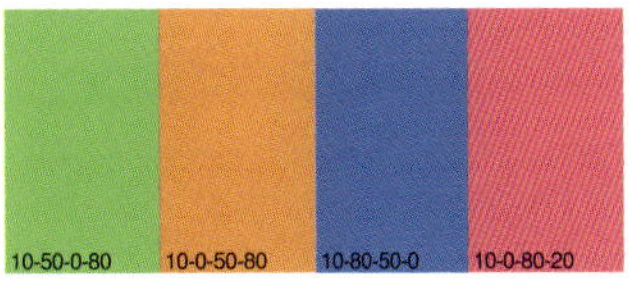

赤の反対色の緑を加える

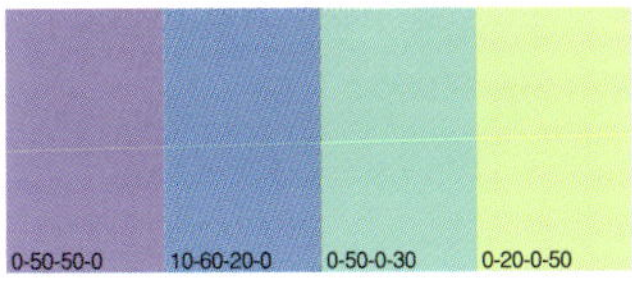

ソフトな色調の色相グラデーション

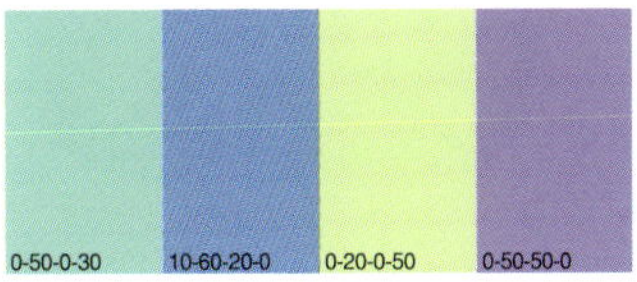

色相順を組み換える

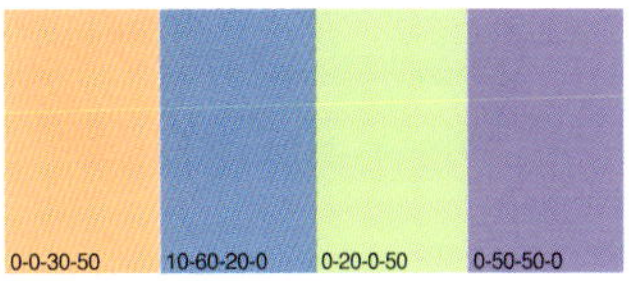

反対色のクリーム色を加える

Ｑ＆Ａ　第３日目の復習

Ｑ１　３点のうち元気な配色はどれ?

1

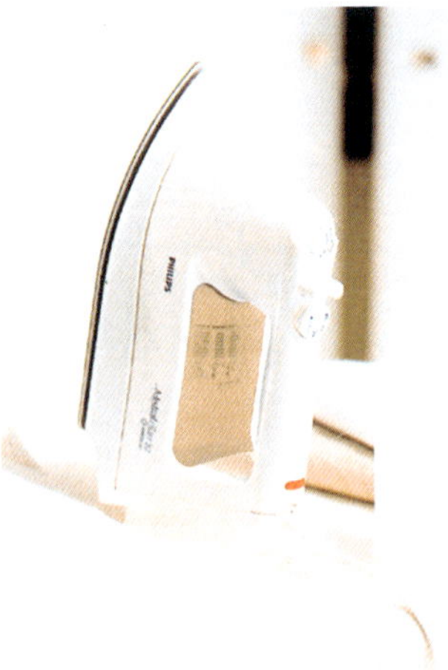
A

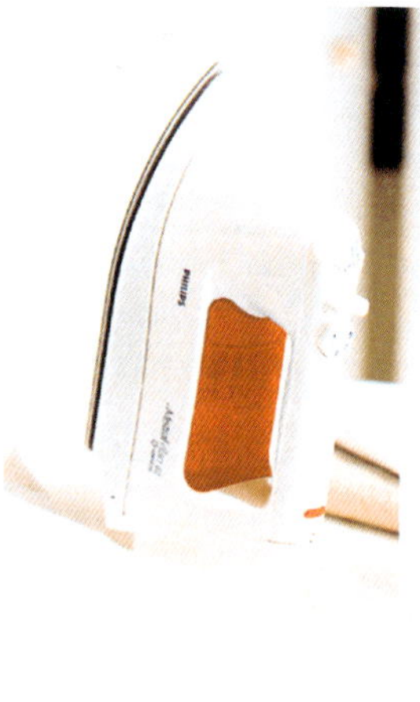
B

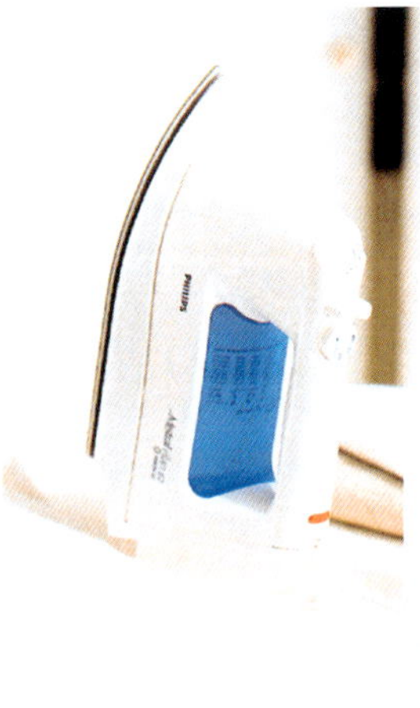
C

Ｑ２　ワンポイントの効果が発揮されているのはどの配色？

2

D

E

F

Ｑ３　ワンポイント効果が効いてまとまりがあるのはどの配色？

3

G

H

I

第３日目は彩度、明度を変えた時の効果を中心に、ワンポイントを添える効果などをチェックした。どのくらい理解できたか確かめてみよう

Q４ おいしそうなそばの写真はどれ？

J

K

4

L

Q５ 自然を満喫できる英国のホテルを紹介するホームページ。一番楽しそうな配色はどれ？

5

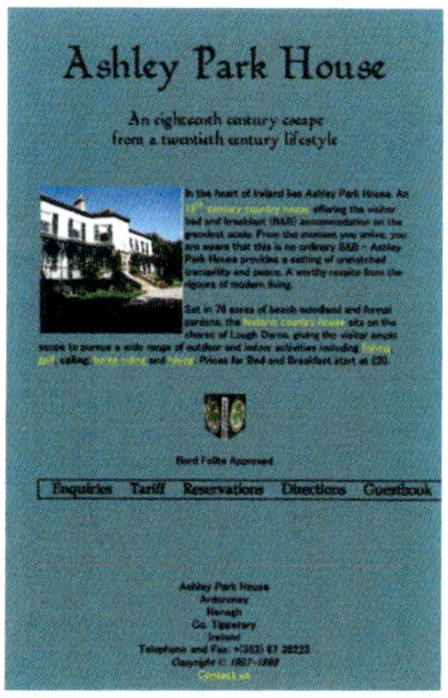

M

N

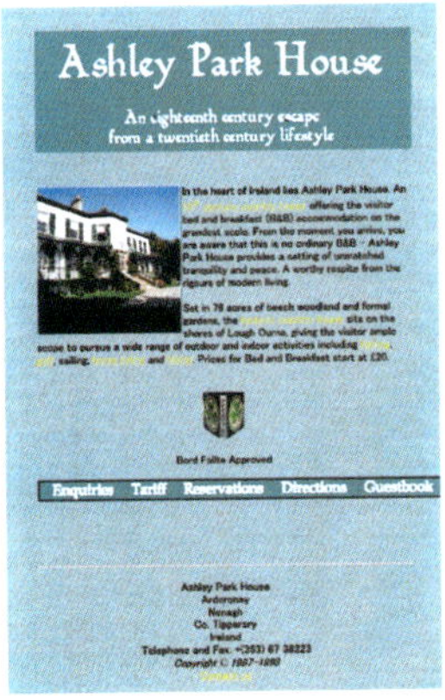

O

こたえと解説

Q１ 正解はB

Aは明度差が小さく、上品だが元気とはいえない。Bは暖かく鮮やかな色なので元気な気持ちになる。Cは鮮やかなので元気だが、寒色なので、Bに比べるとクールな感じ

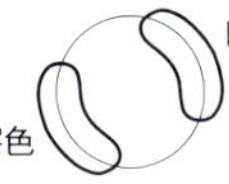

Q２ 正解はE

やさしいトーンの中で小さなくつが鮮やか。全体を引き締めている。Fは、青が反対色なのでアクセントになっているが、Eと比べると効果が弱い

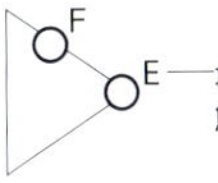

Q３ 正解はＩ

Gも背景の青に暖色の虹色がアクセントになっているが、淡いトーンなので弱い。Ｉは鮮やかな反対色で、最も効果的

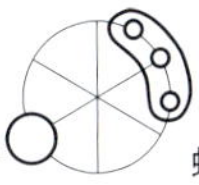

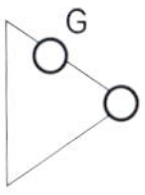

Q４ 正解はL

色みのない色、淡い色、暗い色は、おいしさを感じさせない。Jのトッピングは白に近くてまったく鮮やかさがないので、一番おいしさがない。Kはいくらか鮮やかさが出てきたが、Lに比べるとまださびしい。Lは、トッピングに緑とオレンジの色相対比も加わった。鮮やかでおいしそう

Q５ 正解はN

Mはオリジナルで、いかにもイギリスの古風なホテルを連想させる。しかし、このトーンが全面をおおうと重厚すぎる。Nは最も明るいトーンで配色され、一番明るい。もう少し歴史的な重厚さを強調したいなら、Oでも良い

配色の実践

4日目 引き立てる型2

反対色で引き立てる

三属性のうち、彩度と明度の効果は第3日目でチェックした。第4日目は、＜色相＞を中心に配色を引き立てる方法をマスターする。色相環図で見て反対側にあるのが反対色で、隣に並んでいる色が類似色だ。類似色だけで配色すると、穏やかな配色になり、反対色を加えると緊張感のある配色ができる。

類似色で落ち着く

1

反対色で生き生きする

色相環の型で表情をつくる

色相を偏りなく用いると、楽しい祭りの型になる。また、色相環図で正三角形になる赤、青、黄を組み合わせると、理性的で安定した配色がつくれる。色相環のどの型にするかによって、さまざまな表情をつくり出せる。

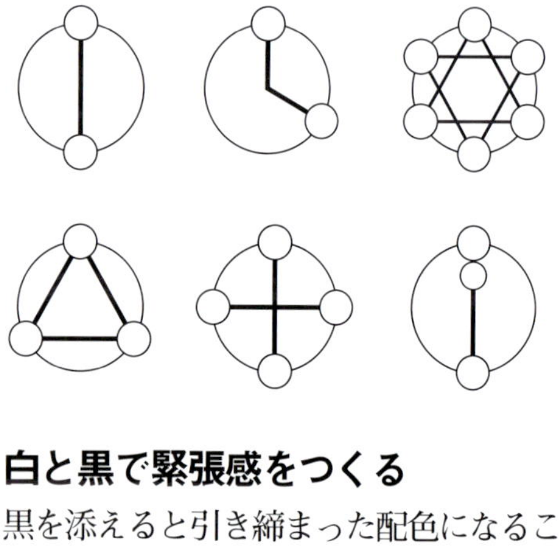

白と黒で緊張感をつくる

黒を添えると引き締まった配色になることは想像しやすいが、白にも緊張感をつくる効果がある。ソフトな雰囲気の中に緊張感が生まれる。白と黒を使い分けて、配色を引き締める効果をマスターしよう。

8 反対色を加える

反対色は、主色を補う必要色

色相環上で反対側の色相を反対色、または補色という。配色の基本は＜補色＞だと言われるほどで、配色は色を補うことによって完成する。
補色を加えると安心した気持ちになり、補色が欠けると不自然になりやすい。初心者は補色を組み入れることを覚えよう。

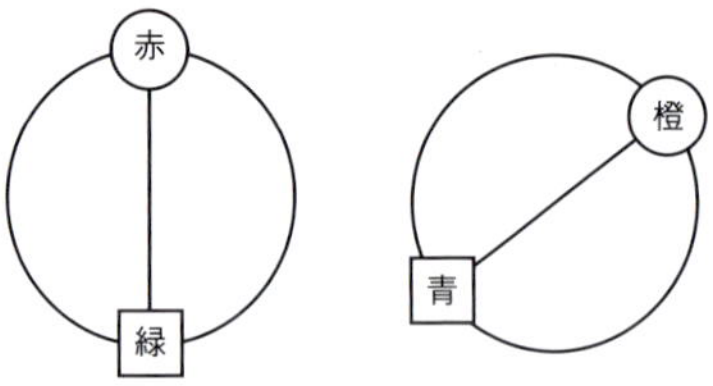

1

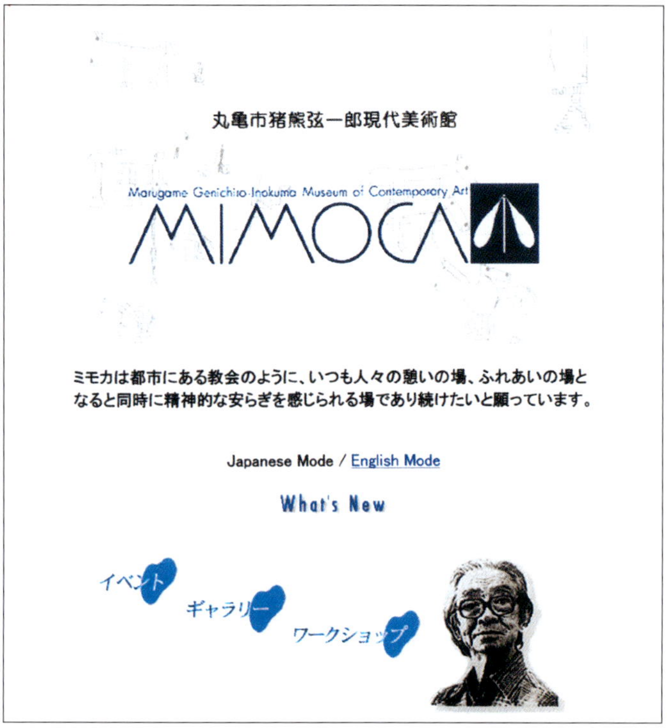

理性的で透明感のあるブルーが美しいが、右図と比べるとパッとしない

反対色で生き生きさせる

同系色中心の穏やかな配色

2

反対色の青を加えたら、引き締まった

現実感が出てくる

切断されたヘビの首を見比べよう。反対色が加わると急に画面全体が生き生きしてくる。直接青が加わっていないヘビの首さえも、迫力が出てきた

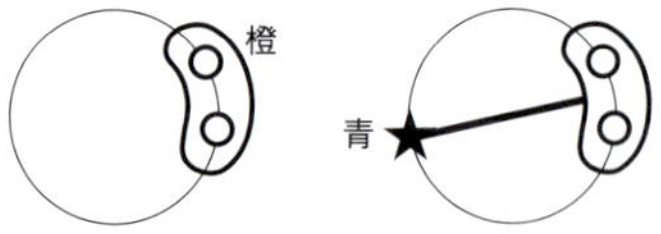

同系色、類似色の配色は人工的

反対色を加えると、リアルになる

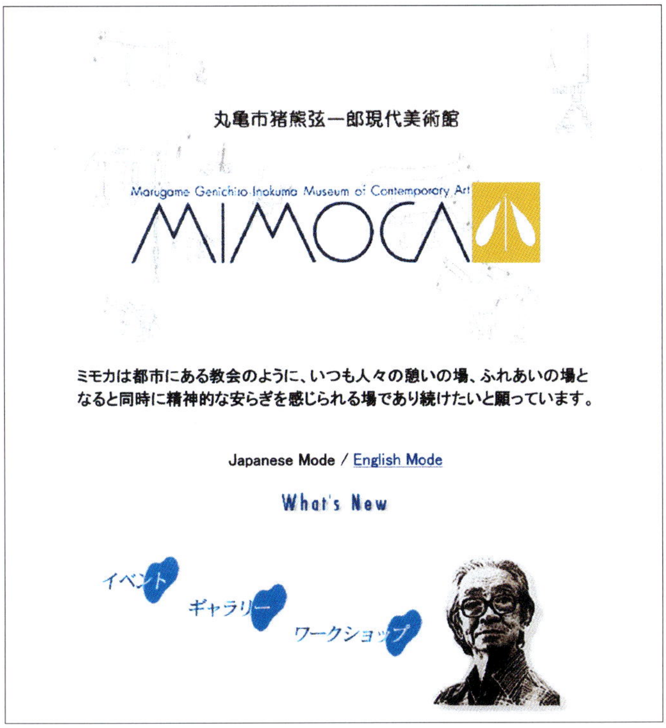

反対色の黄色を少しだけ加えてみると、思いがけない楽しさが増して親しみやすい画面になった。反対色の量を少量におさえると清楚なイメージを壊さず、しかも生き生きする

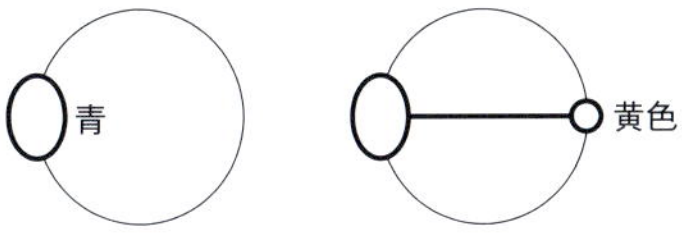

左図　右図

かすかでも効果がある

3

中央にある貝の、かすかな黄色みが補色の効果。これだけで色相のバランスがとれる

反対色は響き合う

4

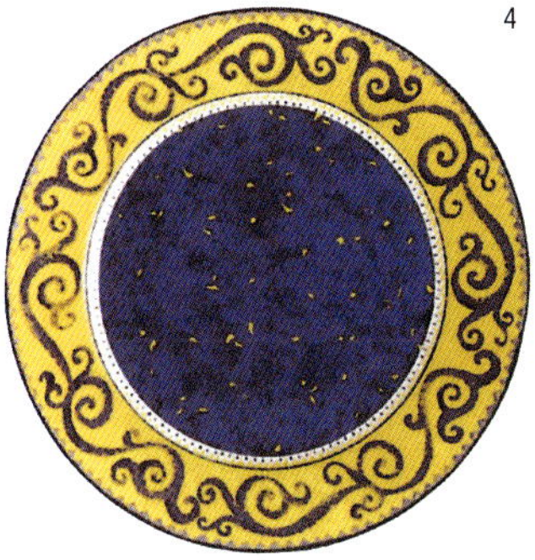

中心部には小さな黄色がちりばめられ、周辺部にある反対色の紫と響き合っている

チェック　反対色の効果　反対色を加えると、配色全体が生き生きとして引き締まる

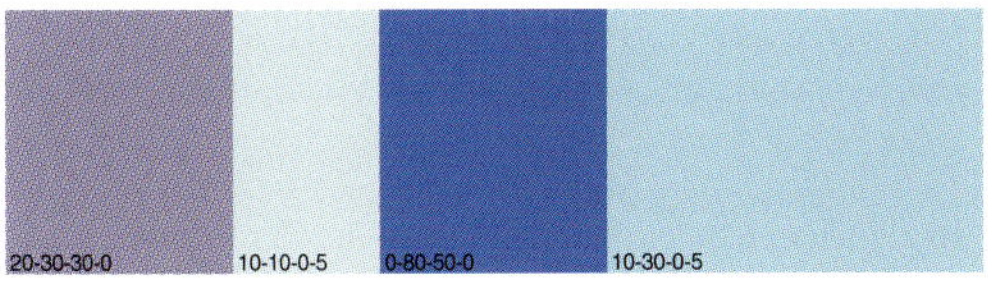

類似色はおとなしい

→

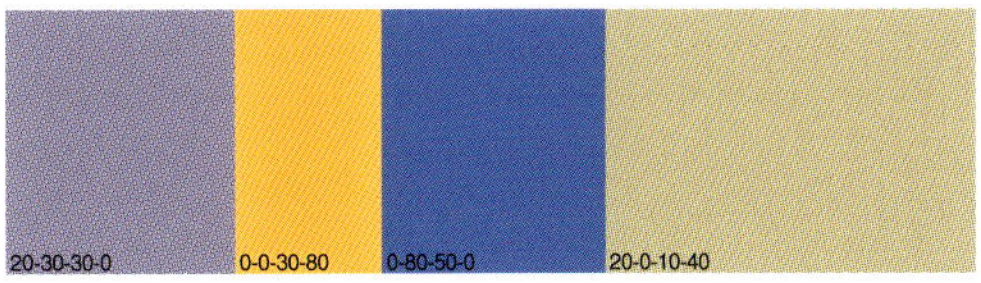

反対色を加えると生き生きする

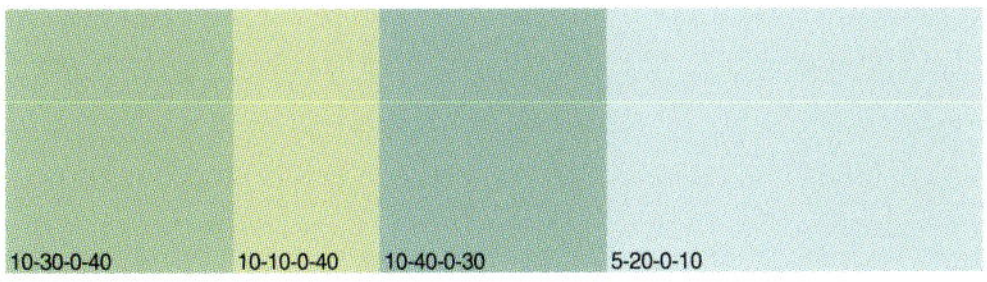

類似色で穏やか

→

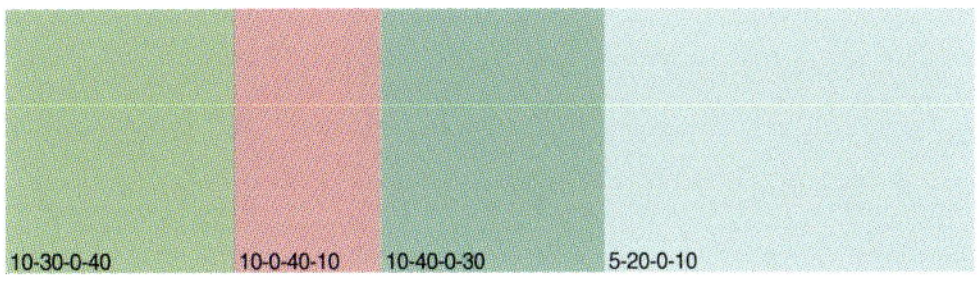

反対色で動きが出てくる

9 準反対色は穏やかな対比

準反対色は対比と穏やかさが共存

色相環上で見た時に、正反対にある色が反対色。反対色から少しずらした色が準反対色だ。

反対色は、わずかな面積でも鋭い対比で緊張感を生むが、準反対色の対比効果はかなり穏やか。反対色に比べると類似色寄りなので、対立しつつも穏やかさがある。

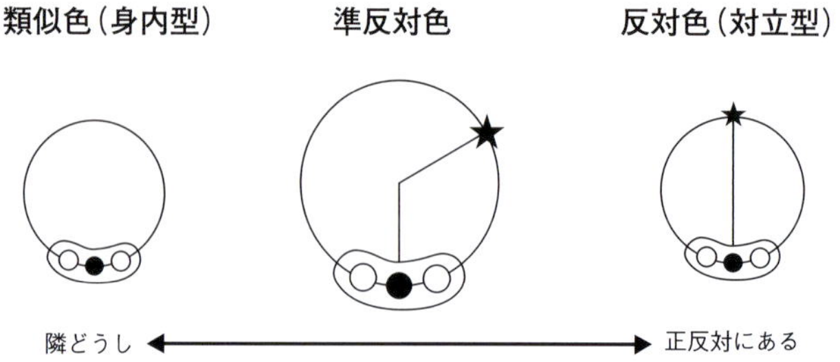

類似色の配色　おとなしすぎて、雑誌の表紙には向かない

なごやかな緊張感　反対色を少しだけずらした準反対色の組み合わせは、独特のイメージを持つ。ほどよい緊張感と、穏やかさが同居する

チェック　**準反対色の効果**　準反対色は、反対色効果に近い強さと類似色の穏やかさの両面を持っている

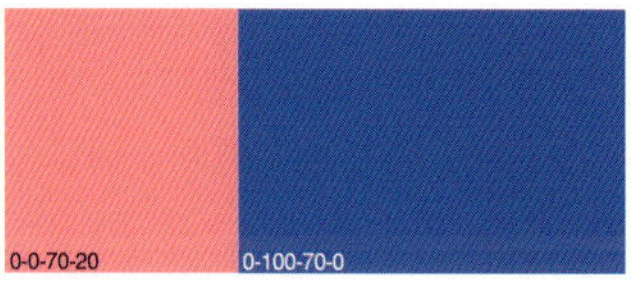

準反対色は穏やかでかつ強い

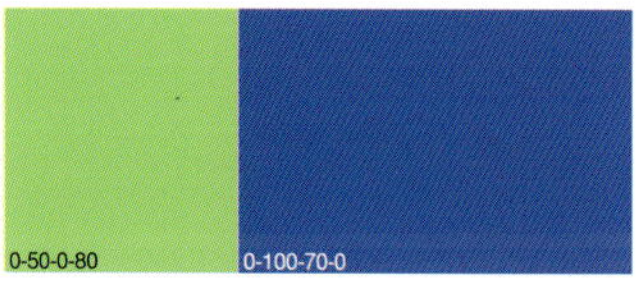

準反対色

反対色は強く鋭い

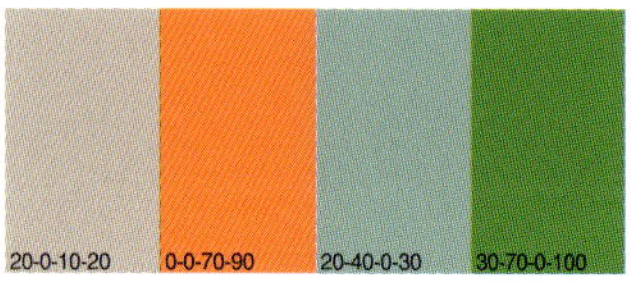

準反対色

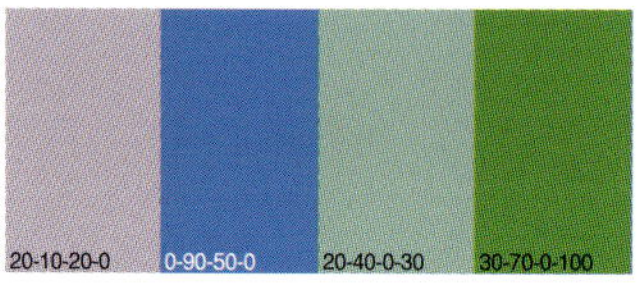

準反対色

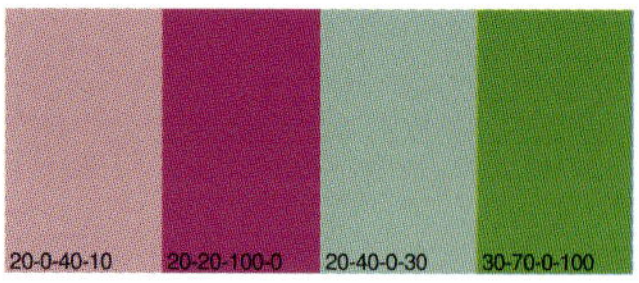

反対色

1

準反対色の対比　穏やかでありながら緊張感がある

反対色の配色　シャープで明快な緊張感がある

華やかな対比

5

明るい緑色によって藤の花房の美しさが強調される

穏やかでほどよい強さ

6

黄金色により深緑が鮮やかでかつ深くなる

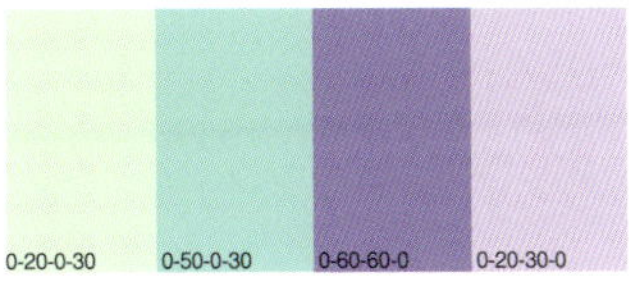

準反対色

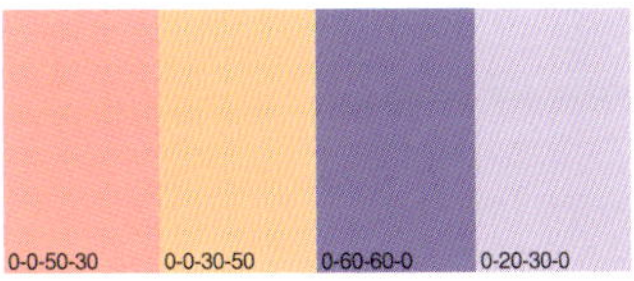

準反対色

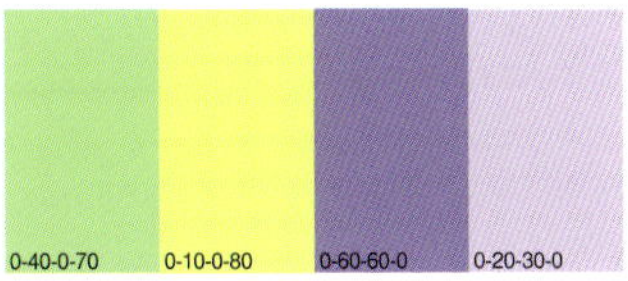

反対色

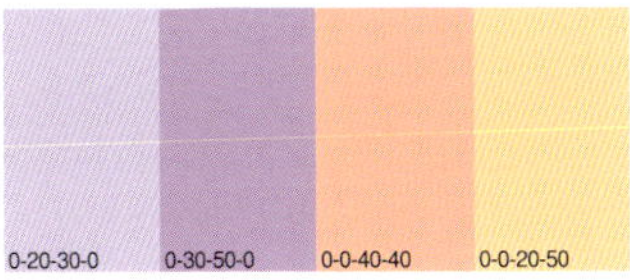

準反対色

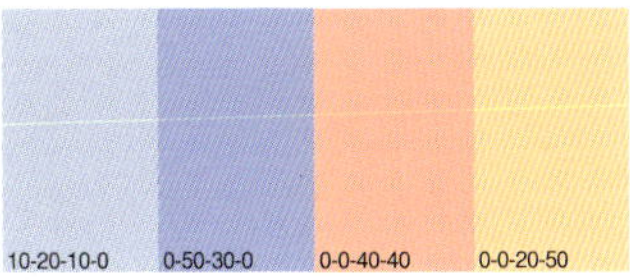

準反対色

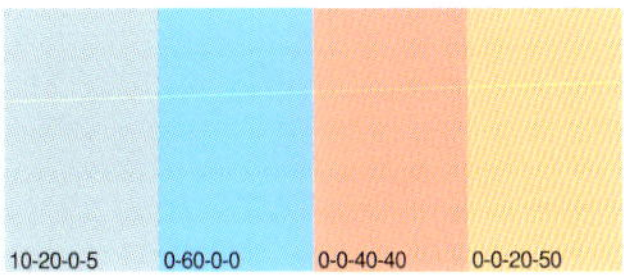

反対色

10 全色相型はお祭りの型

全色相を網羅すると開放的

色相環上の色相を欠けることなく網羅した配色を、＜全色相型＞という。自然界の色相をそのまま再現した型で、偏りがなく開放的で元気なイメージが表現できる。

○ 全色相型　　× 欠けている

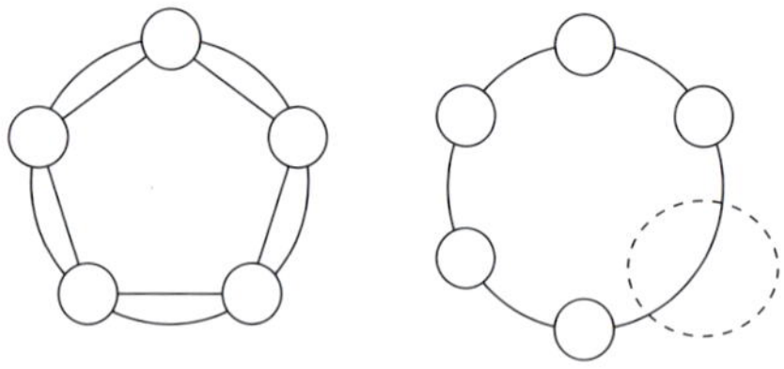

偏りのない色相がお祭りを表す

2

緑を背景に、鮮やかな赤、青、黄色の３色の鯉のぼりや吹き流しが、お祭り気分を盛り上げている

類似色型　近い色相だけで組み合わせると、身内的ななごやかさは出るものの、華やかさがない

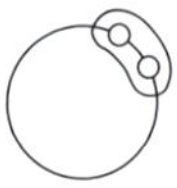

全色相型はおいしい

色相が偏ると、不自然であまりおいしそうに見えない

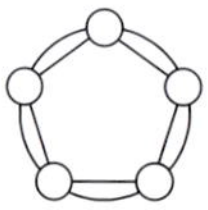

3

重箱に盛られた鮮やかな色を色相環上に置き換えてみると、全色相型であることがわかる

1

反対色型　反対色を加えると活気が出てきた。しかしまだ形式的で堅苦しさが残り、お祭りにふさわしい楽しさはない

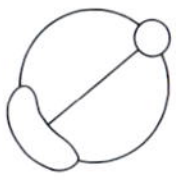

全色相型　空白になっていた色相を埋めるとこれで全色相型になる。華やかさ、自然さが出て、お祝いの気分になった

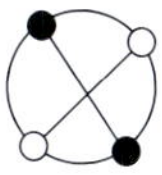

チェック　**全色相型は開放的**　全ての色相を偏りなく使うと、自然さや開放感が生まれ、お祭りのような華やいだイメージになる。反対色効果の鋭さとも違い、元気でありながら穏やかだ

類似色型

全色相型

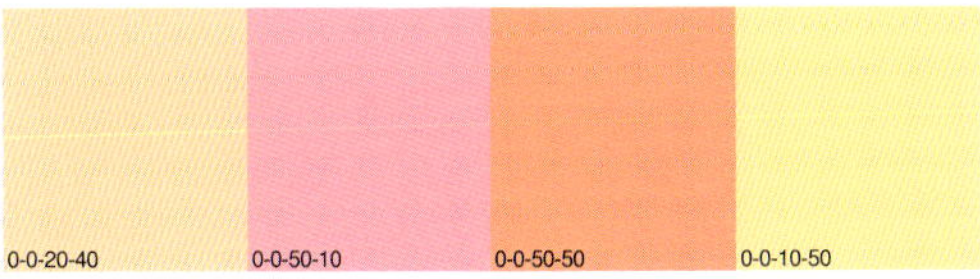

類似色型

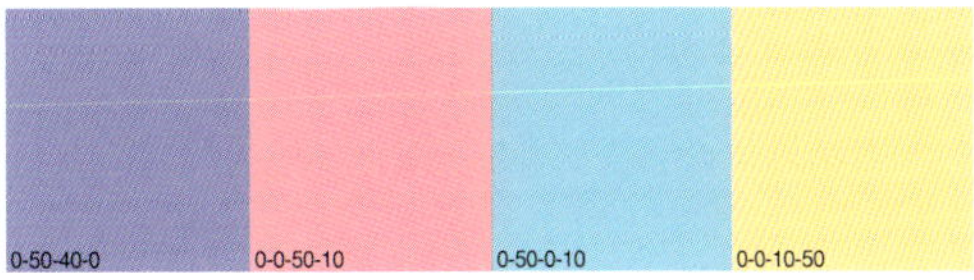

全色相型

11 ピカソ流　究極の純粋三角型

バランスのとれた三角型

赤、青、黄色を色相環上に置いてみると、正三角形になる。この3色は3原色と呼ばれる特種な色だ。緑や紫はこの3原色を混ぜ合わせるとつくり出せるが、3原色は他の色を混ぜ合わせてもつくれない特別な色。ピカソやモンドリアンなどの現代絵画の画家達は、究極の純粋色を追求した結果、この3原色の組み合わせを重視した。

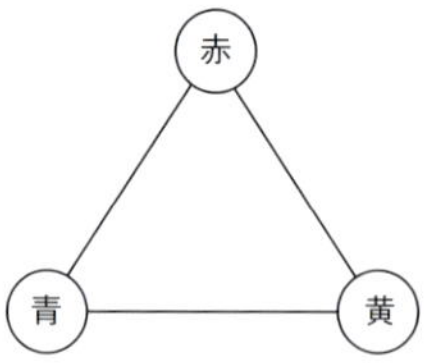

モンドリアンは色や形を純粋化していった結果、赤、青、黄の3色以外の色を拒否した。線の方向も水平と垂直だけに限定し、斜線を避けた

1

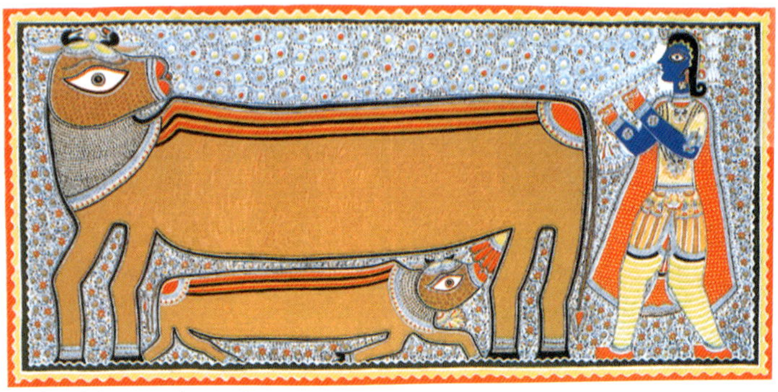

2

3原色を自由にちりばめる。気ままに配置していってもバランスが崩れない

3

4

大胆に見えても、3原色なので安定がよい

抽象化を進めて3色に至る

5

ピカソはキュビスムの後、形だけでなく色相も抽象化した。対象物の固有色を再現するのではなく、赤や青、黄、緑といった基本色に集約していった

チェック　正三角型の効果　シンプルだがバランスがとれ完成している

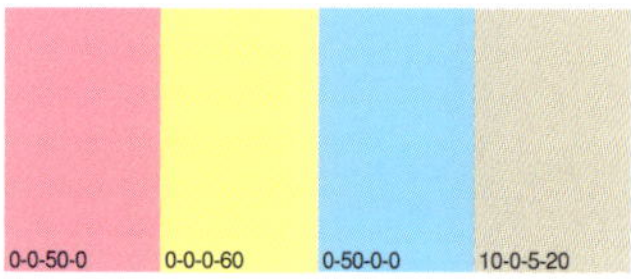

典型的な赤・青・黄の3色

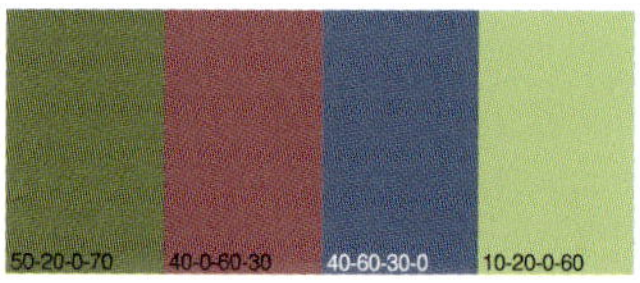

この色相も三角型

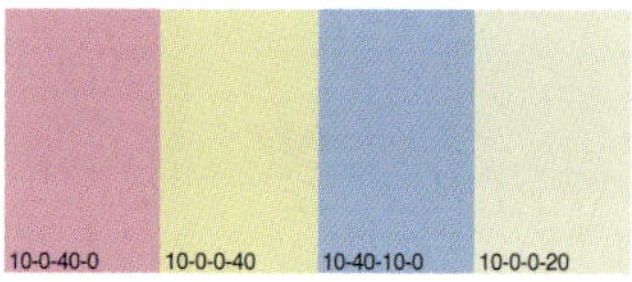

上図と同色相

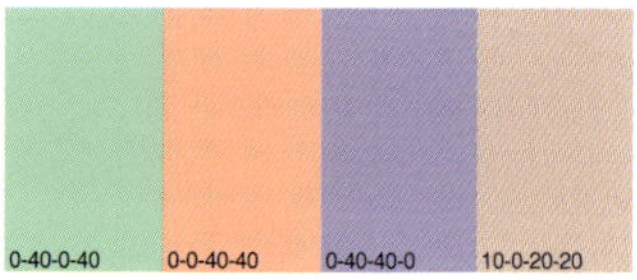

逆三角型

12 ゴッホ流　十文字型

ゆるぎない緊張感

対比した配色２組をクロスさせて組み合わせると、十文字型の配色ができる。がっちりと安定すると同時に、最も緊張感のある対比効果を発揮。一対の対比配色が生む緊張感がもう一対加わって、最強の配色型になった。

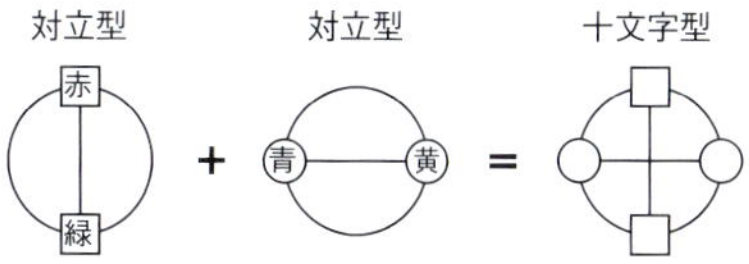

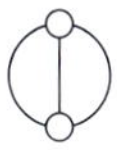

1 対の反対色　緊張感があるがかたい感じが残る

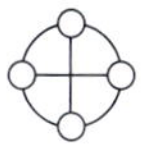

2 対の反対色　2 組の対比色が組み合わさり、力強い安定感と鋭く強い緊張感が出てきた。ゴッホの強い意志が表現されている

6

十文字型は全色相型でもある

バリの素朴な木彫りの猫。お祭りのような陽気さはゴッホ流で、実は全色相型

チェック　**十文字型はがっちり型**　2 組の補色どうしを十文字型に組み合わせるので、完全にバランスのとれた、偏りのない配色になる

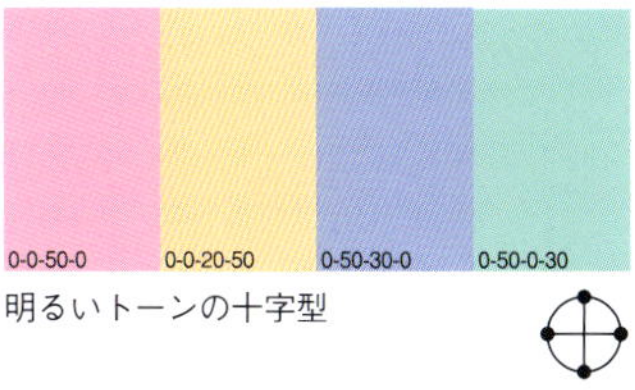

明るいトーンの十字型

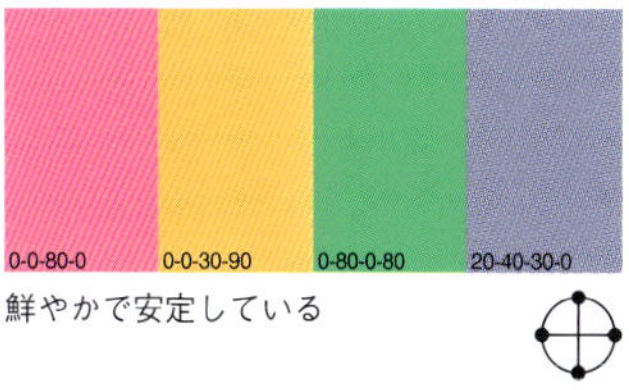

鮮やかで安定している

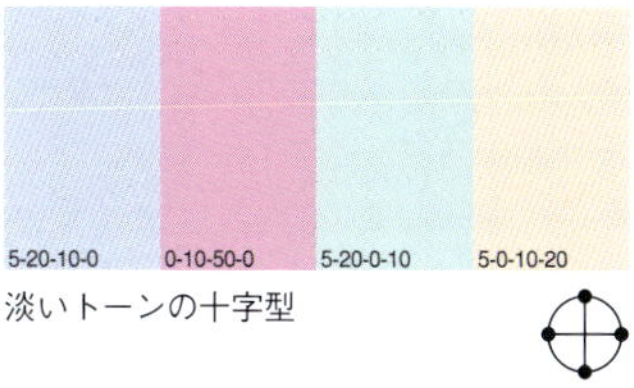

淡いトーンの十字型

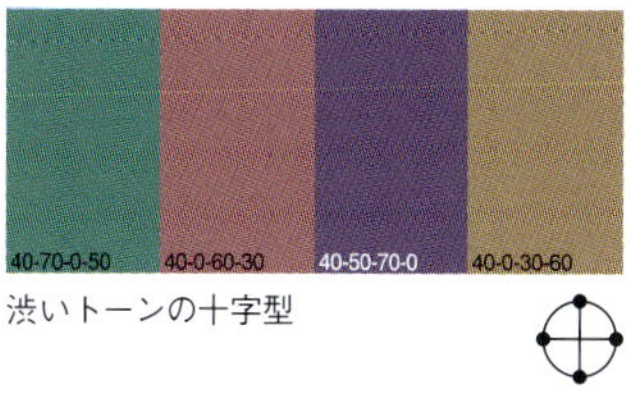

渋いトーンの十字型

13 黒で引き締める

ゼロの色＜黒＞は最も強力な脇役色

黒は＜色がない＞特殊な色。彩度も色相も明度もゼロの、暗黒で無の色だ。しかし、黒を添えると添えられた色が引き締まり、力強い配色ができる。他の色と組み合わせると、最も強力な脇役色に変わる。

GORE-TEX
Garment Specially Engineered
FOR EXTREME WET WEATHER
Guaranteed To Keep You Dry
GORE

黒は歯切れがよい
シャープで力強く、歯切れのよい配色をつくり出す

バックが白だとガラス器の印象は明るいけれど平凡

エネルギッシュで男性的イメージ

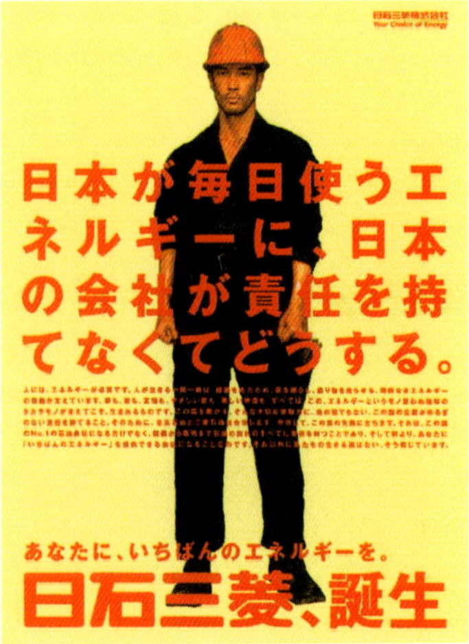
日本が毎日使うエネルギーに、日本の会社が責任を持てなくてどうする。
あなたに、いちばんのエネルギーを。
日石三菱、誕生

黄色と朱色は暖色であり、元気さ、エネルギッシュさを表すはずだが…

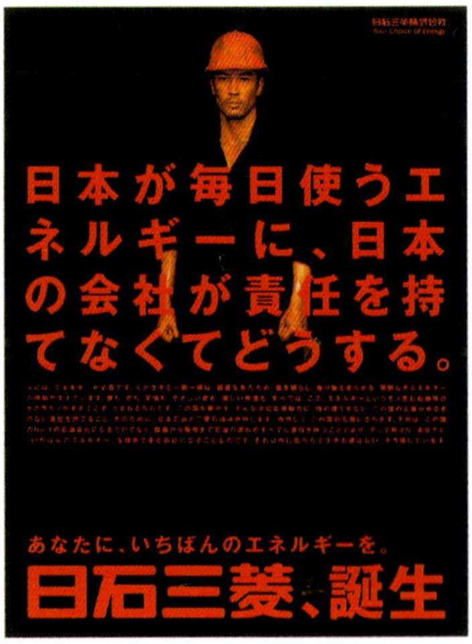
日本が毎日使うエネルギーに、日本の会社が責任を持てなくてどうする。
あなたに、いちばんのエネルギーを。
日石三菱、誕生

バックを黒にしたら、朱色のエネルギッシュな性格が強く浮かび上がってきた。上のガラス器と比べると、黒は組み合わさった色によって、全く違った表情に変わることがわかる

1

背景を黒に変えると緑が深くなり輝きを増す。黒は決して主役の緑を押しのけないが、主役と見まがうほどに黒自身も輝く

黒は身体をスリムに引き立てる

2

淡い青やピンクとは違い、黒自身は決して前面に出ない。しかし黒を着ている人の見た目を引き締め、引き立てる

小面積でシックに

3

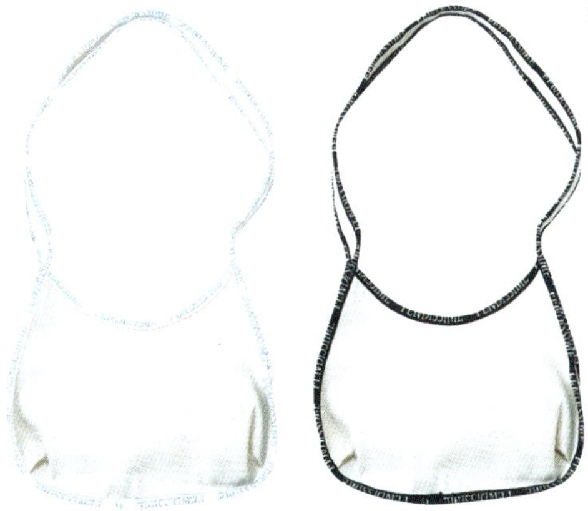

白のアクセントとして黒をわずかな面積に用いるとシックな表情に。淡いグレーよりもシャープさが際立ちすっきりする

チェック **黒は隣の色を引き締める** 黒はどんな色の隣においても、その色を引き締め、引き立てる。強い色はより強く、ソフトな色はほどよく引き締め、生き生きと際立たせる効果を生む

明るいグレーは全体をソフトにまとめる

黒は強く引き締める

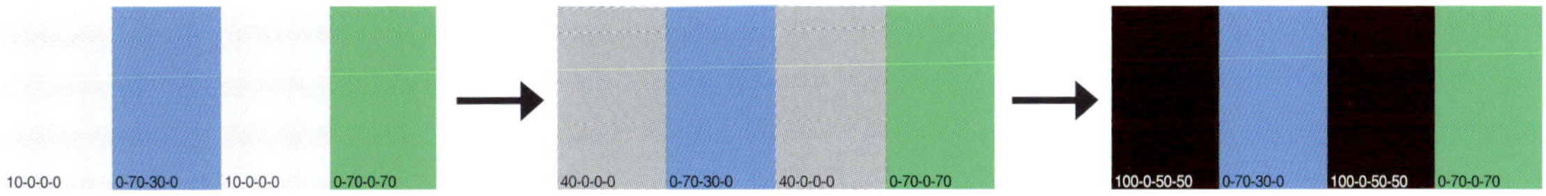

14 白で引き締めて持ち味はそのままに

白は中立なので、他の色を崩さない

白は全色彩の中で最もニュートラルで主張しない色。しかしこの白が使い方によって全体を引き締める色に変わる。他の色の持ち味を損なわずに、配色全体を引き締める。

白との差はシャープ

人の目は最も明るい白に敏感だ。わずかな明度差でも、白の効果は見えやすい

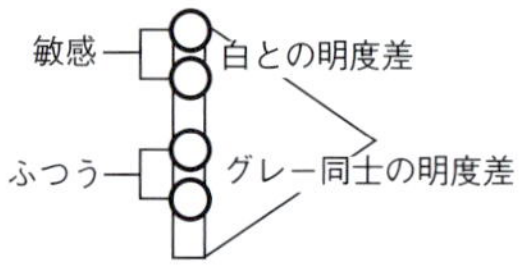

真っ青の海と空がつづく美しい光景だが…

白を加えるといきなり、花咲いたように元気になった

渋いトーンを華やかに見せる

1

主役の壺は渋く暗いトーン。白い花を添えると全体が華やかになった

チェック **白色はオールマイティー**　白色には不思議な効果がある。くどく強い色に添えるとその色をやわらげるが、ソフトな色と組み合わせると、反対にその色を引き締める効果がある。ソフトな色の持ち味はそのままで、全体が引き締まる

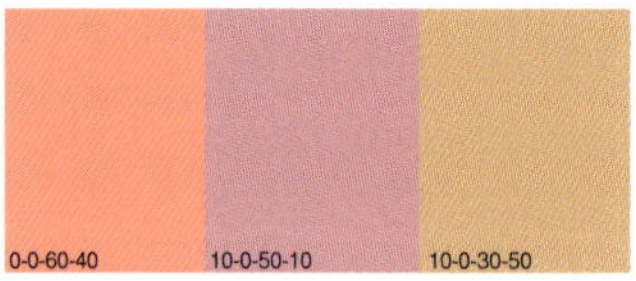

暖かく優しい

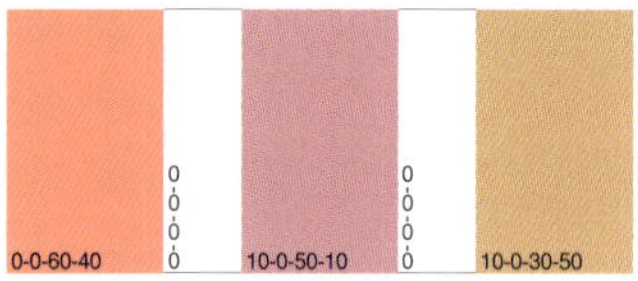

白色をはさむと引き締まる

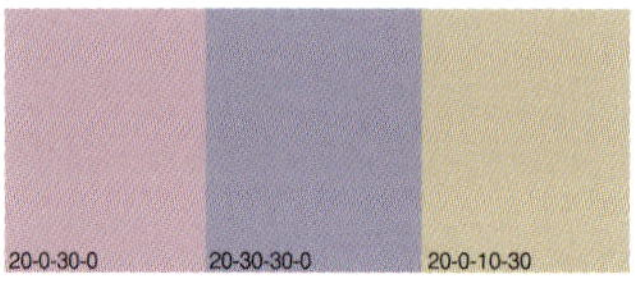

少し渋めのソフトなトーン

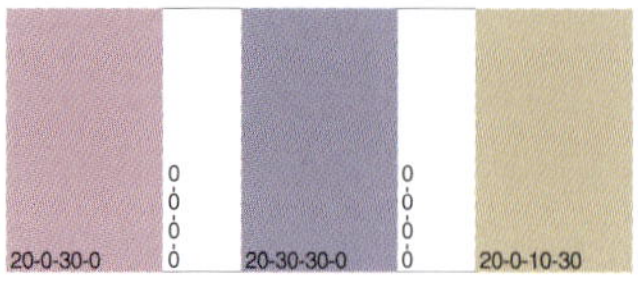

白色で引き締まる

15 ソフトな主役をソフトな色群で固める

ソフトな主役はデリケート

主役の持っているソフトなイメージを生かすには、脇役のトーンが大切。控えめにして主役色を引き立たせるが、もし脇役が鮮やかな色ならばごく小面積にして、主役から離す。

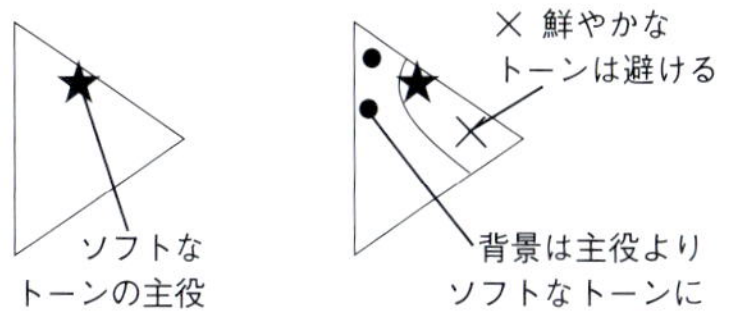
ソフトな
トーンの主役
× 鮮やかな
トーンは避ける
背景は主役より
ソフトなトーンに

ION Rhythm & STEVIA Life
VACATION
自然のリズムに身をゆだねて……。
私たちは自然のリズムで生きています。それは私たちの体の中にある水分も同じ。
だから、知らず知らずのうちに失われた水分を補給して、引いた潮が満ちてくるように、
体を自然のリズムに還してやることは、とても大切なこと。もちろん、体ばかりでなく、心にも自然のリズムはとても大切。
本を読む、音楽を聴く、ちょっと休暇をとってバカンスを楽しむ…。忙しい毎日で失われたり、補えなかったものを満たす時間を持ちましょう。
今回は私たち女性にとって"癒しの時間"ともいえるバカンスのファッションを集めてみました。
stevia

強い色を不用意に加えると、活気は出るが、主役らしさが軽減する

ION Rhythm & STEVIA Life
VACATION
自然のリズムに身をゆだねて……。
私たちは自然のリズムで生きています。それは私たちの体の中にある水分も同じ。
だから、知らず知らずのうちに失われた水分を補給して、引いた潮が満ちてくるように、
体を自然のリズムに還してやることは、とても大切なこと。もちろん、体ばかりでなく、心にも自然のリズムはとても大切。
本を読む、音楽を聴く、ちょっと休暇をとってバカンスを楽しむ…。忙しい毎日で失われたり、補えなかったものを満たす時間を持ちましょう。
今回は私たち女性にとって"癒しの時間"ともいえるバカンスのファッションを集めてみました。
stevia

添える色をソフトなトーンにすると、主役らしさが引き立ってきた

強い色は遠ざける

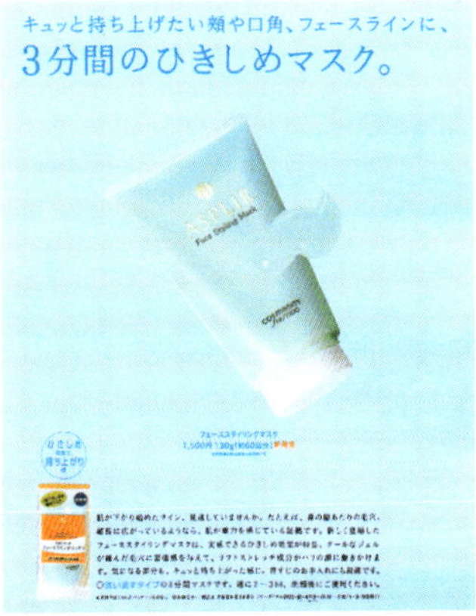
キュッと持ち上げたい頬や口角、フェースラインに、
3分間のひきしめマスク。

強い色は、小面積にして主役から離せばよい。アクセント色として生きる

チェック ソフトな主役は慎重に扱う

主役が優しくてやわらかなイメージの時は、周辺の色もソフトなトーンでまとめる。強い色は主役から離して、アクセントとして使う

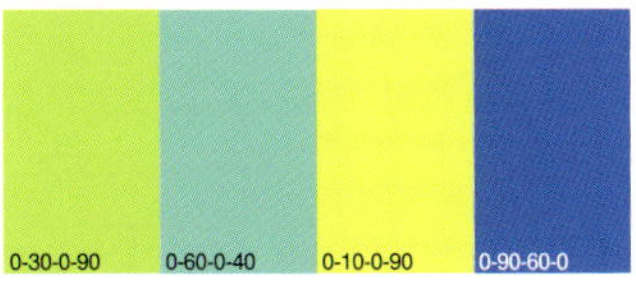
0-30-0-90
0-60-0-40
0-10-0-90
0-90-60-0

周辺の色が強く主役が目立たない

10-10-5-0
0-60-0-40
20-0-10-5
10-20-0-30

ソフトにすると主役が浮かび上がる

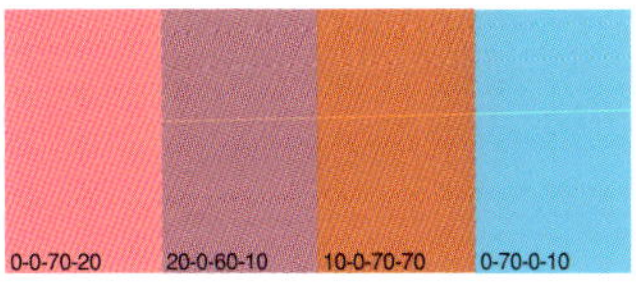
0-0-70-20
20-0-60-10
10-0-70-70
0-70-0-10

強い色で囲むとソフトな色が沈んでしまう

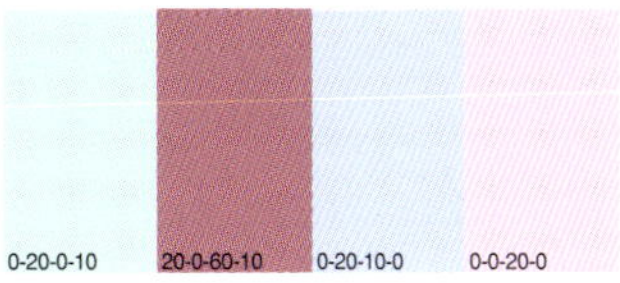
0-20-0-10
20-0-60-10
0-20-10-0
0-0-20-0

ソフトなトーンで囲む

料理をおいしく見せる4つの配色型

1 トッピング おいしさが盛り上がる

絵画や演劇などでは＜中心＞が明示されると人の気持ちが落ち着く。盛り付けた料理にトッピングを加えると、見た目に中心が生まれて全体的にまとまる。

中心がはっきりするとメリハリがついて、気持ちが安定する

1

2

3

4

5

2 混ぜ合わせる 開放的な楽しさが生まれる

さまざまな具を混ぜ合わせると、アクセントが全面的にちりばめられ、お祭りのような雰囲気になる。開放的で、どこから切り取ってもよいカジュアルな自由さがある。

さまざまな形と色をちりばめる

6

7

3 ガクブチ　上品で落ち着く

料理の周辺を囲み込むと、ちょうど料理のガクブチのような効果になる。大切に扱われて改まった印象が強まり、囲んだだけで上品な料理にイメージチェンジされる。

油絵をガクブチに入れると箔が付いて見えるように、料理も格調高く見える

8

9

10

11

12

4 添える　和風のイメージを演出する

枯山水の石庭を組むように、料理を構成する。左右対称形を避け、主菜の脇にちょうど石を組むようにつけ合わせを添える。つけ合わせの色彩は主役との差をつけることがポイント。和食独特の型。

日本庭園のつくり方が、料理の盛り付けにも生きている

13

14

Q＆A　第４日目の復習

Q１　格調高さと楽しさを併せ持ち、しかもワンポイントで楽しさが強調されているのはどれ？

A

B

C

D

E

F

Q２　<海>をテーマにしたさわやかなインターネットのホームページ。一番楽しそうな配色はどれ？

G

H

I

Q３ 同じ形の２点のうち上品で配色の楽しさが生きているのはそれぞれどちら？

J

3
L

4
N

2
K

M

O

Q４ 雄大な渓谷を行く列車の色は、どの色が最も美しい？

P

5
Q

R

こたえと解説

Q１ 正解はＡ

ワンポイントを見比べると、ＡとＢが最も強い対比を示す。しかしＢはメインの写真が渋すぎて活気がない。Ａはメインの写真の色相差もあり、トーンも格調高い

Q２ 正解はＩ

Ｇは赤が強すぎて、海のさわやかさを壊している。Ｈはグレーが濃いために暗い印象になってしまった

Q３ 正解はＫ、Ｌ、Ｎ

Ｋは小さな円形のアクセントが効いている。

Ｊは上品ではあるがアクセントがなく、楽しさがない

ＬとＭは両方とも元気だが、Ｍの緑は鮮やかすぎて品位に欠ける。緑をごく小面積にするか、トーンを弱める必要がある

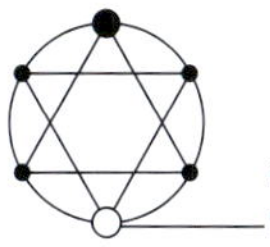
緑は自然、生命力のシンボル。
鮮やかな緑は品位に欠ける

Q４ 正解はＱ

緑の渓谷を行く赤い列車は最も印象的。反対色の効果が生きている。Ｐの黄色い列車も美しいが、赤の鮮やかさには一歩ゆずる

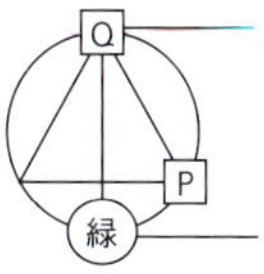

反対色
背景

配色の実践

5日目 なじませる型

三属性を使ってなじませる

第3・4日目では配色を引き立てる方法をチェックしてきた。第5日目は逆に、配色をなじませる型を見ていく。
きつすぎる色、目立ちすぎる色をしずめるには、引き立てる時と同じ三属性（明度、色相、彩度）を使う。引き立てる時には、三属性の対比量を大きくしていったが、なじませる時には、反対に対比量を少なくする。

なじませる典型的なスタイル

なじませる配色には、ツートーンカラーと呼ばれる2色の配色や、グラデーション、リピーティング（繰り返し）などの典型的なスタイルがある。これらは長年の経験を通して完成されたスタイルで、高いレベルの安定した配色だ。これらの様式をマスターして自分のものにしよう。

ウィリアム・モリスが好んだ対比ツートーン型配色（P.86）

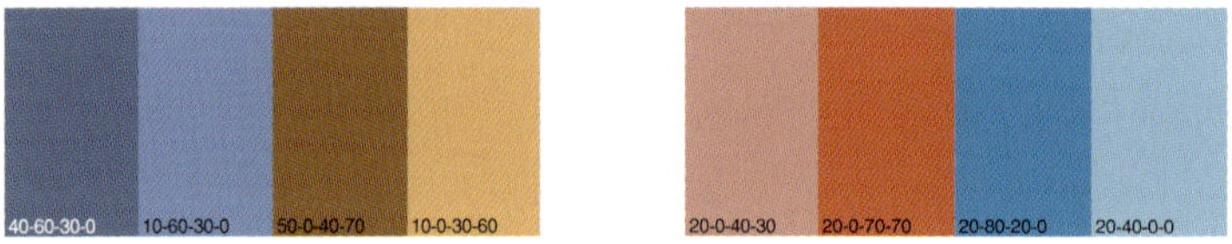

微差のツートーンが穏やかさをつくり、一方反対色が緊張感を生む

1 色相を近づける

同族でまとめると破綻がなくなる

色相差は離すほど活気が出て、反対に近づけると穏やかな印象になる。突出してうるさい色は色相を近づけよう。調子がなじみ、落ち着きが出てくる。

150年もの間、
愛され続けたハロッズ。
Harrods
Harrods
KNIGHTSBRIDGE
「ハロッズの紅茶は魔法のようにおいしい」。英国のティータイムでは、約150年もの間そんなふうに囁かれてきました。英国を代表する百貨店ハロッズは、1849年に紅茶商人ヘンリー・チャールズ・ハロッドにより、当時珍しい食料品店として創立。その後、百貨店へと発展し、1913年には英国王室御用達の栄誉を賜るほどに成長しました。ハロッズオリジナルブレンドティーは、その数が大変多いため、ナンバーリングが施されているものが数多くあります。中でも、創業以来、愛され続けている代表作がNo.14のブレンドティー。伝統のあるハロッズの建物が描かれた、グリーンの缶が印象的です。時が育んだハロッズを代表する逸品のお求めは、三越で。
パーソナルギフト選びに最適な
三越のカタログをどうぞ
0120-03-3254

渋めのトーンで落ち着いた雰囲気。しかし色相幅が広く散漫なため、右図に比べると不安定な感じ

類似色のイメージ

同じ色相だけの配色を同系色、近い色相での配色を類似色の配色という。これらの色相差の少ない配色でつくり出せるイメージは、穏やかさ、家庭的、保守的、伝統的、静けさに包まれた内的世界などである。

メッセージに合う強さを選ぶ

24, Faubourg
HERMES
LE MONDE SECRET OÙ CHAQUE FEMME EST UN SOLEIL.
24, Faubourg
HERMÈS
PARIS

オレンジ色を中心とした色相にまとめると、穏やかな表情になった

類似色は安心感のメッセージ

The World of
Club Med
Lindeman

類似色だけで構成すると、安全な<楽園>が表現される

ACSEINE
UV
Protection
SPF20
SEBUM
CLEANUP
ACSEINE
0120-009579

暖かい黄色の同系色によって安心感を伝える

150年もの間、
愛され続けたハロッズ。
Harrods
Harrods
KNIGHTSBRIDGE
「ハロッズの紅茶は魔法のようにおいしい」。英国のティータイムでは、約150年もの間そんなふうに囁かれてきました。英国を代表する百貨店ハロッズは、1849年に紅茶商人ヘンリー・チャールズ・ハロッドにより、当時珍しい食料品店として創立。その後、百貨店へと発展し、1913年には英国王室御用達の栄誉を賜るほどに成長しました。ハロッズオリジナルブレンドティーは、その数が大変多いため、ナンバーリングが施されているものが数多くあります。中でも、創業以来、愛され続けている代表作がNo.14のブレンドティー。伝統のあるハロッズの建物が描かれた、グリーンの缶が印象的です。時が育んだハロッズを代表する逸品のお求めは、三越で。
パーソナルギフト選びに最適な
三越のカタログをどうぞ
0120-03-3254

類似色相で配色すると、家庭的なイメージのなごやかな印象に変わった。歴史を感じさせる静かなひとときが表現される

同系色で穏やかに

離れた色相が混じっていると、開放的なイメージになる

1

近い色相の範囲で配色すると、穏やかで安らいだ空間が表現される

チェック **色相を近づける効果** 色相を近づけると類似色になり、さらに近づけると同系色配色になる。反対色をなくして同系色に近づけるほど、穏やかで落ち着きが出てくる

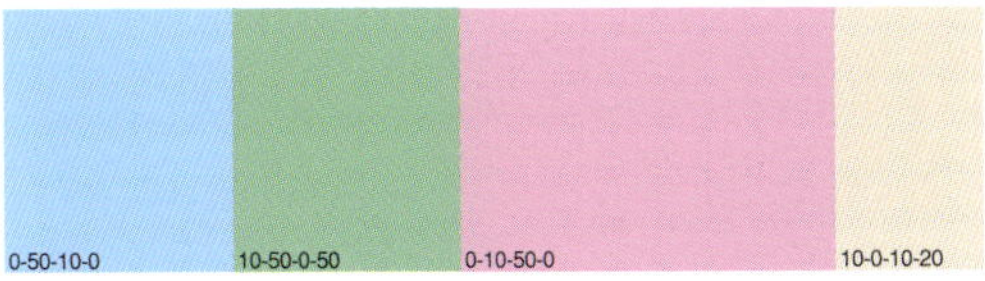
0-50-10-0
10-50-0-50
0-10-50-0
10-0-10-20

反対色の組み合わせは元気がある

→

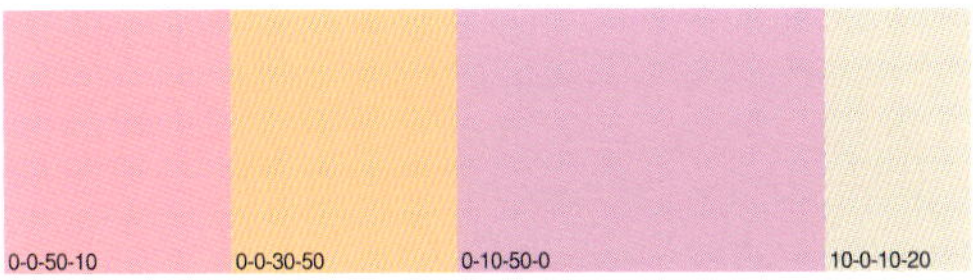
0-0-50-10
0-0-30-50
0-10-50-0
10-0-10-20

色相を近づけて類似色だけで組み合わせると、穏やかになる

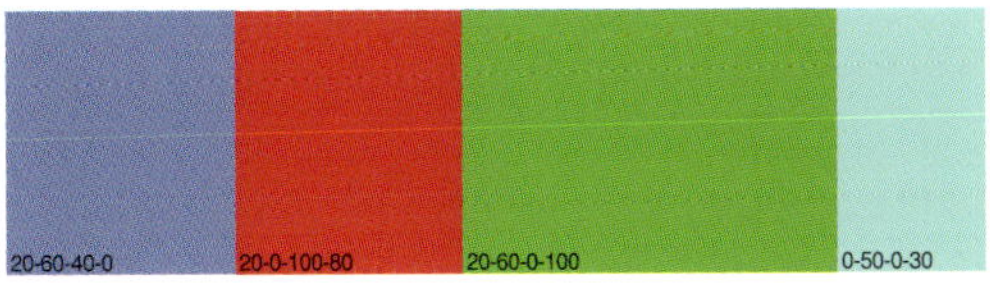
20-60-40-0
20-0-100-80
20-60-0-100
0-50-0-30

→

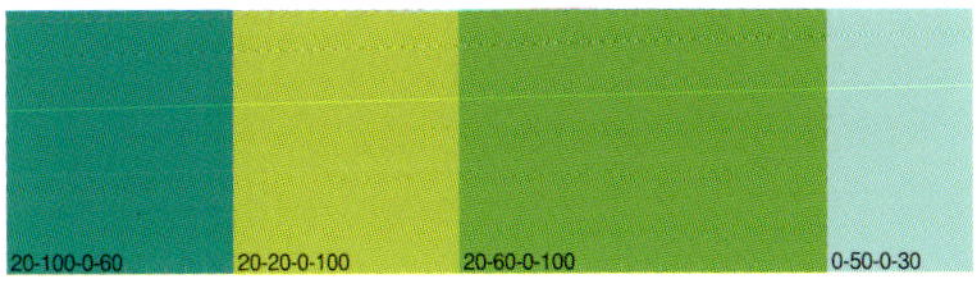
20-100-0-60
20-20-0-100
20-60-0-100
0-50-0-30

2 明度を同じにする

明度差は安定への隠れ技

たとえ色相の差が大きくても、明度を同じにするだけで配色全体が安定する。色相のバランスが変わらないので、雰囲気はもとのままで安定感だけが得られる。非常に便利な方法だ。

> **色相差を大きくしてバランスをとる**
>
> 明度差ゼロで色相差まで少なくすると、穏やかすぎて、もの足りない配色になりやすい。こんな時は、色相差を大きくすることによって単調になるのを防ぐ。一方、この微かな差を逆手にとる方法が、下図の２点のバッグだ。少ない差を強調することによって、かえって思いがけない効果を生む。

乾燥し、流れたキメをふっくら整える
moisturizing
refiner
refreshing
refiner
脂っぽく粗いキメをシャキッと引き締める

明度差が大きいと元気さは出るが、優しさがなくなる

微差が生む洗練効果

2

ほとんど同じ暗さだが、わずかに差をつけてアクセントをつくった、大人の配色

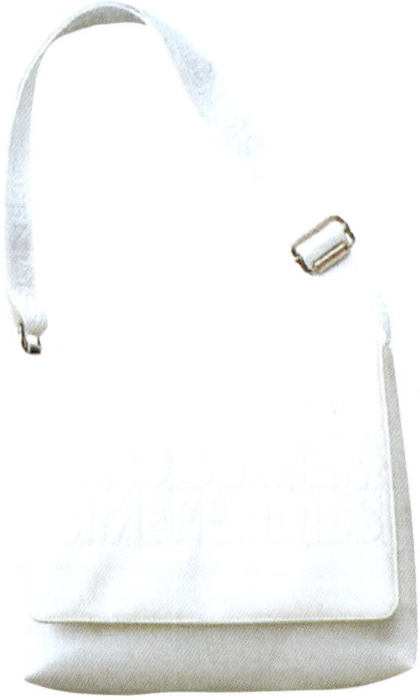

3

まったく同じ明るさの白地に、一方はステッチの凸凹だけでアクセントをつけている

1

明度差ゼロにしたら配色全体がなごやかになり、化粧品の持つ優しさが強調されてきた

明度を逆転させたポップな配色

＜青や緑は濃い色＞という常識を逆転させて、それらの明度を他の色よりも極端に明るくすると、アンディ・ウォーホル風なポップな配色になる。

4

5

6

7

チェック **明度を同じにする効果** 相当バラついた配色でも、明度を同じにすると一気にまとまりが出て、穏やかな配色になる。明度差ゼロはかなり落ち着きが出るので、色相差を大きめにとって緊張感を保つ

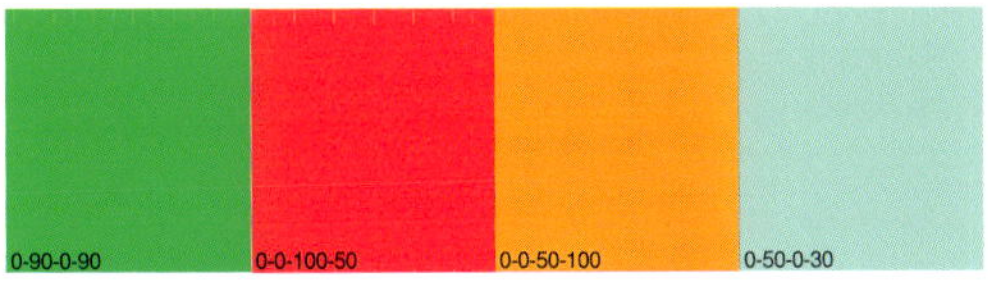

中位の明度差で歯切れがよい

→

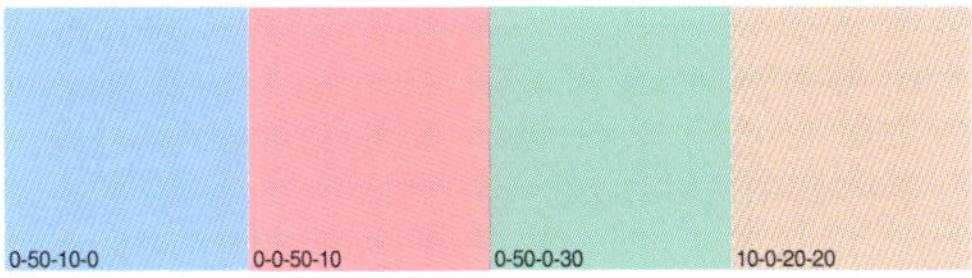

明るいトーンにそろえると穏やかになる

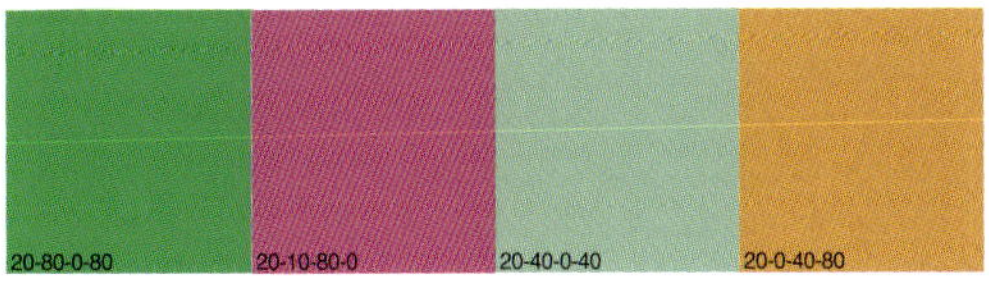

中位の明度差

→

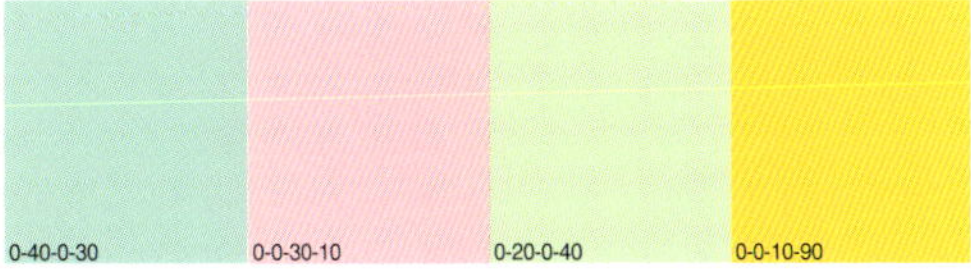

黄色は鮮やかなトーンだが、明度が同じなので落ち着いている

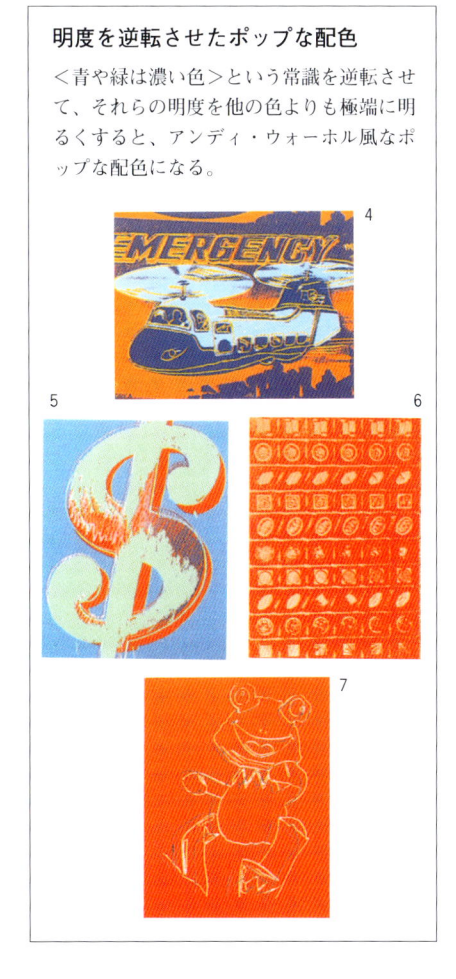

3 トーンを近づける

気分が同じになる

トーンとは＜調子＞ともいい、色彩の気分、テイストのようなニュアンスを表している。したがって同一のトーンであるならば、同じ気分の色群と考えてよい。同じトーンの色どうしを組み合わせれば、気分も等しく統一される。

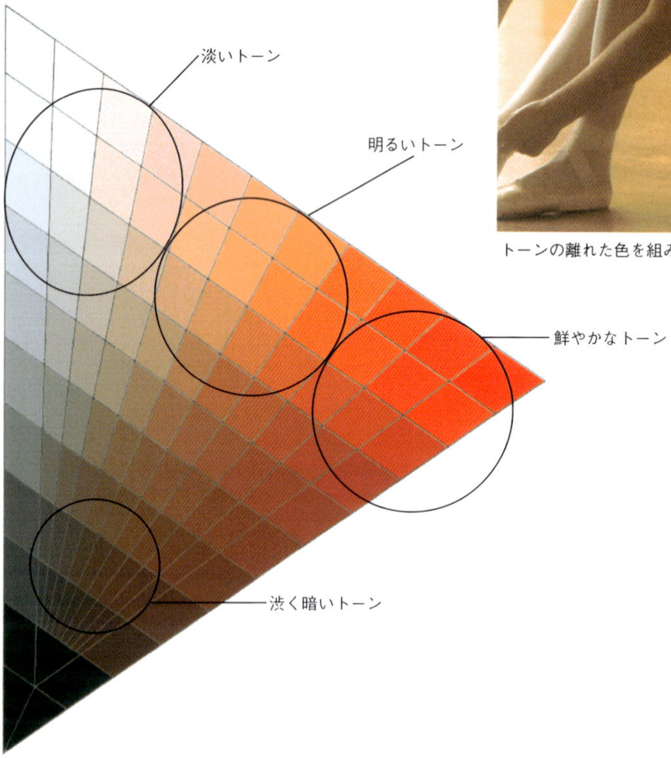

トーンの離れた色を組み合わせると、気分がずれて統一感がなくなる

チェック1 **同じトーンの効果**　統一感のないバラバラな配色になったら、トーンを統一する。同じトーン、近いトーンにすると、混乱していた配色が落ち着いて、なじんでくる

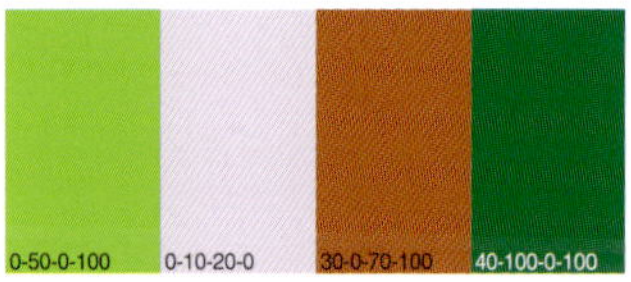

バラバラなトーンで混乱している

トーンを近づける

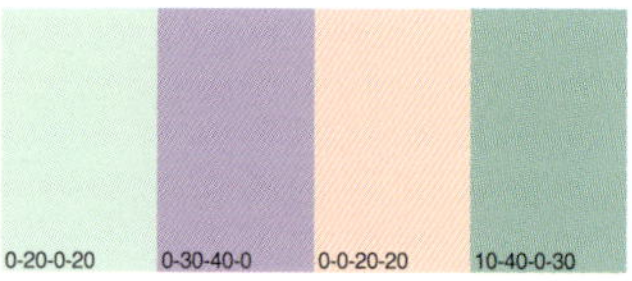

トーンを近づけるほど穏やかになる

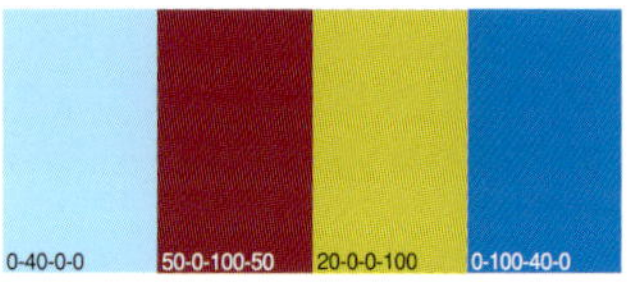

混乱したトーン

トーンを近づける

さらにトーンを近づける

1

鮮やかなトーンを明るく渋いトーンに近づけると、気分がそろって落ち着いた

2

2種のトーンで構成する

鮮やかなトーンと明るく渋めのトーンの、2種類のトーンを対比させると、生き生きする

2種類のトーンを組み合わせる

自然界にはさまざまなトーンが分布している。この中から一部分だけ抜き出して、同じトーンだけに絞り込むと、人工的に統一された気分が表現できる。反対に、複数のトーンを対比させて組み合わせると<自然らしさ>が表現できる。

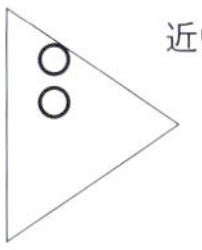

近いトーン

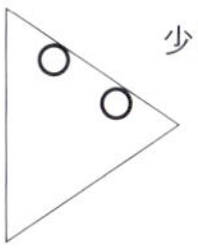

少し離れたトーン

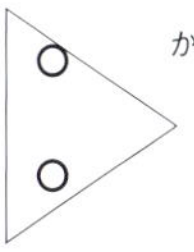

かなり離れたトーン

チェック2 **トーン差の効果** 同じトーンだけの配色は確実に調和するが、何かもの足りない。トーン差を広げると、動きが出て生き生きするので、バランスをとりながらほどよく差をつける

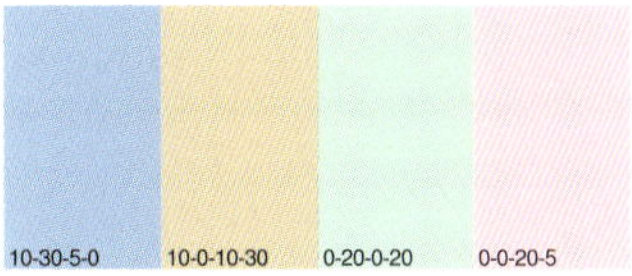

かなり近い2層のトーン

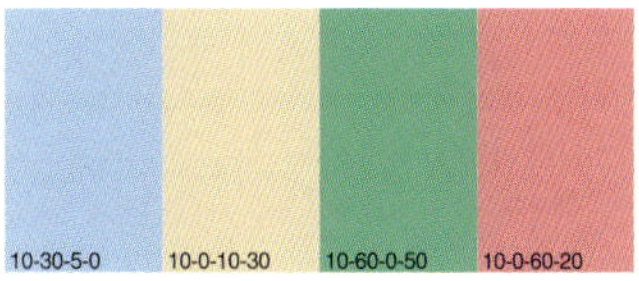

少しトーン差をつけた

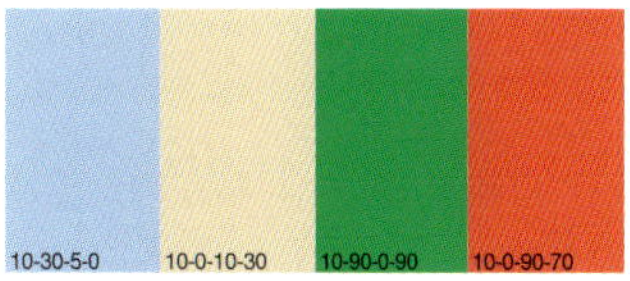

トーン差の大きい組み合わせ

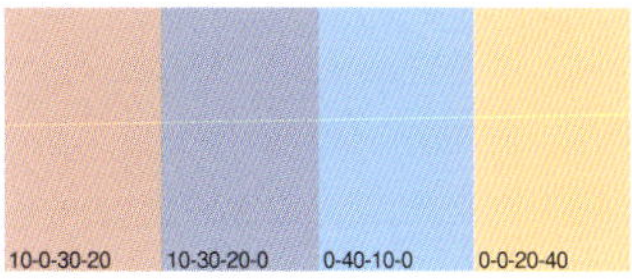

かなり近いトーン

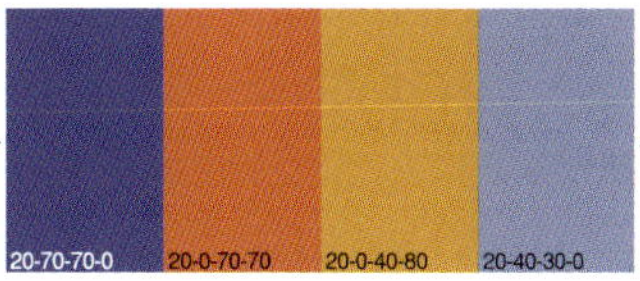

右端だけトーン差を離す

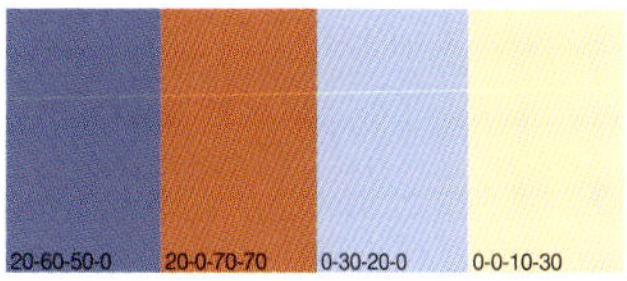

かなり大きなトーン差

4 群化で混乱をしずめる

三属性を共通化

混乱した配色は群化すると落ち着きが出てくる。群化とは、色相やトーン、明度などに共通性を持たせて、まとまったグループをつくり出すことをいう。バラバラな印象になったら三属性の一部を共通化して、統一感を持たせよう。

2

地色でまとめる

背景に相当する模様は、明るい緑系で統一（群化）され、器全体がまとまっている

鮮やかで楽しい配色だが、混乱して落ち着きがない

無秩序から秩序へ

形が複雑なので、色彩をバラエティーに富ませると全体が混乱する

3

主だった形を青系の色相で統一すると、全体がまとまる

チェック　群化の方法

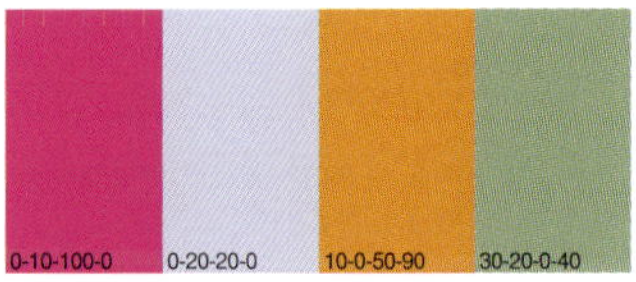

混乱した配色

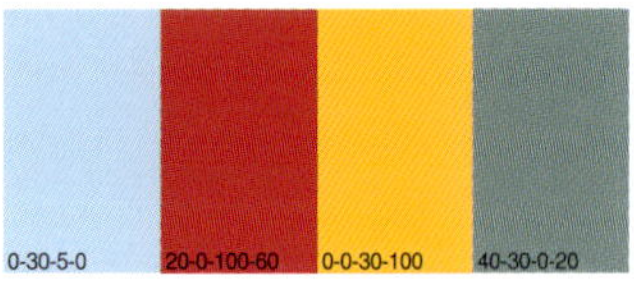

混乱した配色

「明るい」と「渋い」の２つのトーンに群化したら落ち着いてきた

1

暖色と寒色のグループに分けると落ち着きと元気さの両方が出てきた

群化とはグループ化であり、共通化だ。前ページまでで述べた明度、色相、トーンなどを総合的に共通化すると
群化効果が生まれて配色全体がおさまり、なじむ

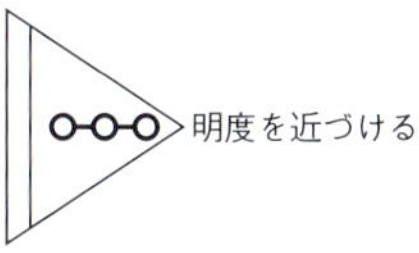

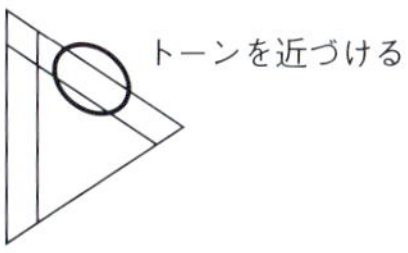

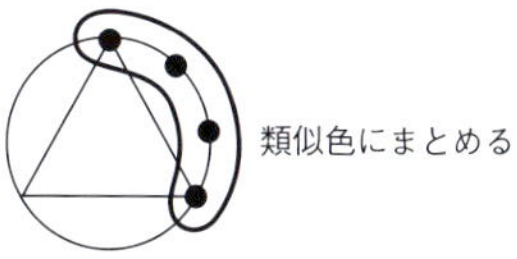

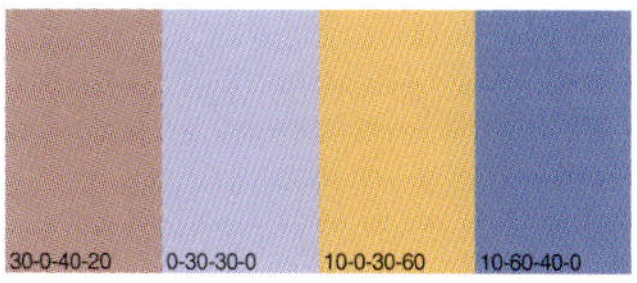

明度を近づけて混乱をおさめる

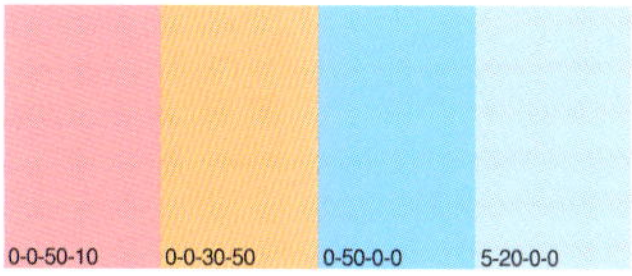

トーンを近づける

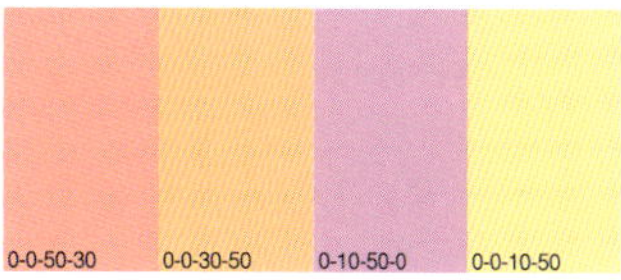

色相差を少なくすると、すっかり落ち着く

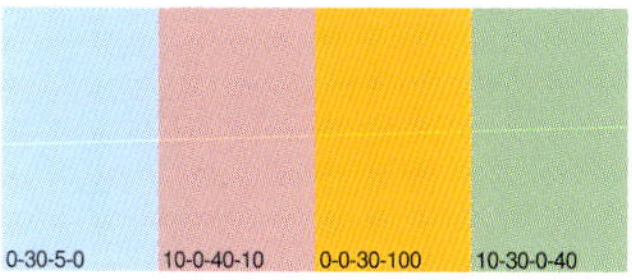

明度を近づけると混乱がしずまる

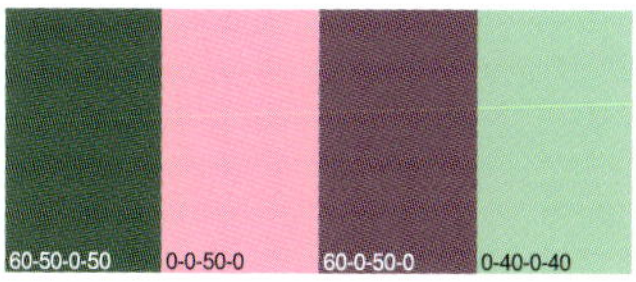

２種のトーンに共通化する

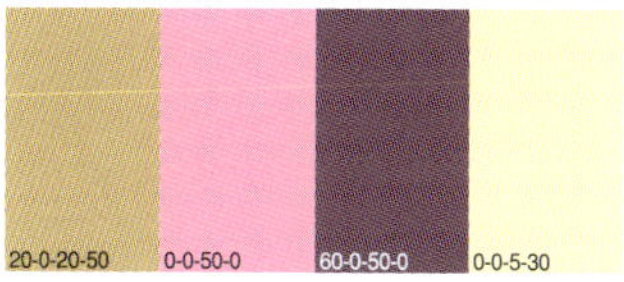

色相差を近づけると全体がなじむ

5 ツートーンは絶対的な安定型

同じ色相の明暗２色

＜ツートーン＞とは、同一または近い色相の中から２つのトーンを取り出し組み合わせたもの。最もシンプルなツートーンは、同じ色相の淡色と明色の組み合わせ。色相差をつけたり濁色（P.21参照）を組み合わせると、複雑な表情がつくれる。

2

3

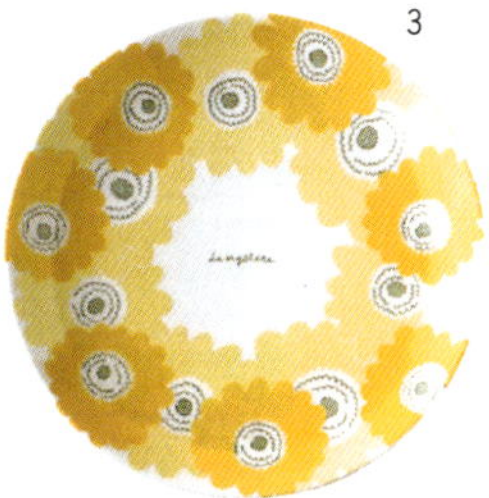

最も典型的なツートーン

1

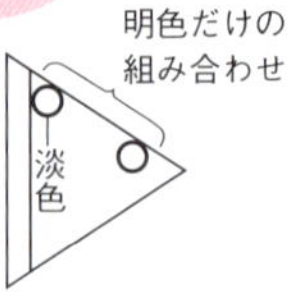

渋さのない、淡色と明色だけで組み合わせたシンプルなツートーン

ツートーンの変形

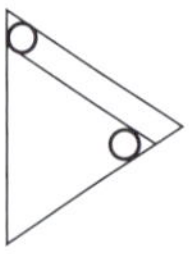

暗色をベースとした
ユニークなツートーン

古くさいイメージを生かす

ツートーンは定番で安心できる半面、古くさく安っぽいイメージに陥る危険もある。それを逆手にとって、最もシンプルなツートーン（同一色相内の明・淡トーンの組み合わせ）をレトロな印象に用いるのも面白い。

色相をずらせたツートーン

4

濃い色と明るい色の色相を少しずらしたので、まとまりすぎないで自然さが出てきた

チェック

同じ色相のツートーン

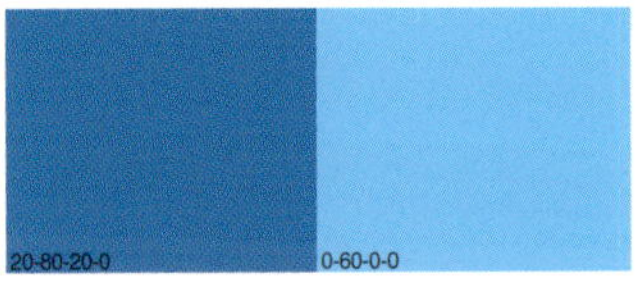

冗長さがなく、端正

近い色相のツートーン

色相の幅が広がり、自由さが広がる

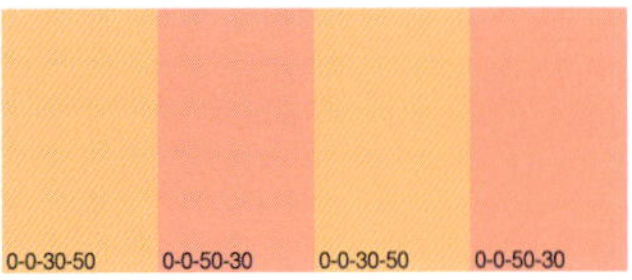

6 グラデーション

リズム感が安心感を生む

色相順や明度順に並べると、グラデーション（諧調）配色ができる。順序が明示されるのでリズム感が生まれ、見る人に安心感を与える。配色の一部分をグラデーションにすると、その周辺が落ち着く効果がある。

5

大胆な色彩でもグラデーション化するとリズム感が出て、派手なのに落ち着く

6

配色の一部分をグラデーションにする

7

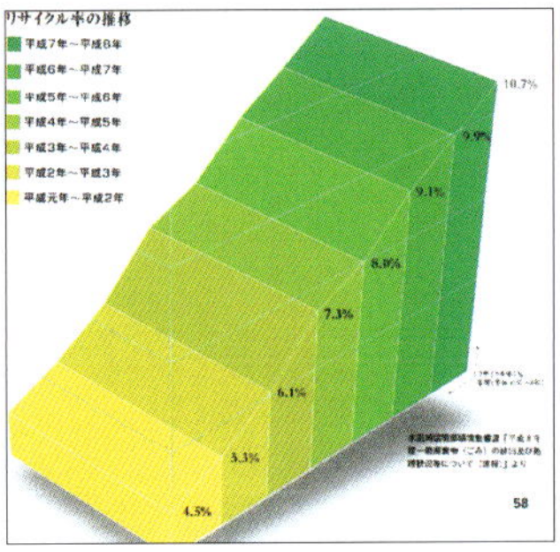

グラデーションのリズムによって、徐々に拡大する方向や、集中する方向を表せる

チェック

バラバラな並べ方

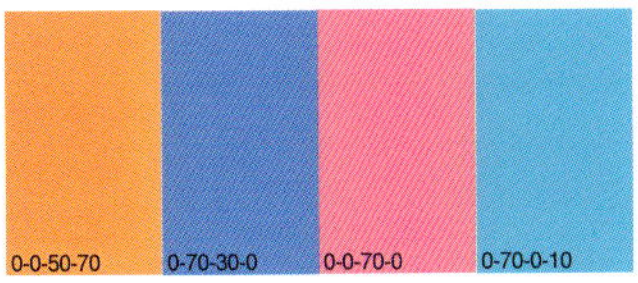

バラバラだが活気がある

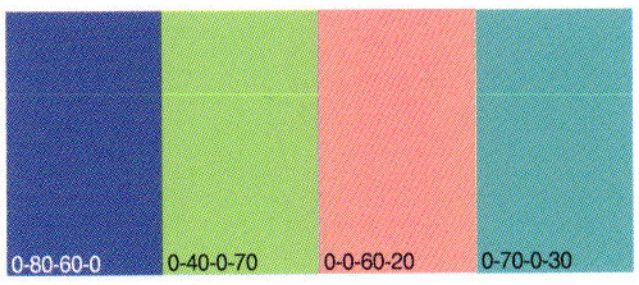

セパレーション型は活気がある

色相のグラデーション

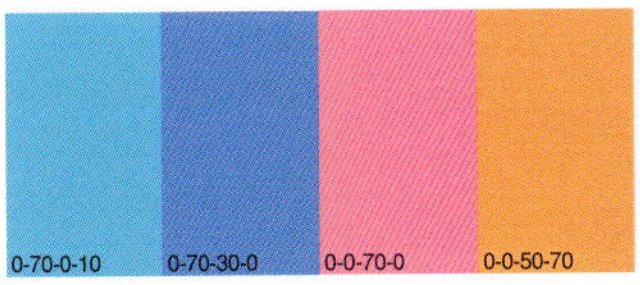

色相順に並べ換えると落ち着いてきた

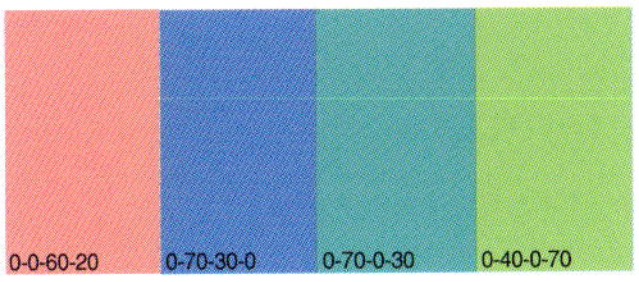

色相順に並べ換える

明度のグラデーション

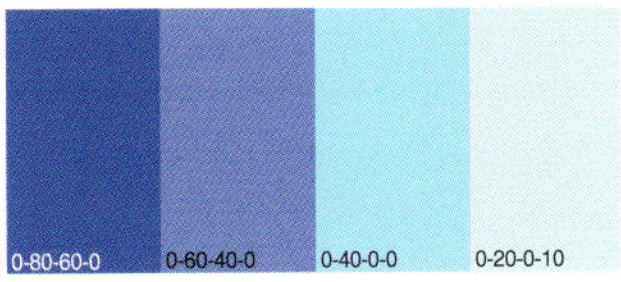

類似色の範囲で組み合わせる

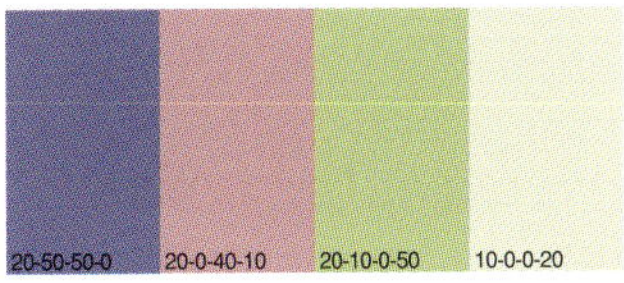

色相がバラバラでも明度順なので安定する

7 モリス流　対比ツートーン型

モリスの好んだ配色

２組のツートーンを対比させると、安定と緊張が同時に現れる。ツートーンの持つ安心感と、色相対比のもたらす緊張感がバランスよく調和する。19世紀に活躍したウィリアム・モリス愛用の配色型。

青の明、中、暗の３段階で構成された模様。同じ色相なので落ち着いているが、これでは落ち着きすぎて面白みがない

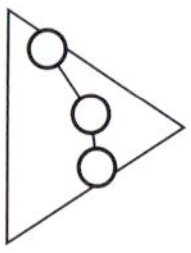

３段階なので正確にはスリートーンと呼ぶべきだが、ツートーンとほぼ同じ効果

さりげなくモリス型

青のツートーンの中に反対色相の黄色を組み込み、調和のとれた配色になっている

チェック　**対比型は生き生きする**　反対色のツートーン２組を合わせると、緊

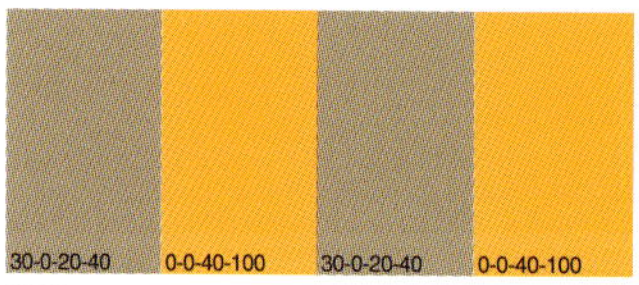

単純なツートーン

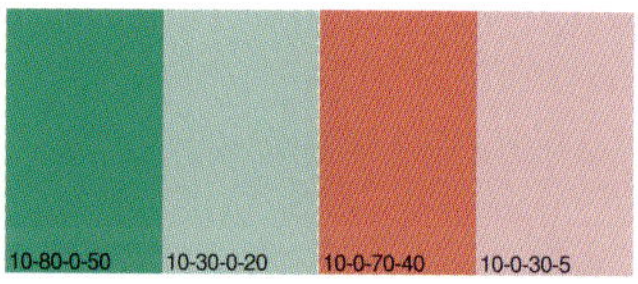

２組のツートーンを対比させる

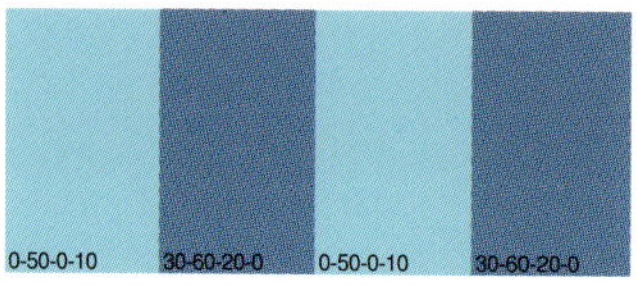

単純なツートーン

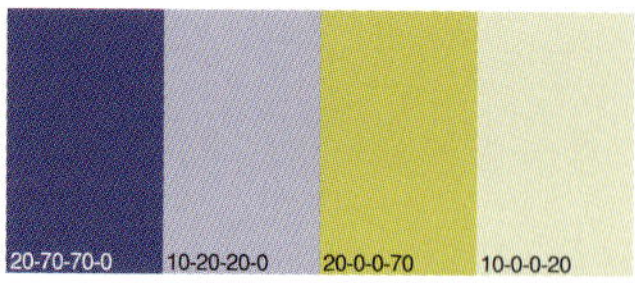

ツートーンの対比

反対色の黄色群のツートーンが加わった。反対色なので全体が引き締まり、ツートーンの持つ安定感と色相対比の持つ緊張感が共存した

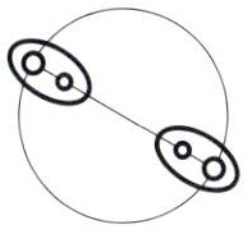

● 活気と落ち着きが共存

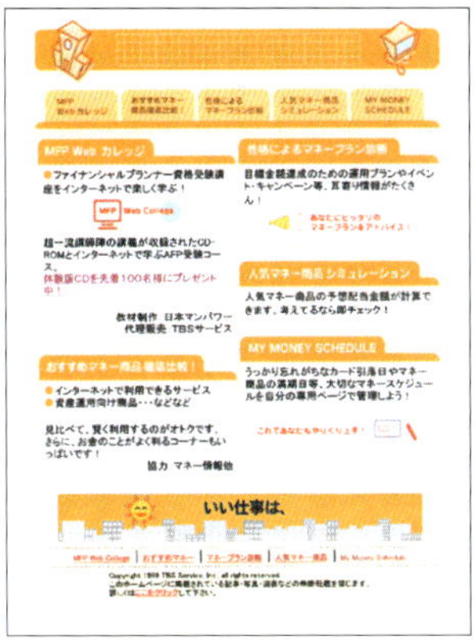

黄色系だけの配色ではぼやけた印象に

1

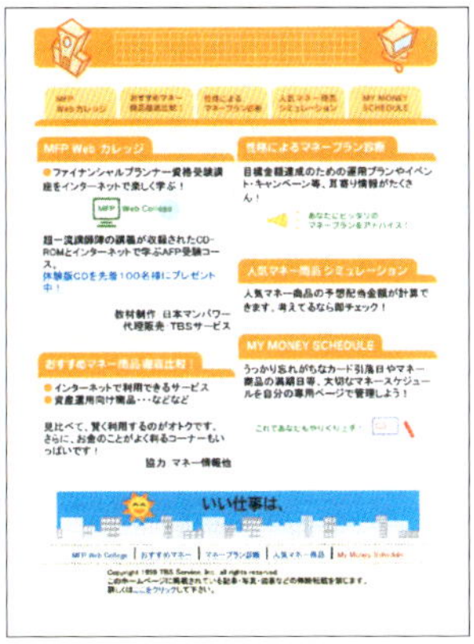

反対色の青を加えると生き生きしてきた

張感が出て自然な印象になる

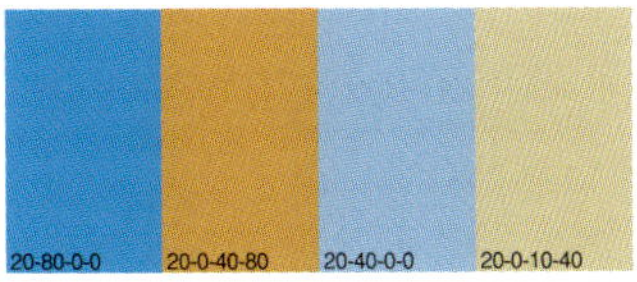

ツートーンの対比

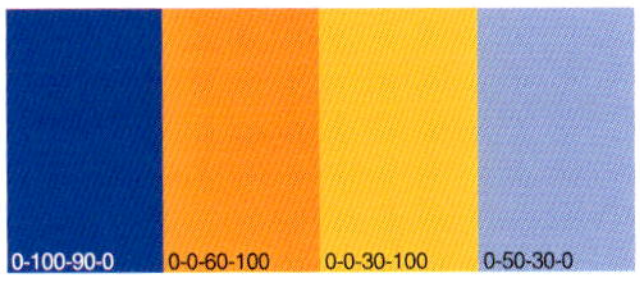

ツートーンの対比

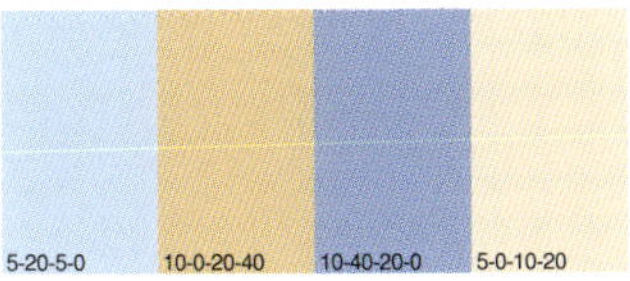

ツートーンの対比

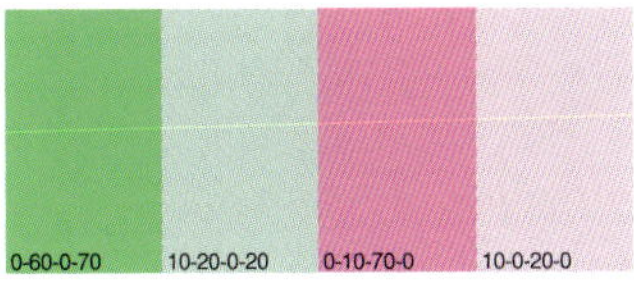

ツートーンの対比

モリスの応用型

2

オレンジとこげ茶のツートーンに対し、反対色の青を組み合わせる

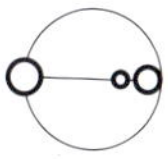

8 微差・カマイユを楽しむ

近い色相でわずかな明度差

気づかないくらいのわずかな差しかない配色は、上品で静かな気分を伝える。微差はあいまいですっきりしないため一般的には嫌われるが、意図的につくると、思いがけない効果が出てくる。

周辺色、背景色に細心の注意

微差を生かすためには、周辺色が大切。不用意に強い色を組み入れるとせっかくの静かな味わいが崩れる。一転してぼやけただけのつまらない配色になってしまう。

文字盤の２色の差を大きくすると落ち着かない。文字盤や鮮やかな青が全体の静けさを壊している

2

静かさの表現

明るい日差しを受けてできた微差は、優しい表情を見せる

チェック１ **カマイユ配色の効果**　同じ色相内での明度の微差をカマイユといい、静かな気分を伝える

1

鮮やかな色を取ると文字盤のトーンが微差に。バッグが反対色の青で、全体を引き締めている

静かな時を表す微差

3

微差の配色が静かなひとときを表す

4

明るく渋い緑が安らぎを表す

カメオ、カマイユ

カメオとは、貝を細工してペンダントやブローチにしたもの。カマイユはカメオのフランス語読み。カメオのように、同一色相でわずかな明度差を楽しむ配色方法を<カマイユ>と呼ぶ。

チェック2 **フォ・カマイユ**(色相差のある微差)**の効果**　色相差に微差をつけると、カマイユに比べ自由さ、自然さが増える

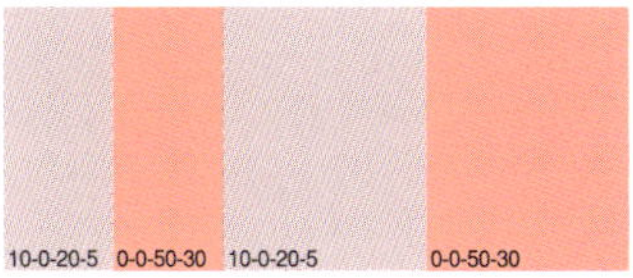

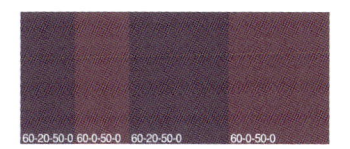

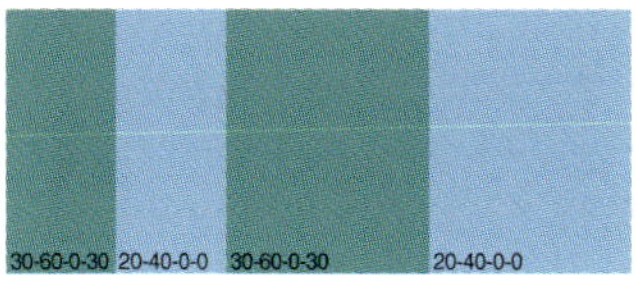

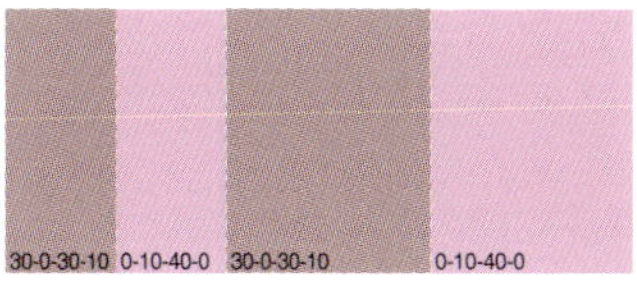

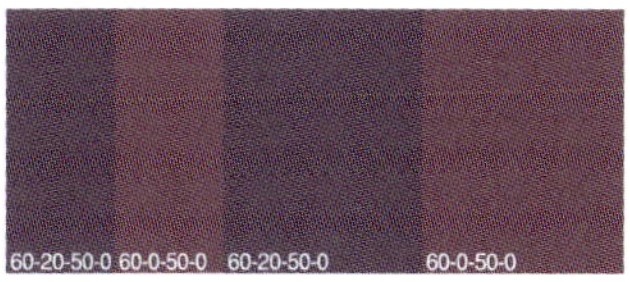

9 リピーティングで全体を融合させる

共通項をつくろう

離れた場所に同じ色を置くと、相互に響き融合する。これをリピーティング効果という。共通の色彩が響き合うだけでなく、画面全体が融合しひとつになる。

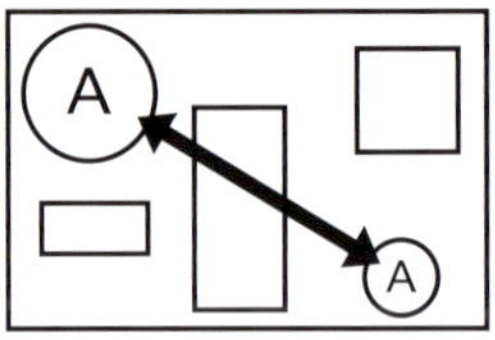

諧調の美しい写真ではあるが、左半分と右半分の色に接点がないため左右が分離して緊張感がない。広い余白が間延びして、訴える力が弱い

見せたい色が浮かび上がってくる

鮮やかな着物以外は落ち着いたトーンでまとめているが、右図に比べると統一感がない

水面の色相を商品と同じにしたら、商品と水面が融合して一体感が出てきた。これによって鮮やかな着物の色が引き立った

右半分のマニキュアの色に左半分と共通の色相をのせると、左右が一体感を持ってきた。赤系と緑系の反対色効果も重なり、全体が引き締まった

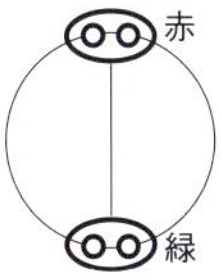

対比し、響き合う2組の色相

上下が響き合う

主張の強い色どうしの配色では、リピーティング効果によって響き合わせることが大切

チェック **リピーティング効果** 離れた場所に主役色の同系の色を置くと、全体が融合し、一体感が出る

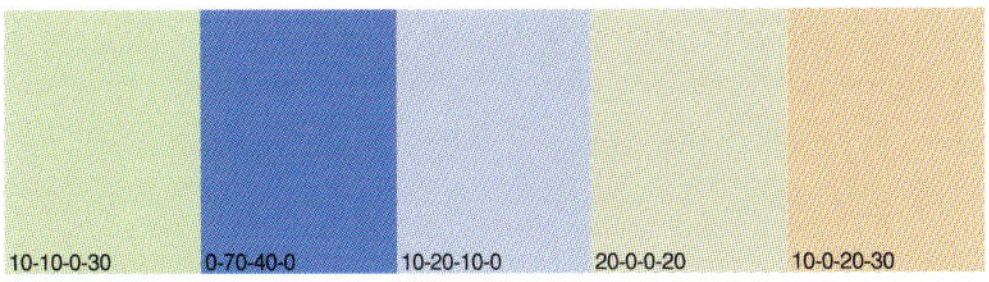

鮮やかな青が主役色

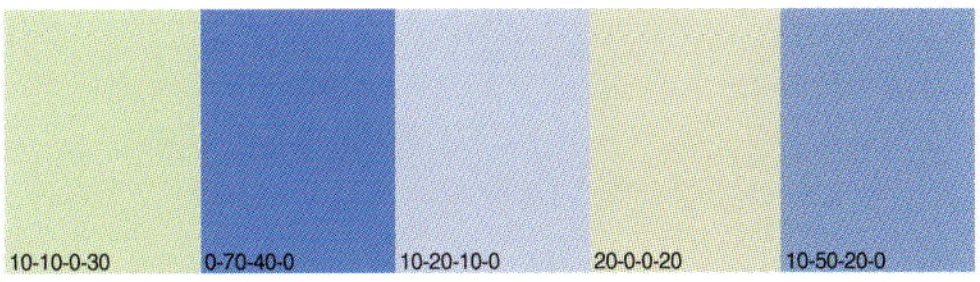

右端の渋い青が中央の青を落ち着かせる

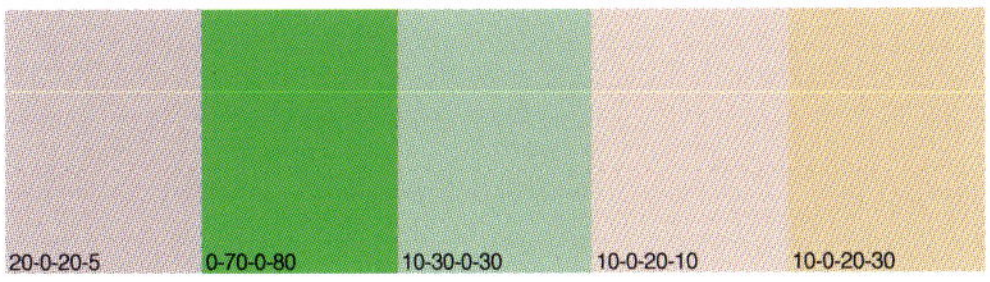

鮮やかな緑が主役色

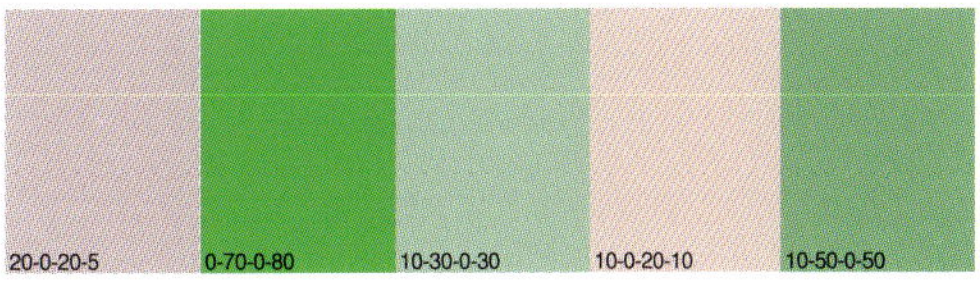

右端の緑が中央にある主役の緑を落ち着かせる

10 白のスペースでやわらげる

強すぎてしつこい配色には白地が有効

白色は彩度がゼロで、いわば完全中立な色。しかし組み合わせ方によっては大変有効な色である。弱い配色を引き立てたり(P.68)、くどい配色をやわらげることもできる。

色立体図で見た白の位置

どの色相にも属さず、鮮やかさ（彩度）という＜強さ＞も持たない完全中立の色

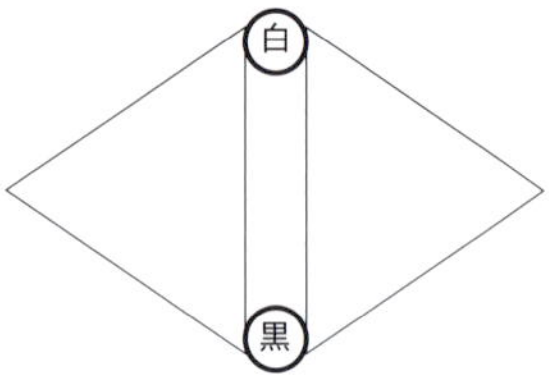
白
黒

TRAING
トレン太くん
おトクな旅の
名コンビ、
トレン太くん。
トレン太くんにすると、
みんなの乗車券が20%
引きに。特急券も10%
引きになるんですよ。
中ページも
見てね!!
JR
「見どころガイドマップ」プレゼント中!

強すぎる色で全面を埋めつくすと、しつこくて嫌われる

元気さが生きる

はい、カチャトーラ。
お肉とトマトで、お手軽メインディッシュ。
「カゴメトマトキッチンスタジオ」で作ってみませんか。
KAGOME
トマトで新・ニッポンの味。

全面を強すぎる色が覆うと、食欲が引いてしまう

はい、カチャトーラ。
お肉とトマトで、お手軽メインディッシュ。
「カゴメトマトキッチンスタジオ」で作ってみませんか。
KAGOME
トマトで新・ニッポンの味。

白地を大きくすると、強さや元気さが生きて、それでいながらあっさりした感じになる

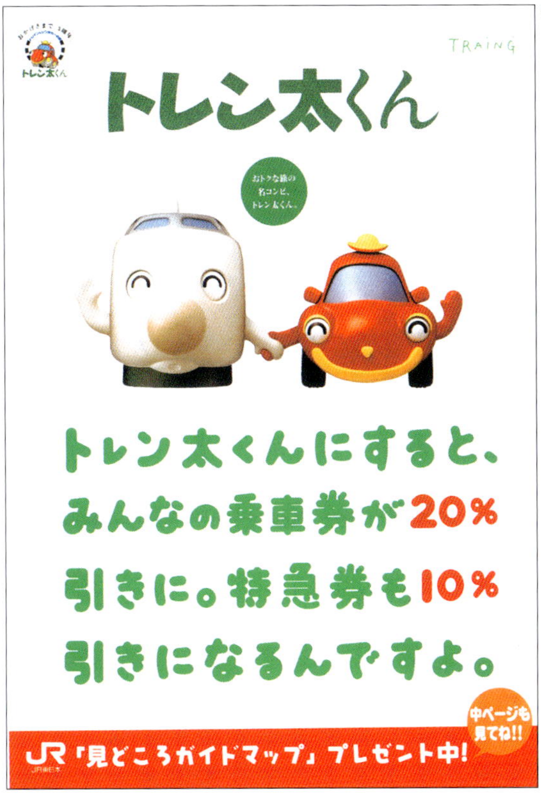

白地に替えたらしつこさがなくなり、生き生きしてきた。赤と緑の元気さが引き立ち、くどさが消えた

線を細くして繊細なイメージに

白地を大きくするとあっさりした表情になることは上図の通り。次に線を細くすると、あっさりするだけでなく繊細なイメージに変わる。淡色と同じイメージになる

1

チェック **白色がくどい色をやわらげる** 強く激しい色がうるさすぎると感じたら、間に白のスペースをはさんでみる。圧迫感がやわらぐだけでなく、その色の特徴がかえって生きてくる

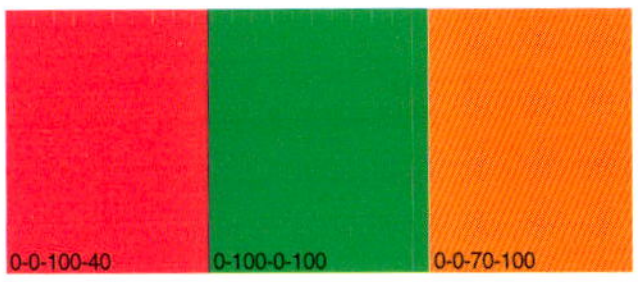

強いトーンの組み合わせ

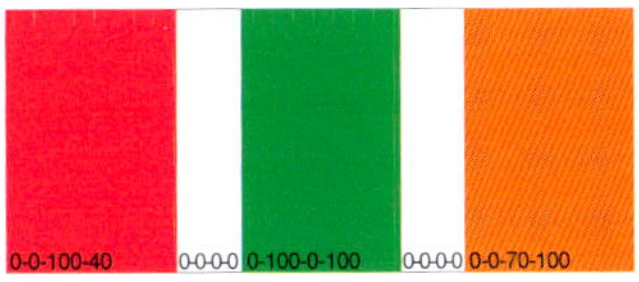

白色をはさむと対立がやわらぐ

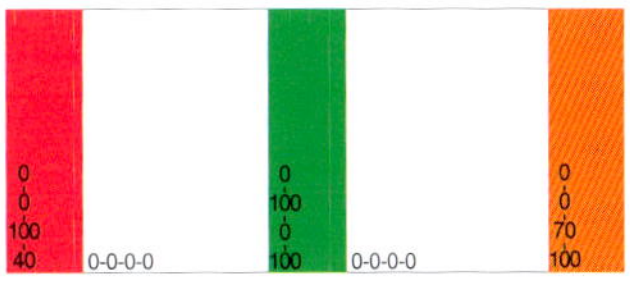

白色を多くすると穏やかに

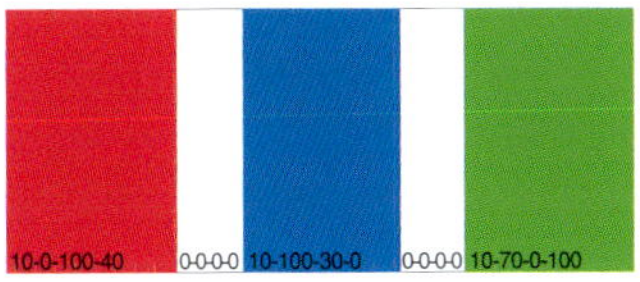

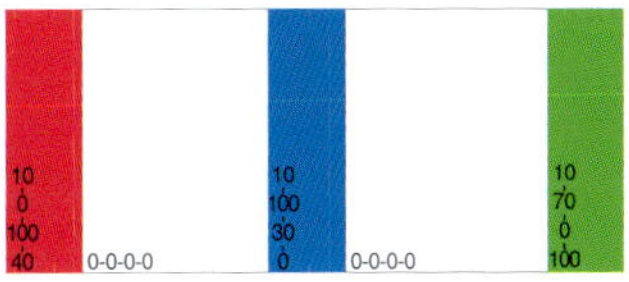

11 嫌われる色を生かすには

嫌われ色の主役は難しい　暗く渋い色は嫌われやすい。しかしこのトーンは個性的で、主役を引き立てるに

嫌われやすい
3つのトーン

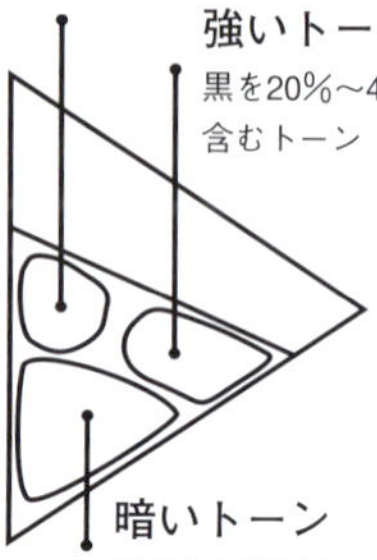

明度に差をつけて対比させているが、色みのアクセントがないので地味な印象

嫌われるトーンを生かすには小面積のアクセントが有効

高彩度の同系色——ツートーン効果を生み、生き生きさせる（右ページ上図のピンク）
準高彩度の反対色——強すぎると主役のバランスを崩す（右ページ上図の青）
高明度色(ハイライト)——明暗コントラストが強まる（右ページ上図の肌やハイライト）

チェック1　**鮮やかな色彩面をはさむ**　嫌われやすい暗く渋い色の間に、同系色の鮮やかな色を挿入する。全体が生き生きして楽しさが生まれる。鮮やかな色の面積は、小さい方がより効果的

渋く暗いトーンは嫌われる

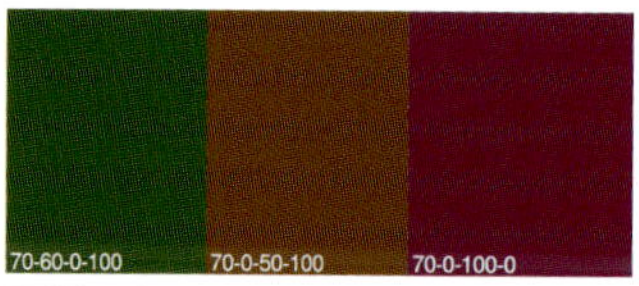

反対色を加えると少し元気に

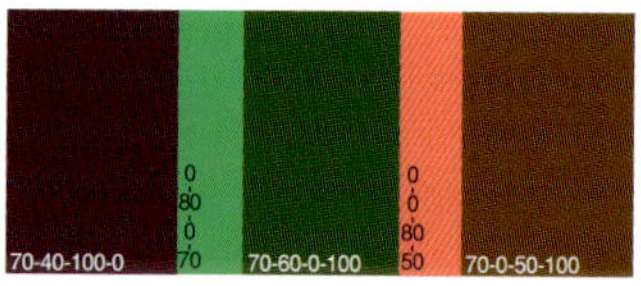

鮮やかな色を添えるとシャープに

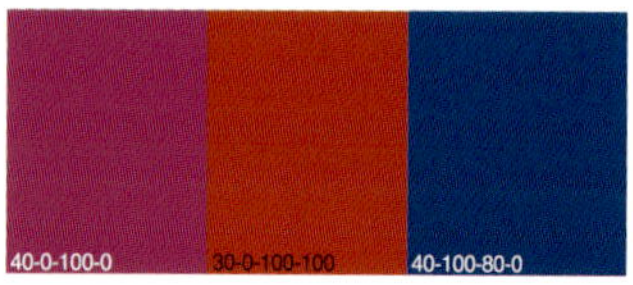

強く重苦しいトーン

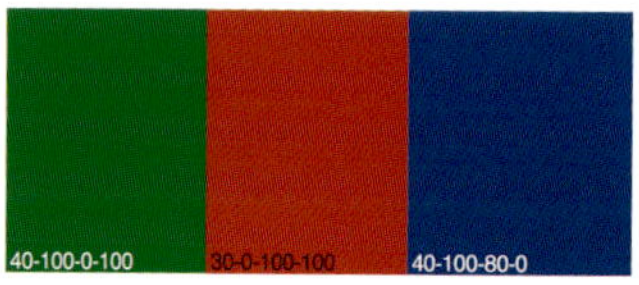

反対色で重苦しさがやわらぐ

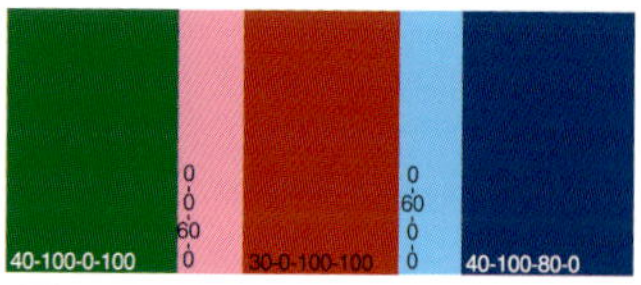

明色をはさむと動きが出る

は重要な色。このトーンを主体に配色するのは難しく、初心者には勧められない。

鮮やかなピンクや青を小面積にして、アクセント効果を強める

1

緑色は生々しくなる

他の色相と同じ彩度にそろえても、緑は生々しくなってしまう。黒を加えて落ち着かせる

意図的に不自然さを

不自然な色相。コントラストで不気味さを強調する

チェック2 **ソフトな色や白色をはさむ**　渋いけれどもソフトで明るい色をはさむと、暗い色が少しやわらげられる。また、白色をはさむと明暗対比が強まり、シャープになる効果がある

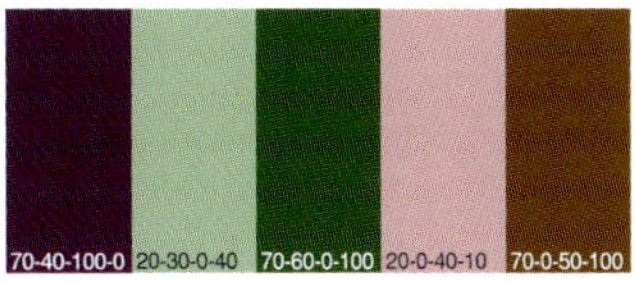

ソフトで渋い色をはさむ

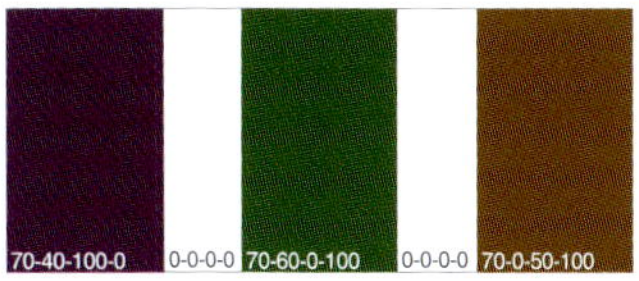

白色をはさむと穏やかに

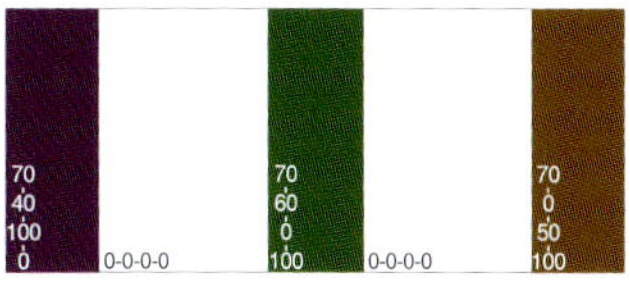

白色を多くする

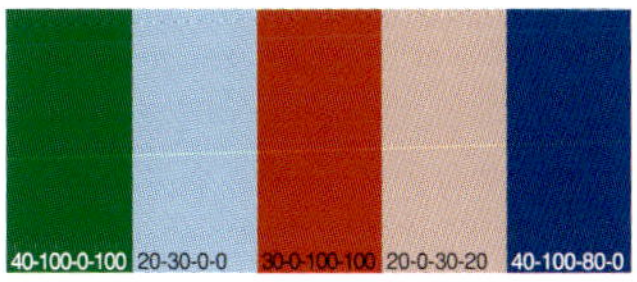

ソフトな色をはさむ

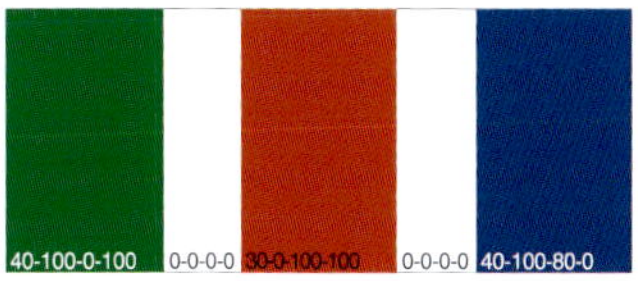

強い色が生きてきた

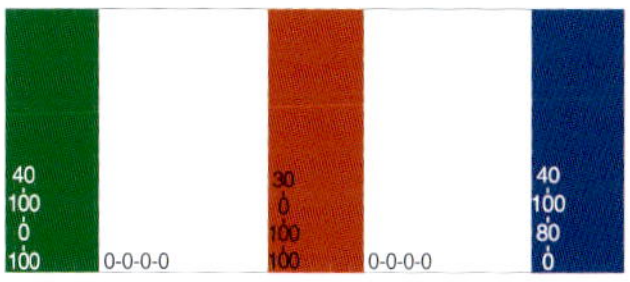

明暗対比の効果でシャープに

Ｑ＆Ａ　第５日目の復習

Ｑ１　本物はどっち？

華やかであると同時に、落ち着きと格式を求められてきた名家のオルガンルーム。かつてはこの部屋でアマチュアオペラを催していたという。楽しさと落ち着きが共存する雰囲気は、どの配色だろうか。鮮やかすぎると格調に欠け、渋すぎると楽しさが表現できない。

1

A

B

C

Ｑ２　どのタイトルが似合う？

主役であるティーカップの色調を生かすには、どのタイトル色がふさわしいか。商品の伝えたいイメージに合った配色を選ぼう。

2

D

E

F

Q3 次の説明にふさわしい配色はどれ？

1 同系色のまとまりにこだわり、統一感がある――――――――――［　］
2 準反対色の穏やかな対比は、明るく開放的――――――――――［　］
3 微差は都会的で上品――――――――――――――――――――――［　］
4 シャープな明暗対比で、活発さと理知的なイメージ―――――――［　］
5 白色を小面積の黒で引き締めると、清潔で元気――――――――――［　］

3

G

4
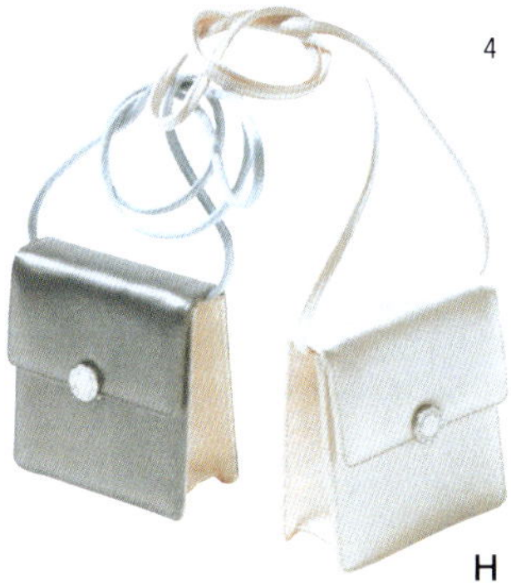
H

5

I

6
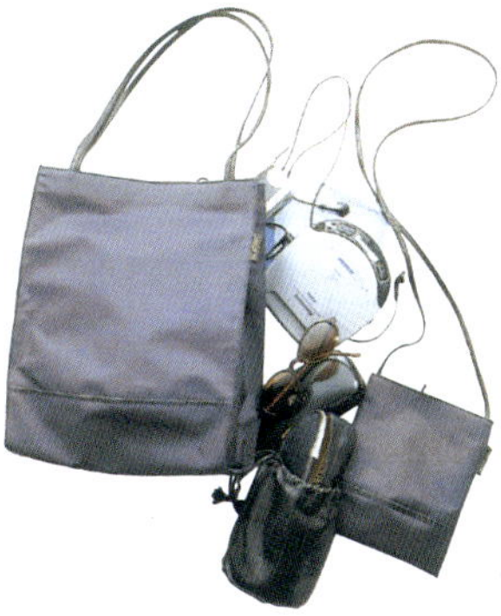
J

7

K

こたえと解説

Q1 正解はB

Aは落ち着いているが渋すぎる。華やかさ、楽しさがない。逆に、Cは緑が鮮やかすぎて格調を欠く。Bの色みが華やかさと格調がほどよく共存するところ

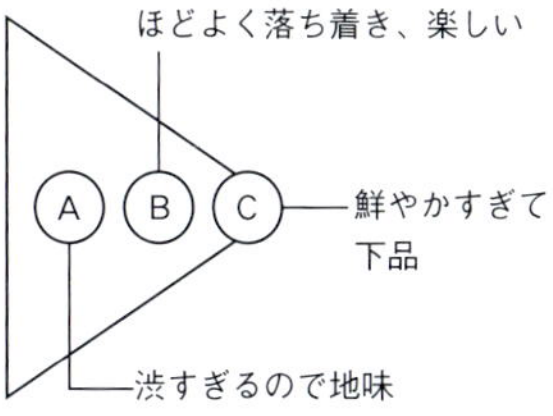

Q2 正解はD

Eは派手すぎ。鮮やかなピンクで楽しく華やかだが、この商品が求めている上品さ、格調の高さに欠ける。Fは引き締めすぎ。シャープな黒が効いているが、きつすぎて華やかさがない。Dの渋い緑はオレンジを引き締めつつ、ほどよい華やかさを持っている。器の模様に含まれる緑とも響き合っている

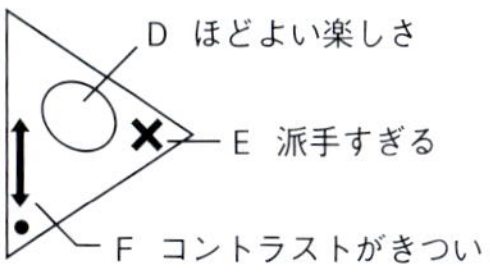

Q3 正解は……

1＝J。紫は女性らしい優雅さを伝える。
2＝Kの穏やかな対比型。明るいピンクを青の靴下がほどよく引き締め、楽しい。
3＝H。穏やかなツートーン配色。
4＝Gの鋭い明暗対比。明暗差だけでなく形もシャープなため、活発で行動的な印象。
5＝I。主色の白を黒が引き締め、強い明暗対比。理知的に見えないのは、バッグの形が影響しているため。ソフトでカジュアルな形が、シャープさを弱めている

6日目

配色の実践

イメージづくり

イメージの適否が配色の成否を決める

美しい配色であっても商品とイメージが一致していなければ何の価値もない。でき上がった配色のイメージが目指す方向と一致しているかどうかが、成否の鍵だ。カジュアルで楽しいイメージを表現したいときに、上品で格調高い配色になってしまっては、メッセージが混乱して意思が伝わってこない。

トーンがイメージの大半を決定づける

イメージを決定づける３要素は、１トーン、２色相、３対比量だ。そのうち最も重要なのはトーン。トーンとは日本語で言いかえると＜調子＞ともいい、＜気分、テイスト、趣味＞と同じニュアンスの言葉。どのトーンを選ぶかによって配色のイメージ、気分が決定的になる。

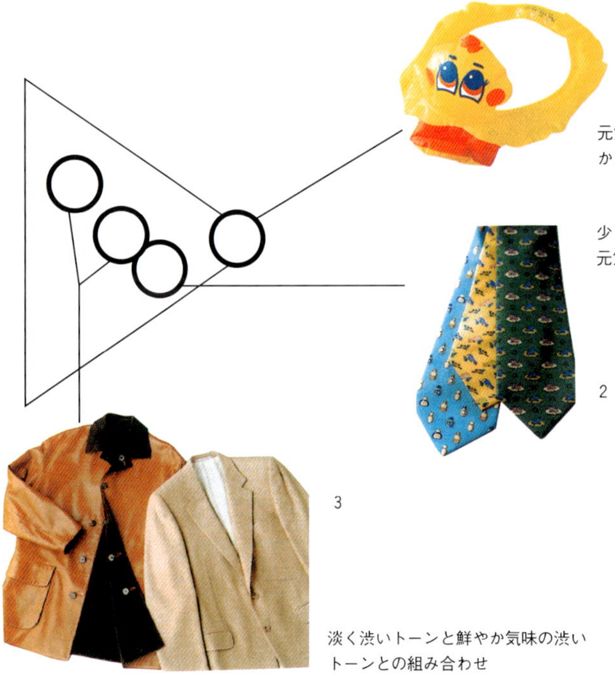

1 元気な子供の鮮やかなトーン

2 少し渋さの入った元気のあるトーン

3 淡く渋いトーンと鮮やか気味の渋いトーンとの組み合わせ

1 トーン

トーンがイメージを決定的に

同じ材料、同じスタイルの形であっても、色彩のトーンを変えると全くイメージが変わってしまう。右の例を見ると、イメージづくりの要素の中で、トーンがいかに決定的な要因かが理解できる。トーンの選定を誤ると、色相や明度でいくら工夫をしてもイメージの修正がきかない。

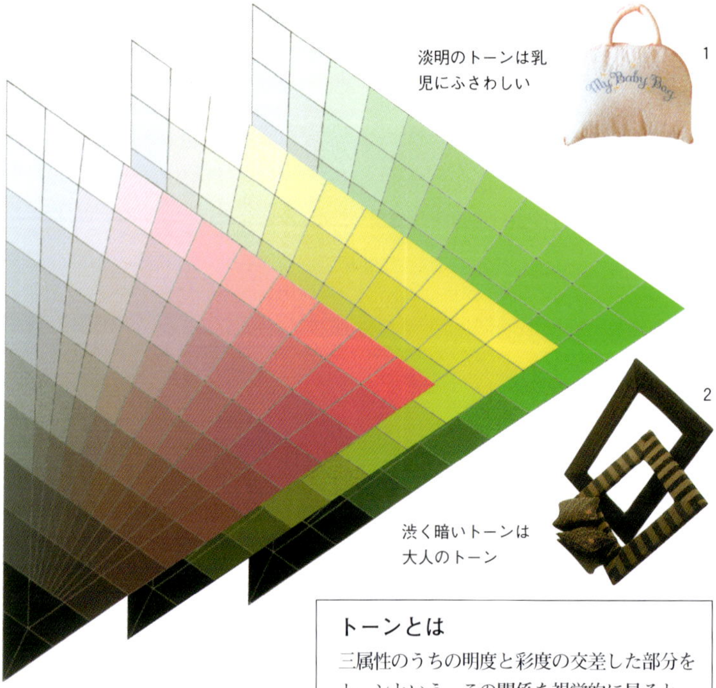

淡明のトーンは乳児にふさわしい

1

2

渋く暗いトーンは大人のトーン

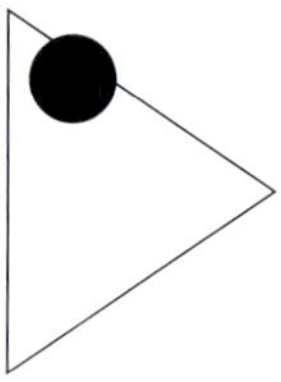

淡明なトーン
ソフトで優しい

トーンとは

三属性のうちの明度と彩度の交差した部分をトーンという。この関係を視覚的に見ると、上図のようになっている。色相が異なっても、同じ位置にある色は同じトーンである。

チェック1 **トーンがイメージの大半を決定する** どのトーンを選ぶかによって、配色のイメージが決定的になる。例えば幼児の肌着をデザインする時に純色のトーンや、渋いトーンはむずかしい

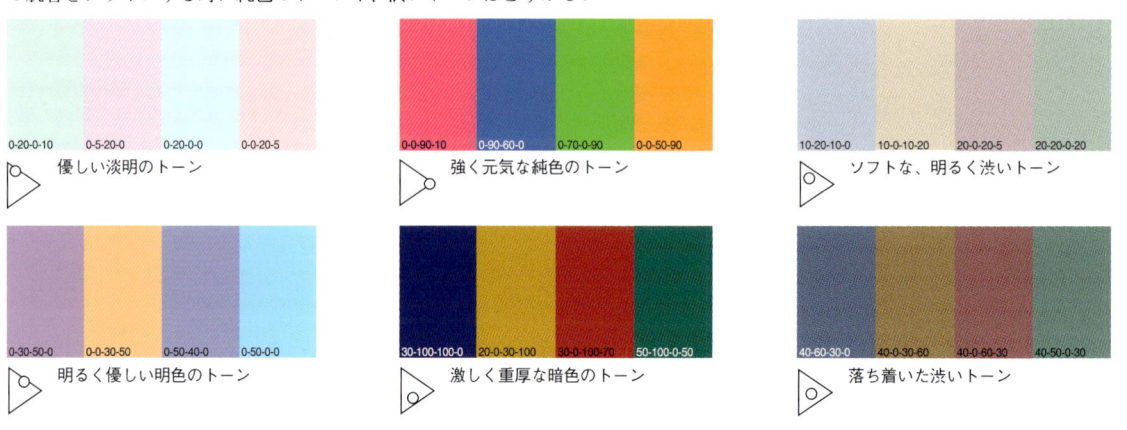

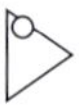

優しい淡明のトーン

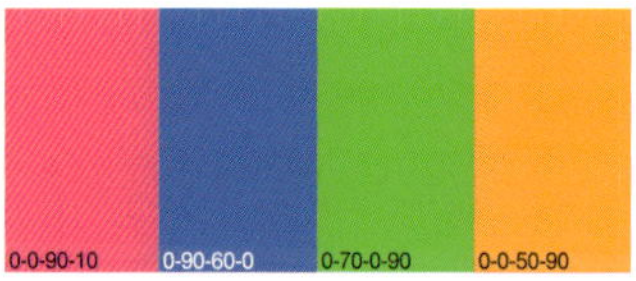

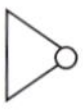

強く元気な純色のトーン

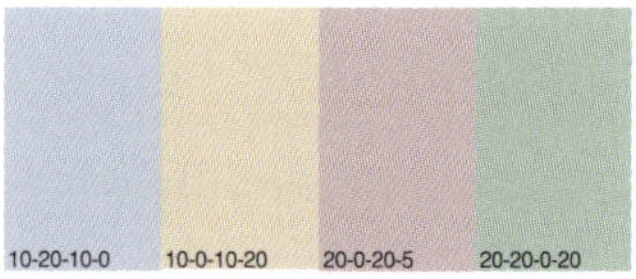

ソフトな、明るく渋いトーン

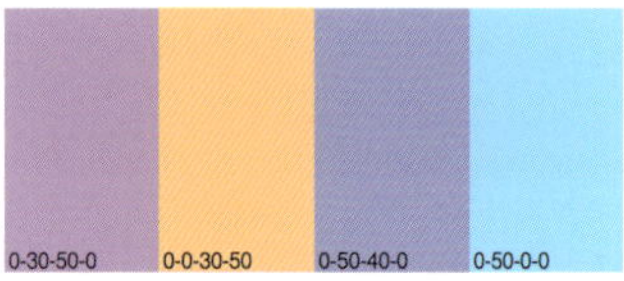

明るく優しい明色のトーン

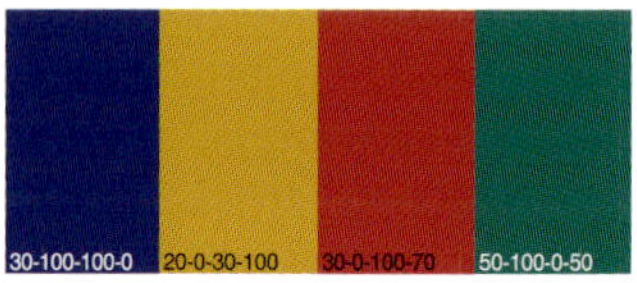

激しく重厚な暗色のトーン

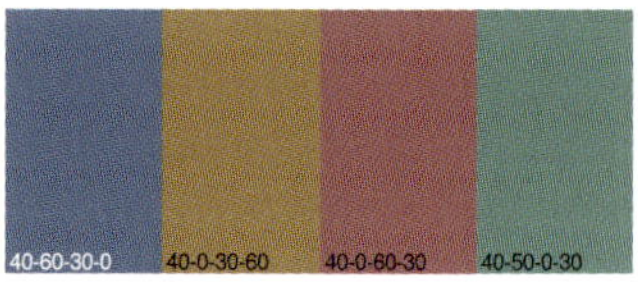

落ち着いた渋いトーン

3

4

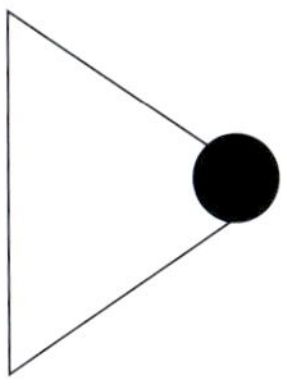

鮮やかなトーン
元気で活動的

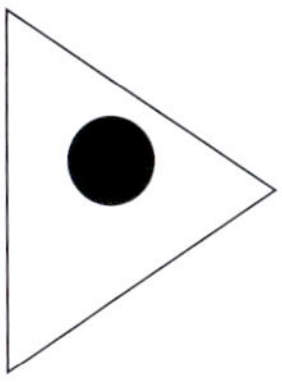

渋いトーン
落ち着いていて地味

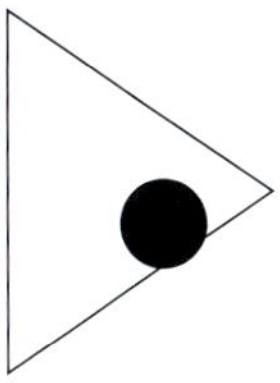

強く暗いトーン
力強い

チェック2 **トーン差を大きくすると活気が出る**　トーンとトーンとの差を大きくすると、緊張感が出て元気になる。しかし、色相差や明度差のような大きい効果にはならない

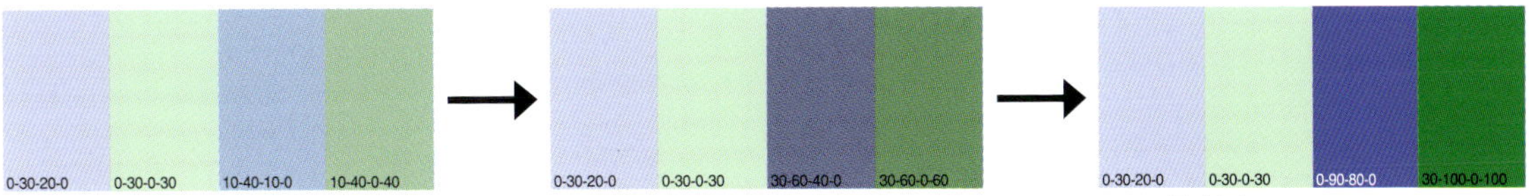

トーン差が小さい　　トーン差が大きい

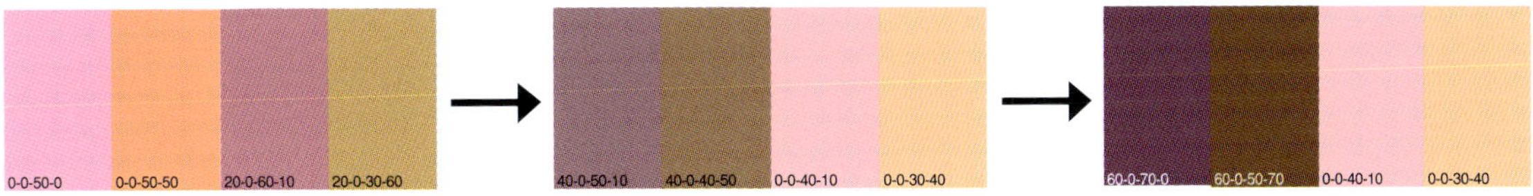

トーンが近いと穏やか　　トーン差を大きくすると元気になる

2 色相

暖色と寒色

色相には大きく分けて暖色と寒色がある。赤から橙、黄色までを暖色といい、文字通り暖かい印象になる。反対に青から青紫にかけてを寒色といい、涼しさや冷静さを表現する。一方、各色は個々の特有なイメージと結びついている。緑や茶色は自然をイメージさせ、紫色は、濃くても淡くても女性的なイメージを伝える。

1

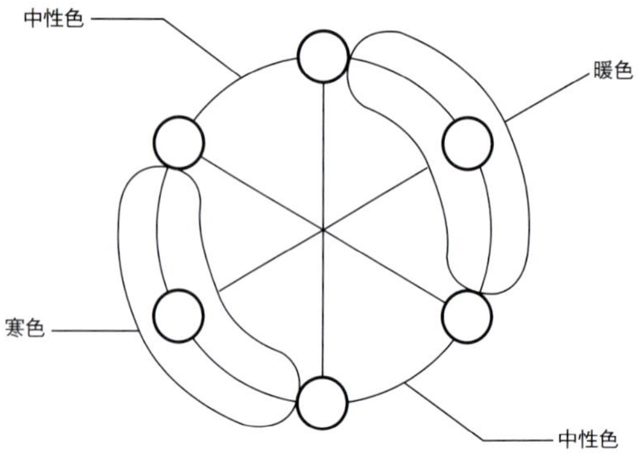

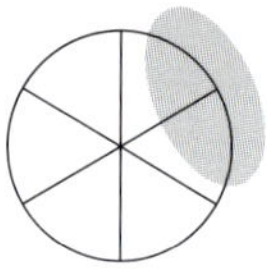

橙色を中心にした明るい暖色

寒色で知的イメージを強調する　淡明のトーンを主力にしているので女性らしい優しいイメージが表され、料理のレシピを紹介するＨＰにふさわしい。しかし発信者は大学の研究室なので、実はイメージにギャップが発生している。暖色中心の花束の絵に寒色を増すと、ギャップが縮まる

3

ソフトで女性らしい暖色中心の構成

白い部分を多くし、女性らしさを薄める

理知的イメージを表す寒色を増やしてみた

各々の色相は特定のイメージと結びついている場合が多い。鮮やかな赤は、太陽や生命活力をイメージさせ、青は冷静さを表現する

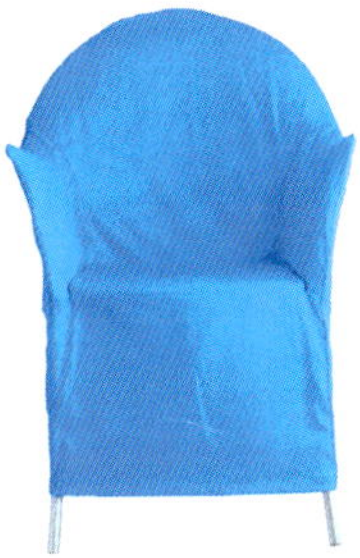

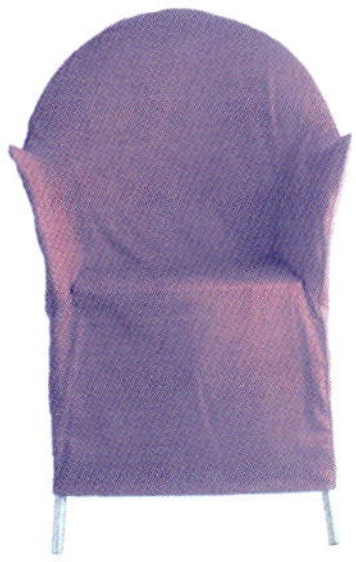

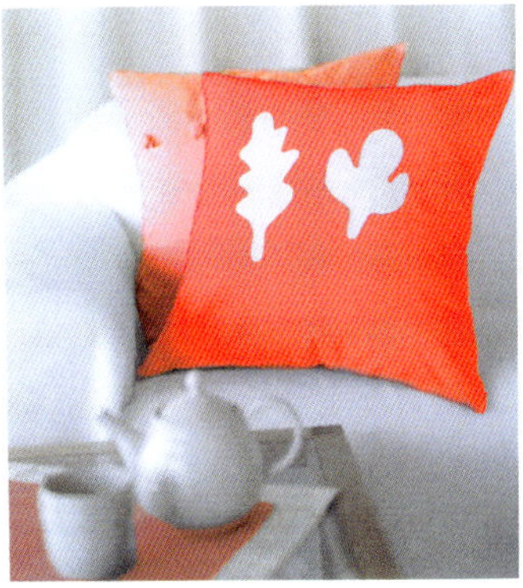

2

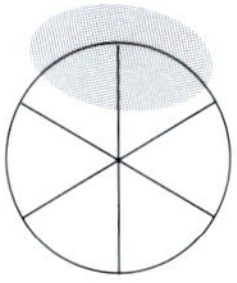

中性色の紫に近づくと、いくぶん暖かさが減る

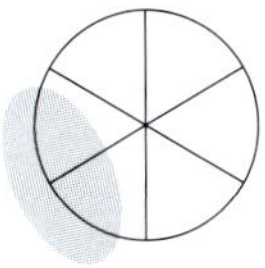

青が中心で涼しさを伝える寒色

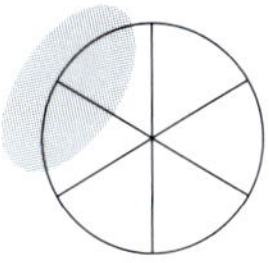

紫色は、女性的なイメージを伝える

チェック **色相によるイメージ効果** 色相を大きく分けると、寒色と暖色、その中間にある色相に4分される。暖色を主体にして配色すると暖かく活気のある印象になり、寒色を中心にすると、冷たく寒い印象になる

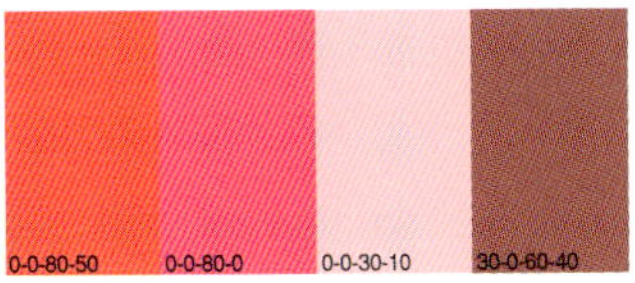

朱色は最も暖かい色相

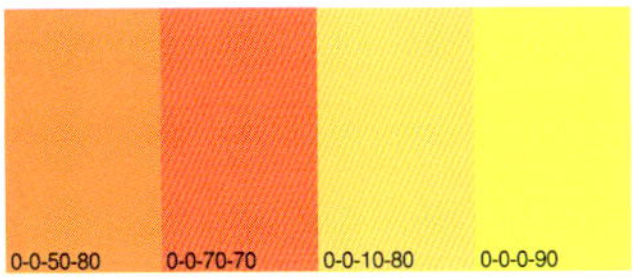

レモンイエローはさわやか

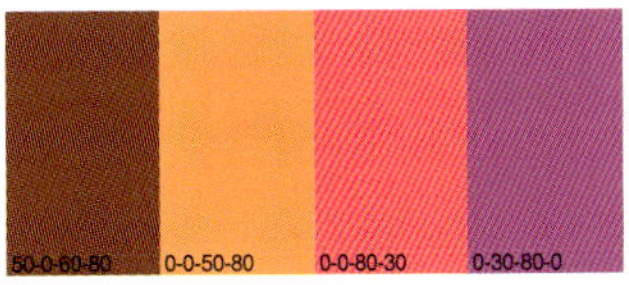

幅広い暖色中心の組み合わせ

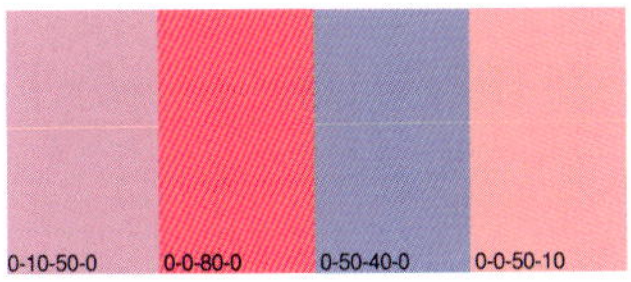

中性色の紫が涼しい

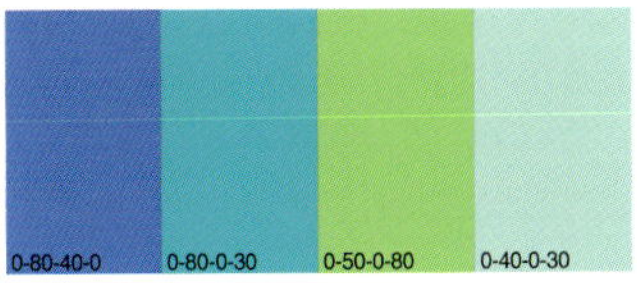

緑が冷たさをやわらげる

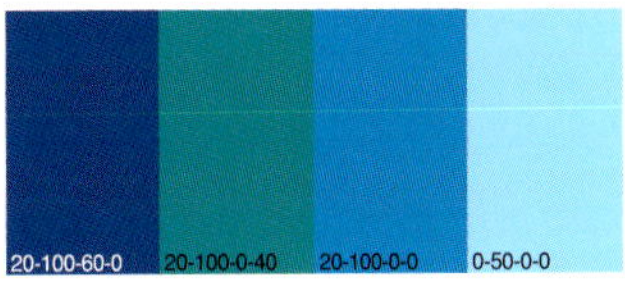

寒色のみで冷たい

3 対比量

コントラストを強くすると元気に

組み合わせる色どうしの色相の差、明度の差、彩度の差を対比量という。対比量を大きくすると活気が出て、少なくすると穏やかになる。元気で生き生きしたイメージにしたいときは対比量を大きくし、静かで上品なイメージを表したいときは、控えめにする。

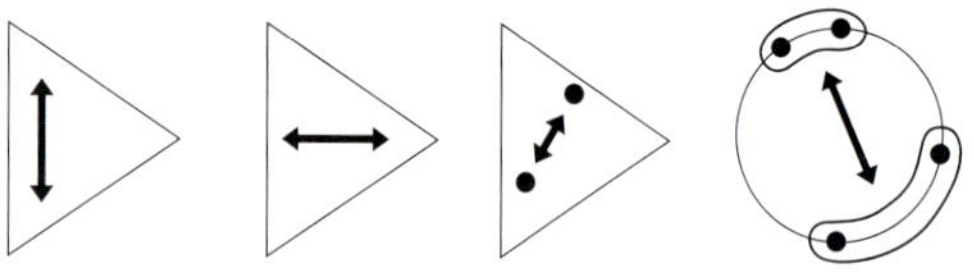

対比の種類を組み合わせる

対比の種類は三属性（P.20）から生じる。明度対比、彩度対比、トーン対比、色相対比の4種類がある。これらの要素は単独で用いず、組み合わせることで思いがけない配色をつくり出す。例えば、色相対比を少なく（類似色）して、一方で明度対比は大きくすることにより全体のバランスをとる。

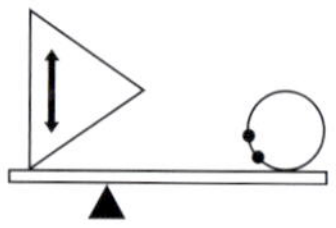

明度対比	色相対比
大（強いコントラスト）	小（類似色）

コントラストを強めるとシャープになるが、ソフトな優雅さがない

明度差は大

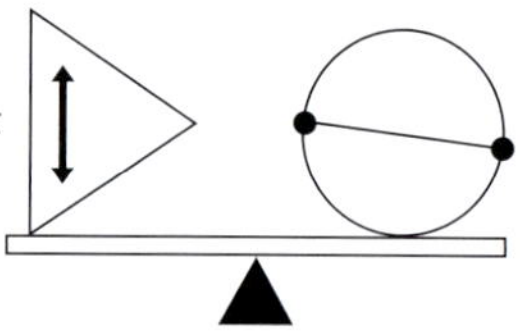

色相差も大

控えめな対比は優しい

2

明度差を小さくすると優しい感じに

コントラストを強めると元気になる

チェック 対比量の大小とイメージ

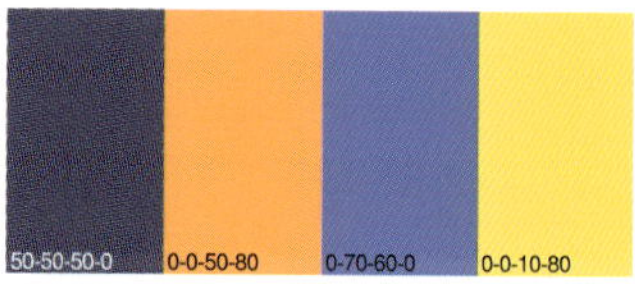

明度差　大

↕

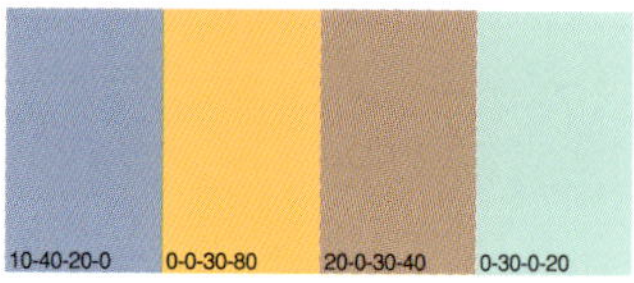

明度差　小

明度差を少なくした分､色相差を大きくしてバランスと緊張感を保つ

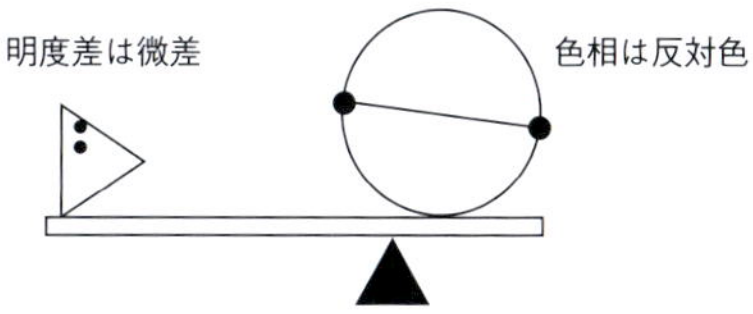

若者らしさは対比量から

少ない色相対比。穏やかな印象

中程度の色相対比

1

大きな色相対比。若者らしい元気さ

上段は色相差や明度差を大きくし、下段は差を小さくした。差を大きくすると活気と自然さが増え、差を小さくすると穏やかで落ち着きが出る

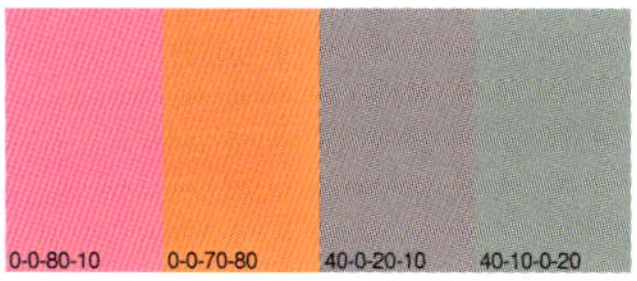

彩度差 大

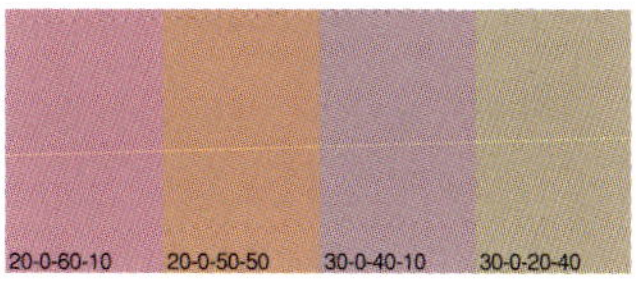

彩度差 小

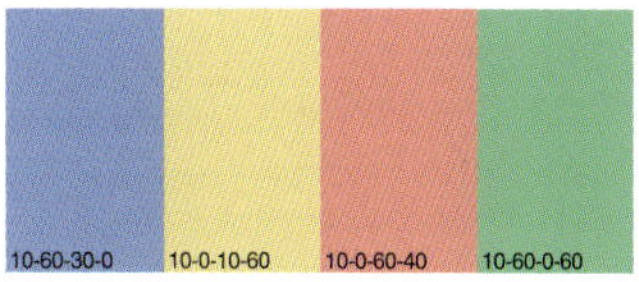

色相差 大

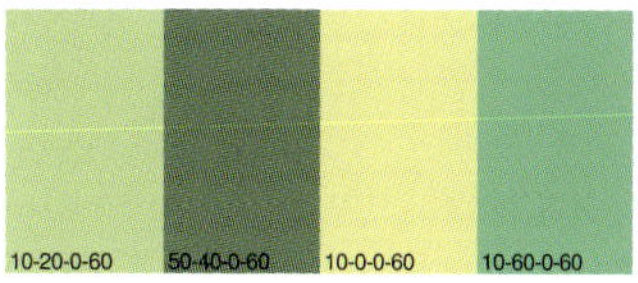

色相差 小

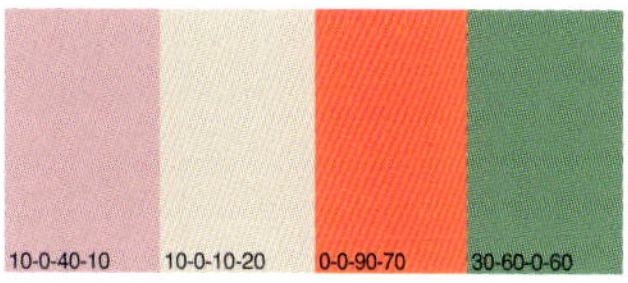

トーン差 大

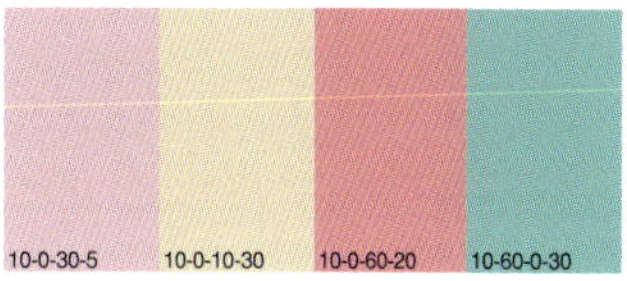

トーン差 小

4 面積比（大小差）

大きな面積比でシャープに

同じ色の組み合わせであっても、面積のバランスを変えると印象が変わってくる。面積比（大小差）を大きくすると軽快な動きが出る。反対に面積比を小さくするとゆったりした印象になる。

小さな面積比

大きな面積比

赤く鮮やかなクコの実と、ココナッツの白の対比が華やかさを盛り上げている。しかし…

印象が一変する

2

黄色い花におおわれた地平がかなり大きな面積を占めて、ゆったりとした印象

黄色の面積を少なくすると、シャープな印象に変わった

線の太さを変えるとイメージが変わる

3

4

5

面積差の少ない配色は堂々として穏やかなイメージになる

6

7

8

色面を細くして、面積比を大きくすると、都会的なイメージに

1

クコの実の小さな赤色が可憐で印象的。面積比を変えたら、一気に軽快な華やかさが出てきた

アクセントの効果

小面積の色は、強い色ほどアクセント効果（P.36）が強くなる。色相の差も大きくして鮮やかなアクセントをつけよう。

弱い

強い

対比色は面積比にもメリハリを

赤と緑の面積比をあいまいにすると、不安定になる

強い赤色を思い切って小面積にすると、すっきりした

チェック **面積比の効果**　2色の面積の差が少ないと、ゆったりして落ち着いた印象になる。一方、どちらかの面積を小さくして大小差を大きくすると、シャープで動きのある印象になる

面積差 小　ゆったりとした印象

面積差 大　シャープな印象

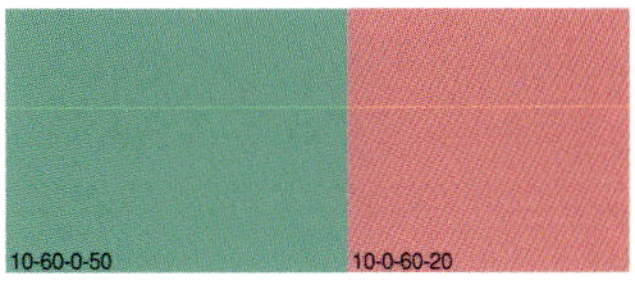

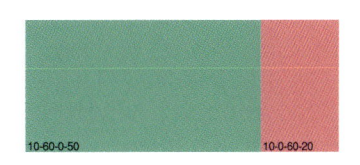

5 上と下（重心の位置）

どちらが本物？

キャンベル・スープの缶。左側は本物の缶詰を撮影したものだが、右側は偽物。右のように重心を下げると、安定しすぎて動きがなくなってしまう

重い色を上に置くと重心が上がり、動きができる

重い色を下半分に置くと重心が下になる。重い色を上に置くと重心が上がり、全体に動きが出て緊張感のある配色になる。器物の重心は、下げると安定するが動きが止まってしまうので、絵画などの構図では重心を上にすることが定石。

重い軽いは明度で決まる

明度が落ちて黒色に近づくほど、重い印象になる

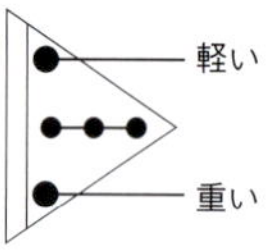

下半身を重くすると表情が弱まる

1

下半身を重くすると動きが止まり、表情がなくなる

重心が上だと間延びしない

2

上から垂れ下がる藤。重心が上にあるので、下半分が白地になっていても間延びしない

女性向けファッションには低重心型が多い

上半身に重い色を置いた服装は、軽快でスポーティーな動きを表現。一方、下半分に重心を置くと、落ち着いて穏やかになる。女性の場合は、活発で冒険度の高い上重心型よりも、安全な低重心型のファッションが多い。一方男性は、上重心型が多数派。

重心を高くすると軽快でスポーティー、アクティブな動きが出る

低重心型は安定感があり穏やかなので、女性に好まれる

チェック **低重心型と高重心型** 同じ色の組み合わせでも、重い色を上に置くと重心が高くなり、動きが出て生き生きする。逆に、重い色を下に置くと重心が下がり、安定して落ち着きが出る

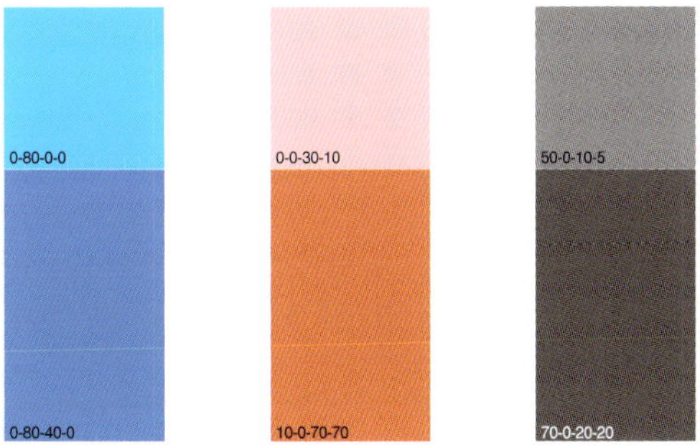

低重心型——下の色が重く安定する

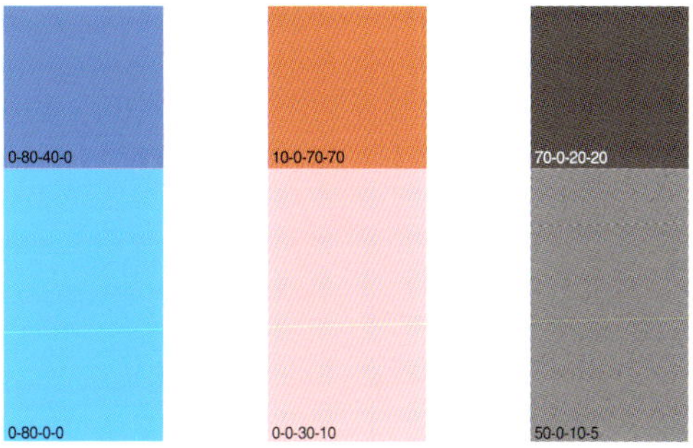

高重心型——上の色が重く動きがある

＜トーン＞で伝える花のイメージ

下図の４種を比べると、トーンによってまったく違ったイメージになることがわかる。トーンがイメージを決定することはP.100で見てきた。花を組み合わせる時にもトーンが決定的な役割を果たす。

A 淡いトーン

白に近い、淡いトーンの花を主体に構成。ロマンティックでスウィートな世界が表現される

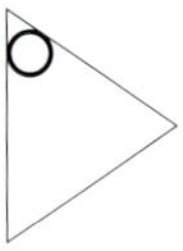

1

2

B 明るいトーン

Aと比べて少し色みを増やしたトーンにすると、少し活気が出て、華やかな存在感が増してきた

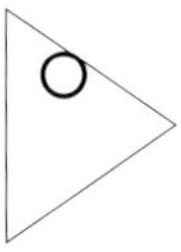

3

4

C 純色のトーン

純色に近いトーンは元気そのもの。活気があって力強い

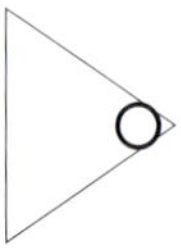

5

6

D 暗色のトーン

暗色に近づいたトーンは落ち着いた大人のイメージ。AやBのような陽気な華やかさではなく、上品で格調高い

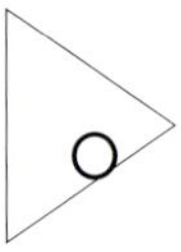

7

8

＜色相＞で伝える花のイメージ

色相差の組み合わせ方によって花から受けるイメージが変わる。同系色や類似色型は内向的な穏やかさがあり、色相が離れると緊張感や、華やかさ、強さが出てくる。また、各色が持つ固有のイメージによってもメッセージが変わってくる。紫は優雅で女性的、オレンジや黄色は陽気なイメージを表す。

同系色と類似色

内向的で静かなイメージ。同系色はいわば身内だけの配色なので、破綻がなく、穏やかだ。単調になるのを防ぐには、葉や花びらの大小差を大きくし、造形的にメリハリをつける

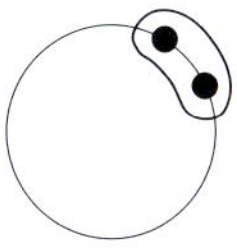

9

10

少し離れた色相

穏やかでありながら、ほどよい活気が表現できる。同系色、類似色型ほど内向的すぎず、反対色ほど激しくない。中庸の配色型だ

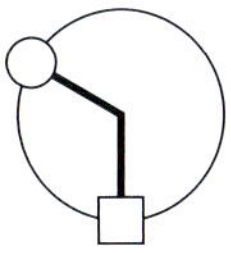

11

12

反対色を取り入れる

反対色を加えると、華やかさや鮮やかさが一気に強調される。上の2タイプとはまったく違ったイメージになることが一目瞭然。この強さは反対色による効果だ

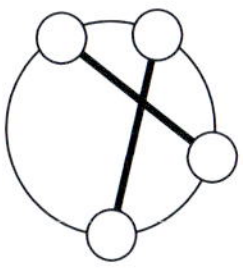

13

14

＜トーン＞がキッチンのイメージを決める

キッチンの設計に用いる代表的なトーンと、その効果を比較してみよう。キッチンの色彩は控えめな背景色に徹することが原則で、強い色はアクセントにとどめる。

白色のトーン

清潔で明るいイメージを表現する。無彩色なので色特有の主張がなく、素材や器などを自由に選べる。一方、同じ無彩色であってもグレーや黒は憂うつさや暗いイメージにつながるので、特別な場合に限定される

1

2

明渋トーン

控えめで明るく、落ち着いた空間を表現。明色から一段階渋くすると、都会的で静かなトーンになる

3

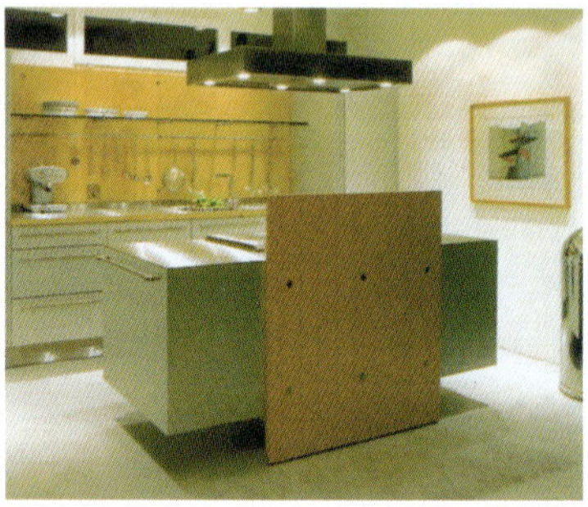
4

明るい色をアクセントに

明るさ、元気さを表現する。全体に控えめで渋めのトーンを主体にし、明色はアクセントとして添えると、元気なイメージが強まる

5

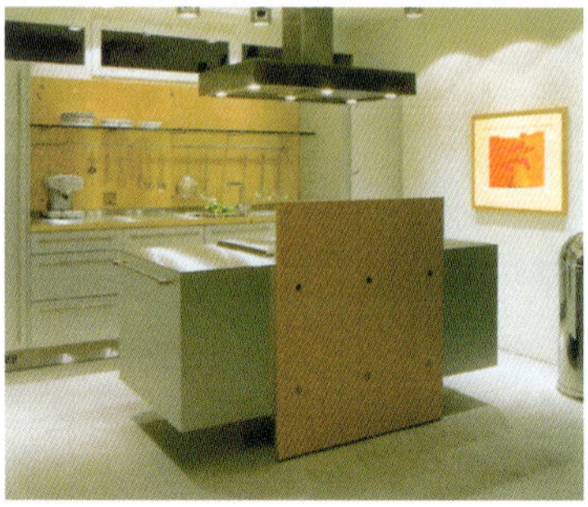

暗色のトーン

重厚で高級なイメージ。純色に墨色を加えると、暗色のトーンになる。豪華で重厚、保守的な雰囲気をつくる

6

7

＜光の強弱＞がキッチンのイメージを決める

光量によって明暗のコントラストが変わり、イメージも一変する。104ページで見た対比量の効果と同じ。

明度対比——直射光は元気さ、間接光は落ち着きと上品さを伝える

同じキッチンでも光の当たり方によって表情が違ってくる。白い壁に暖かい陽光が当たると、清潔感にあふれて元気さが出るが、白い壁でも北向きで暗い光しか当たらないと、憂うつでじめじめした感じになる。

下図の上段はやわらかい光が当たり、明暗コントラストの少ない、落ち着いた空間。最下段は明暗コントラストが強く、元気で快活な空間になる。

低い明度対比——やわらかな光線は明度対比が少なくなり、上品で落ち着く

中程度の明度対比

強い明度対比——強い光が当たると、強い明度対比が生まれ、元気さが表現できる

Q&A　第6日目の復習

Q1　**本物はどれ？**　元気が出ることをアピールしている薬の広告。イメージ通りの元気な配色は次の6つの

新しい
アリナミンが、
やります。
新発売
新アリナミン
新アリナミンA
リフレッシュの旅
プレゼント!
かんたんなクイズで、
抽選で合計200名様に素敵な旅が当ります。
A

新しい
アリナミンが、
やります。
新発売
新アリナミン
新アリナミンA
リフレッシュの旅
プレゼント!
かんたんなクイズで、
抽選で合計200名様に素敵な旅が当ります。
B

新しい
アリナミンが、
やります。
新発売
新アリナミン
新アリナミンA
リフレッシュの旅
プレゼント!
かんたんなクイズで、
抽選で合計200名様に素敵な旅が当ります。
C

Q2　**本物はどれ？**　豊かさ、豪華さをアピールするのに最も効果的なトーンと色相は次の6つのどれか。

ピクニック
G

ピクニック
H

ピクニック
I

Q3　**本物はどれ？**　女性の熱く強い視線が印象的。この視線にふさわしい、熱い印象の配色はどれか。トーンと色相対比量の両面から選んでみよう。

YVES SAINT LAURENT
foulards
M

YVES SAINT LAURENT
foulards
N

YVES SAINT LAURENT
foulards
O

うちどれか。トーンと色相の両面から考えてみよう。

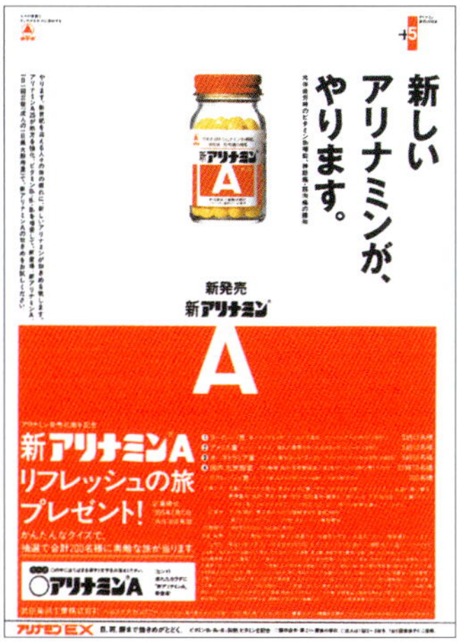

D

E

F

J

K

L

こたえと解説

Q 1　正解はD

渋いトーンのCや、淡明なトーンのA，B，Eでは、元気さの表現にはならない。渋いトーンは落ち着きを、淡明なトーンはさわやかさや明るさを表す

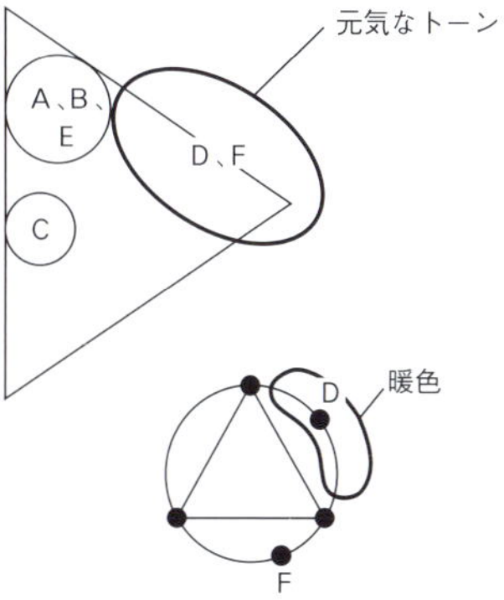

Q 2　正解は J

豊かさや豪華さは、ほどよい落ち着きと元気さが決め手。鮮やかな暖色を主体にすると豊かさが表現でき、トーンを少し暗めにして色相差を大きくすると豪華さが出る。H，L，Jの果物類は鮮やか。しかしHは渋すぎてさびしく、Lはトーンが暗すぎて豊かさに欠ける。G、Kは果物の鮮やかさがない。

Iは明暗コントラストが高いが、バスケットを含めて寒色中心なのでさびしい

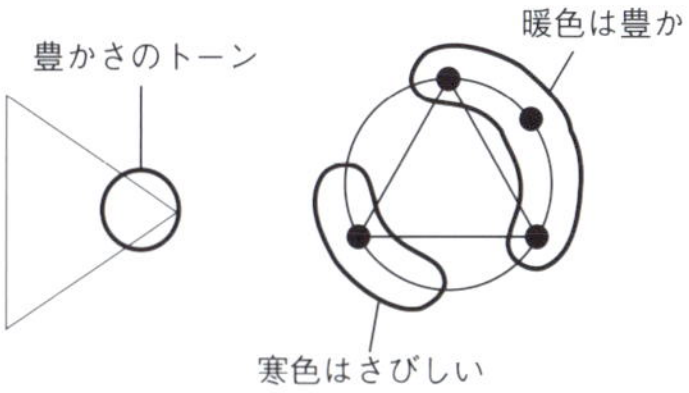

Q 3　正解はO

Mは鮮やかな色と強い暗色のトーン。活気はあるが色相が赤に偏っているため、色相対比が弱い。

Nは淡明なトーンなので、やさしさを表しても熱さは表現できない。

Oはトーンも色相対比も強力。強い視線を表すのにはふさわしい

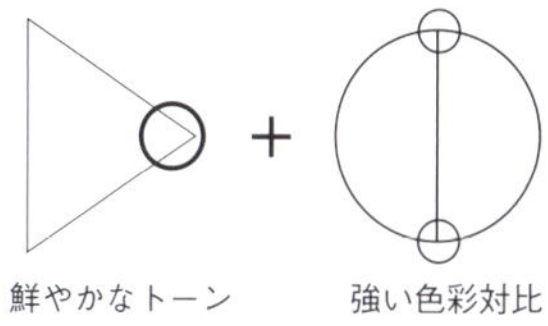

7日目　配色の実践

イメージマップ

イメージのギャップをチェックしよう

伝えたい内容と配色のイメージがずれていると、どんなに美しい配色であっても効果がない。求めているイメージと違う配色は、無意識のうちに無視してしまう。見る人のイメージとその配色が表すイメージが共鳴しないので、いくら配色が美しくても、単なる雑音（ノイズ）になってしまう。

イメージは人それぞれ。一概には決められない？

確かに個人個人の考え方や受けとめ方は千差万別で、イメージも人それぞれだ。しかし、第7日目の10項目をチェックしてほしい。個人の差があっても実は共通している要素があることに気づくだろう。そこには一定の原則があって、それに基づいてイメージが形づくられている。イメージマップは年齢や性別、嗜好によって、あらかじめイメージできる大まかなガイドツールなのだ。自分の描くイメージと比べて確認してみよう。

メッセージが伝わる仕組み

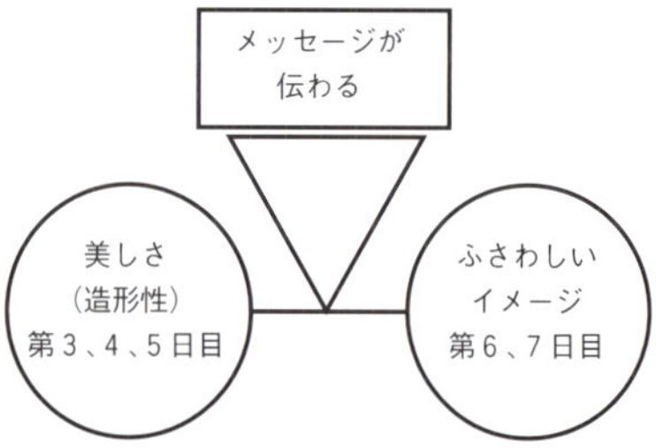

どんなに美しい配色でも、イメージが一致しないとメッセージが伝わらない。色は無言のうちにメッセージを伝えるのであなどれない

1 年齢の表現（乳児・キッズ・若者・大人の…）

乳児 淡い明色のトーン

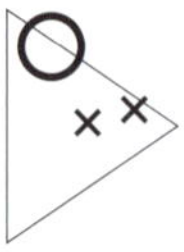

生後１年ほどの乳児は、強い刺激を避け、やさしい過保護の中で過ごす。強さとは正反対の清潔な淡いトーンが似合う。

キッズ・子供 純色のトーン

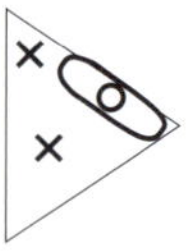

幼児の行動が活発になり外界に向けて動き出すと、淡色を離れ、刺激の強い純色の方向へ向かう。

1

2

3

4

5

ツール トーンの違い

乳児の明るく淡いトーン

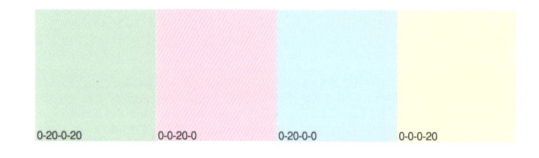

この渋さになると乳児らしくなくなる

キッズ・子供の元気なトーン

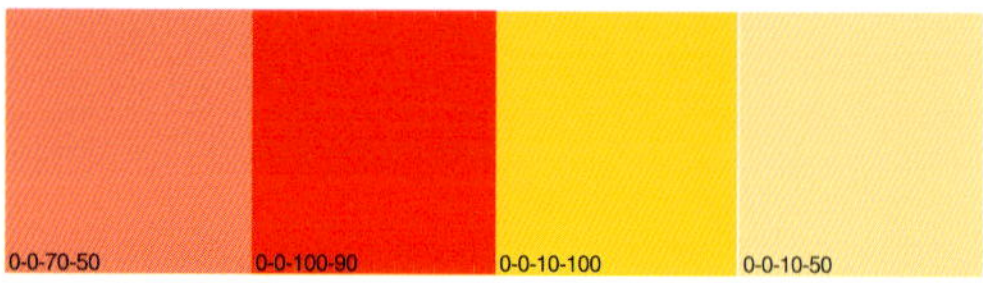

若者・成人 幅広いトーン展開

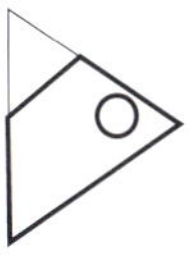

トーン分布図のほとんど全面に広がるのが若者のトーンだ。元気な純色からメランコリックな暗く渋いトーンまで、幅広く展開する。

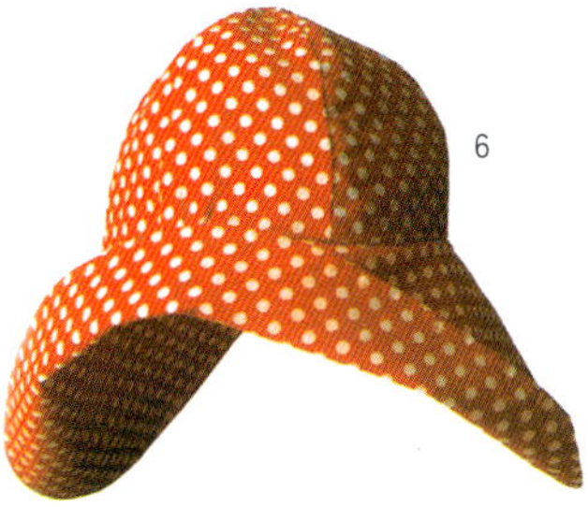

6

7

大人 渋いトーン

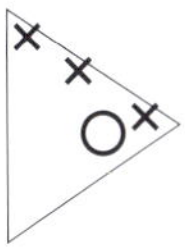

体力のピークを過ぎるとともに、若者の純色や壮年の力強い暗色のトーンから離れ、渋い落ち着いたトーンに移る。

8

9

10

若者・成人の幅広いトーン

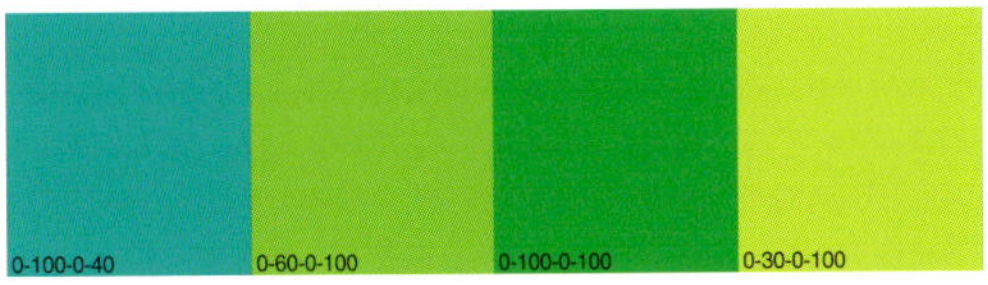

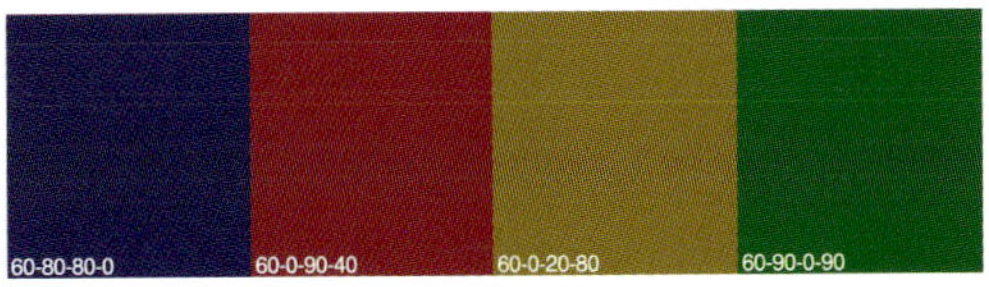

強く暗めなトーンまで、トーンの幅が広い

大人の渋いトーン

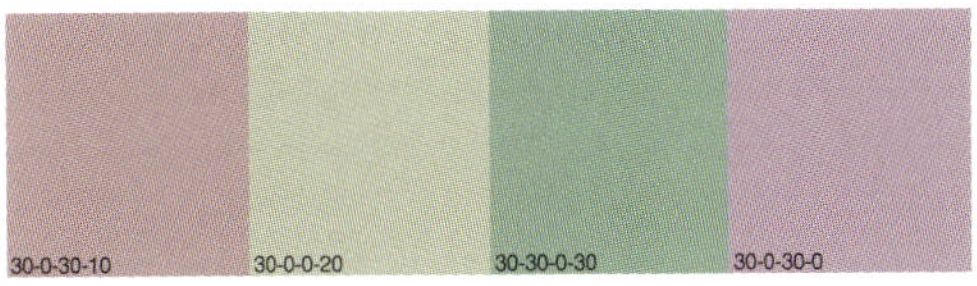

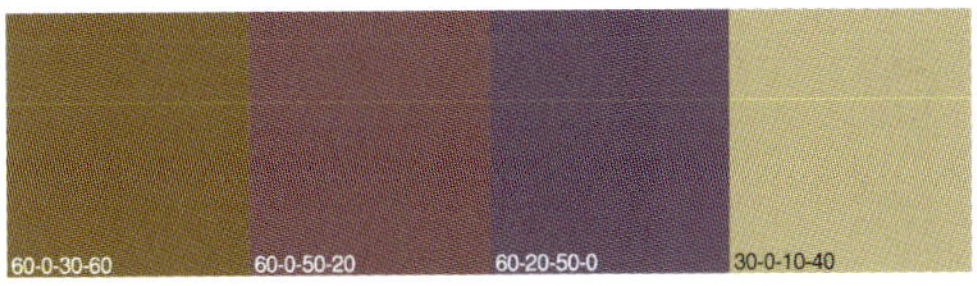

2 男性と女性

男性的　冷静で力強いイメージ

男性的と感じさせる色彩は、力強いイメージであることが条件。力強さを表す純色や、純色に近い暗色のトーンが男性的なイメージ。

1

濃い色、強い色は男性のイメージ

暗色のトーンが
男性を表現する

2

色相差よりトーンの方が決定力が強い

一般的に赤は女性的、青は男性的と思われがちだが、それは錯覚。赤であっても、トーンが強くて対比も強くすると男性的になり、青であっても、明色のトーンは女性的イメージになる。

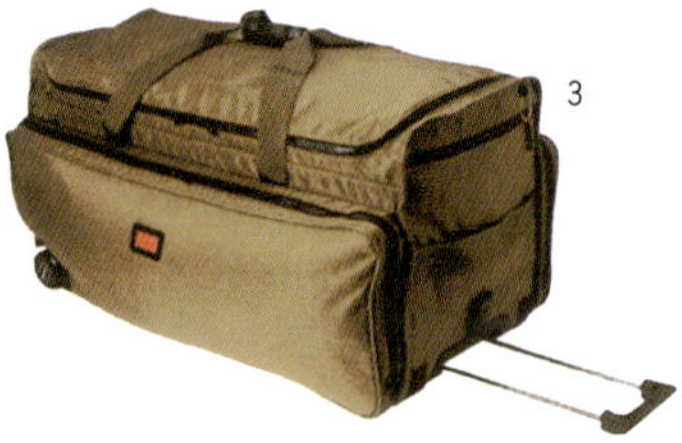

3

4

ツール1　トーンの違い

男性的な強く鮮やかなトーン

強い純色のトーンから鮮やかな暗色のトーンまで、力強さのイメージを強調する

女性的なソフトなトーン

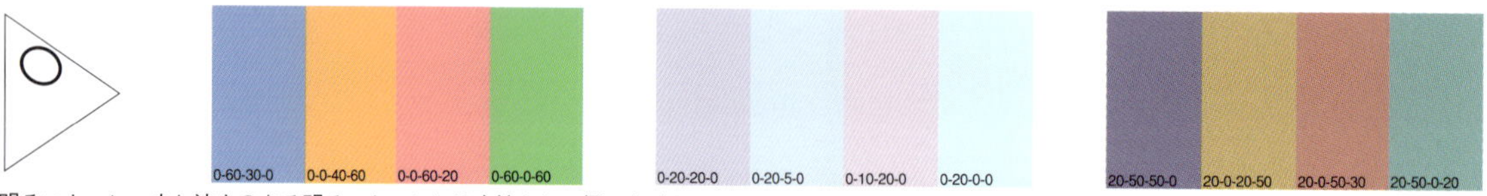

明るいトーン、少し渋さのある明るいトーンには女性らしい優しさがある

女性的　ソフトでやさしいイメージ

優しくソフトなトーンと穏やかなコントラストが決め手。色相は赤を中心とした＜暖色＞が効果的。また、紫は女性らしい優しさを表現する特別な色相だ。

5

淡くソフトなトーンが、女性向けの自動車であることを表す

6

紫の色相は、女性らしさを連想させる。強いトーンでも女性らしいイメージになる

7

ソフトな優しいトーンは、女性のイメージにぴったり

ツール2 対比量の違い

男性らしい大きな対比量

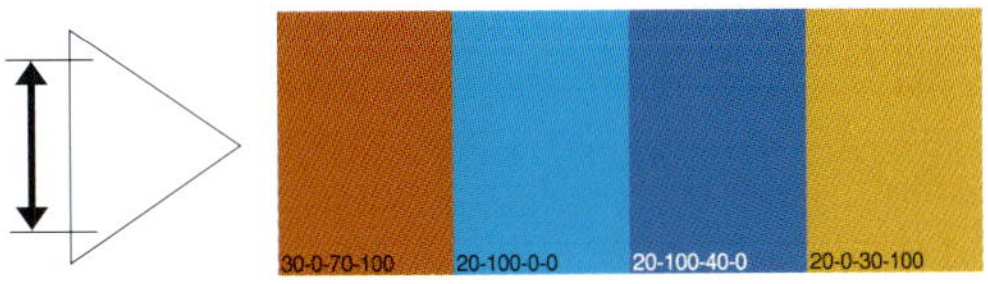

強い対比量が力強さを表す

女性らしい小さな対比量

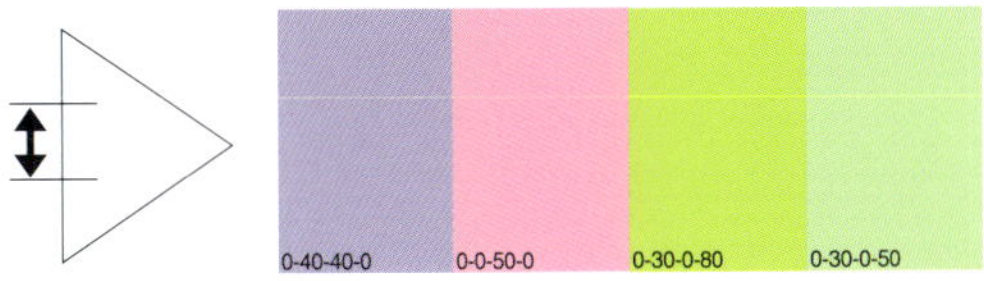

対比を少なくすると優しさが表せる

ツール3 色相の影響は少ない

男性らしい色相は寒色だが

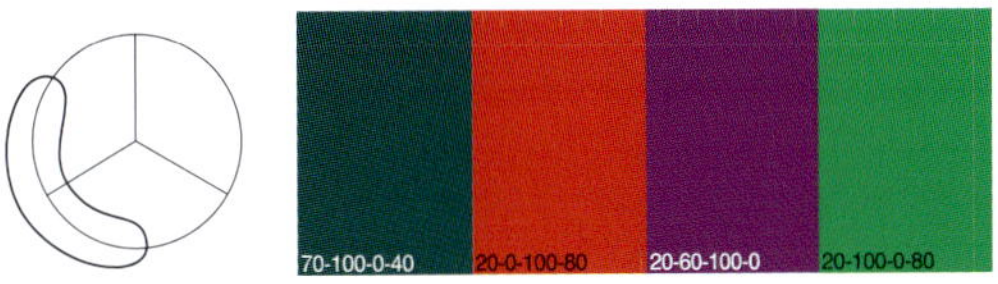

寒色は冷静、理知的な印象で男性的だが、赤や紫が入っても男性的

女性らしい色相は明るい暖色だが

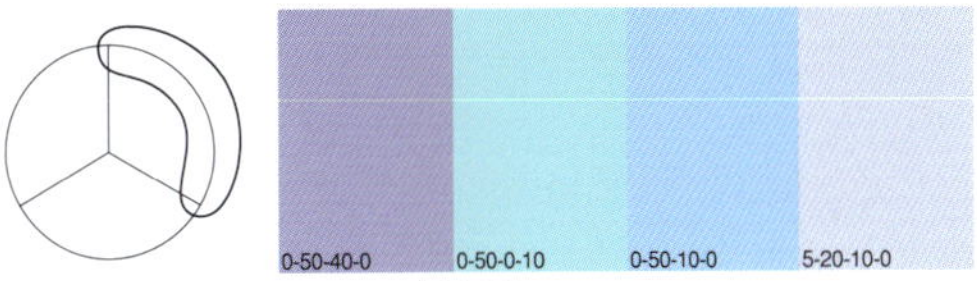

寒色でも優しいトーンならば女性的

3 温度の表現（冷たい・寒い・涼しい・暖かい・熱い）

冷たい・寒い

青を中心とした寒色だけで配色すると、冷たい寒々としたイメージができる。明度差を大きくすると、寒さがいっそう強調される。

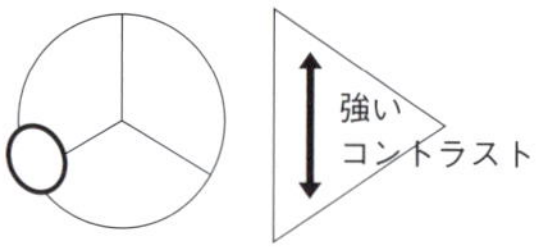

涼しい

寒色中心の幅広い色相で対比量を少なくすると、寒さ、冷たさがやわらぎ、＜涼しさ＞に変わる。明るさ主体で強いトーンは避ける。

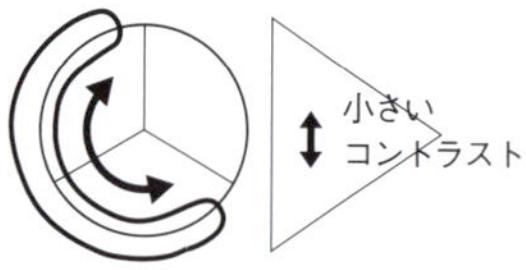

1

チェック1 **冷たい・寒い**　寒色だけで組み合わせる。明度差は最大限に広げるのが原則

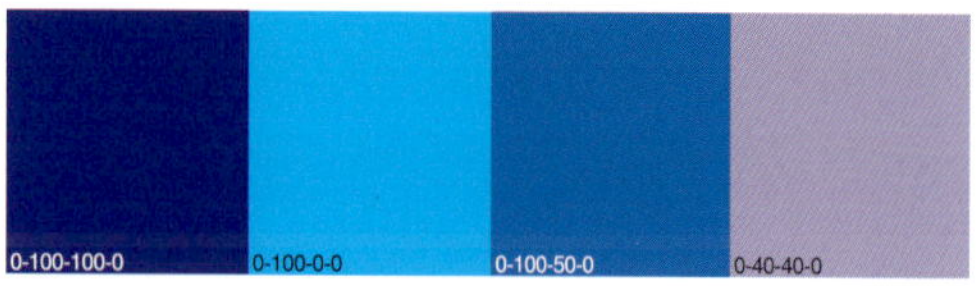

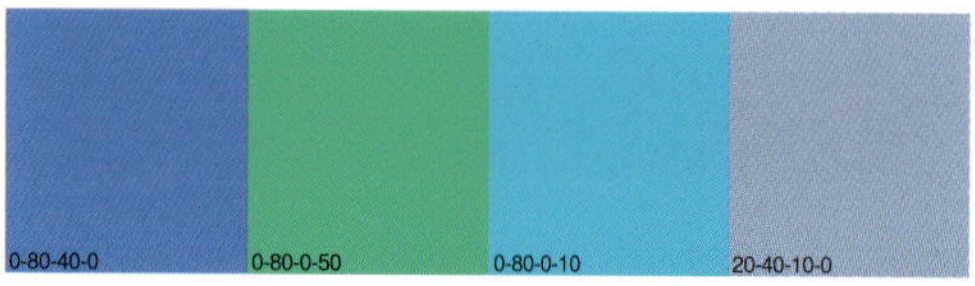

チェック2 **涼しい**　寒色を中心に、色相の幅は広く用いる。明るいトーンが涼しさの決め手

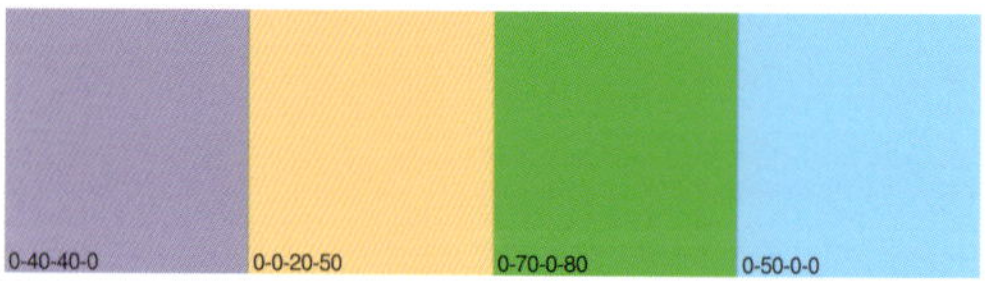

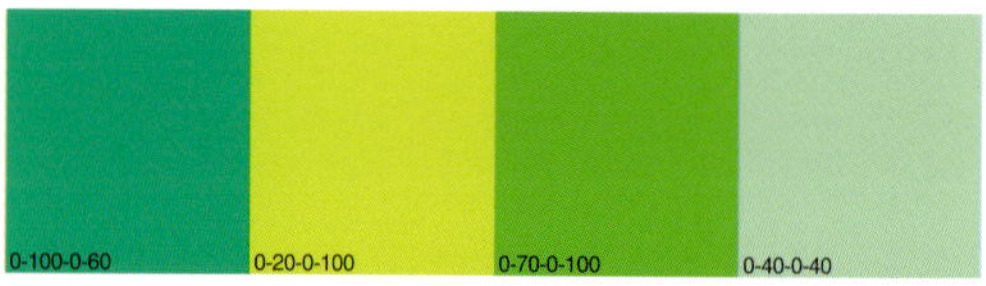

寒い、暖かいなどの温度イメージの決め手は、暖色と寒色。これに対比量が加わって、温度差が決定される

暖かい

オレンジや赤、茶色などの暖色中心の色相が暖かさを表現。対比量を少なくすると穏やかな暖かさとなる。どのトーンでも暖かい。

小さい
コントラスト

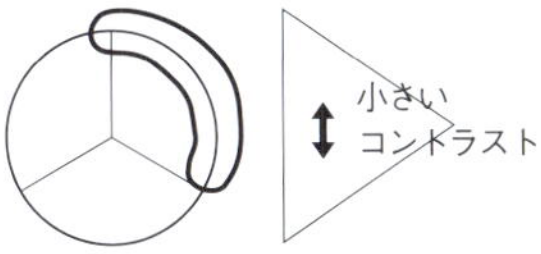

2

3

熱い

反対色相を加えて、暖色をより強調する。トーンは純色が基本。渋いトーンや明るいトーンでは熱さが表現できない。

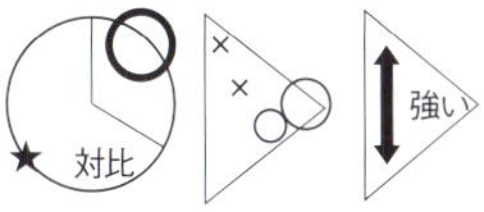

チェック3 **暖かい**　暖色中心に幅広く。明色、明渋色のトーンが暖かさのポイント

チェック4 **熱い**　強い純色や鮮やかな暗色が中心。色相は赤を基調にし、反対色も組み入れる

4 元気・陽気・カジュアル

1

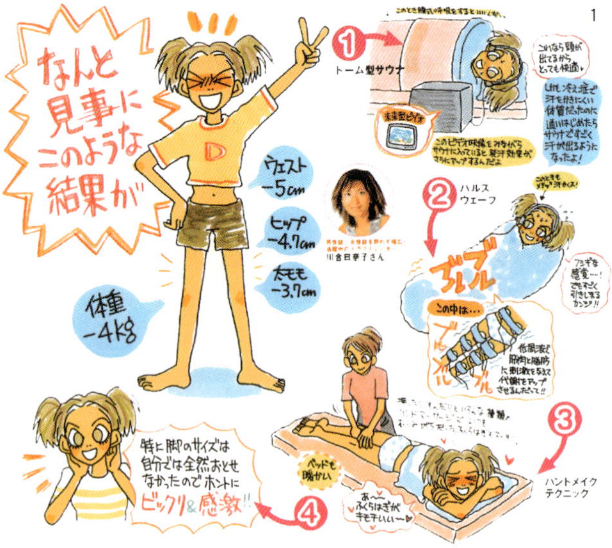
なんと見事にこのような結果が
ウェスト -5cm
ヒップ -4.7cm
太モモ -3.7cm
体重 -4kg
1
トーム型サウナ
これなら顔が出てるから、とても快適♪
しかし冷え症で汗をかきにくい体質だったのに通いはじめたらサウナですごく汗が出るようになったよ!
未来型ビデオ
このビデオ映像をみながらサウナに入っていると発汗効果がさらにアップするんだよ
2
ハルス ウェーフ
ブルブル
フシギな感覚…! でもすごく引きしまるカンジ!!
この中は…
低周波で筋肉と脂肪に刺激を与えて代謝をアップさせるんだって!!
3
ハントメイク テクニック
ベッドも暖かい
あ～ ふくらはぎがキモチいい～♥
4
特に脚のサイズは自分では全然おとせなかったのでホントにビックリ&感激!!

完璧な陽気さ

下のツールで示したカジュアルの4条件をすべて備えている。手描きのタッチがさらにカジュアルさを強調している

2

ラフなタッチ

黄色と白地の効果とラフなタッチが加わって、カジュアルに見える

3

白地の効果

白地の効果によって、陽気さが強調される

ツール1 黄色を含む暖色中心

暖かな黄色やオレンジ色は、ふりそそぐ太陽のイメージそのもの。陽気さを表すには黄色が欠かせないがレモンイエローは涼しい、クールな感じになりやすい

元気 陽気

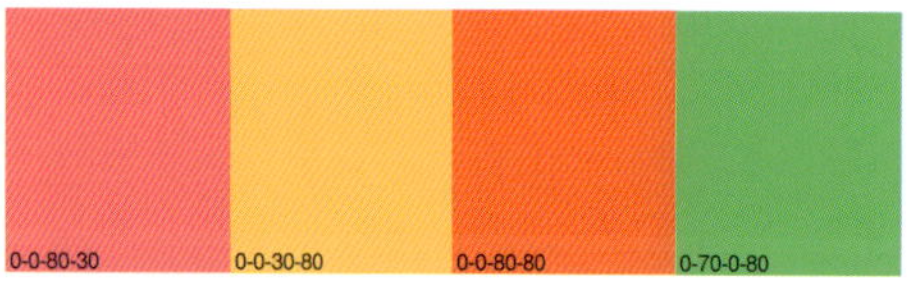
0-0-80-30
0-0-30-80
0-0-80-80
0-70-0-80

非元気 非陽気

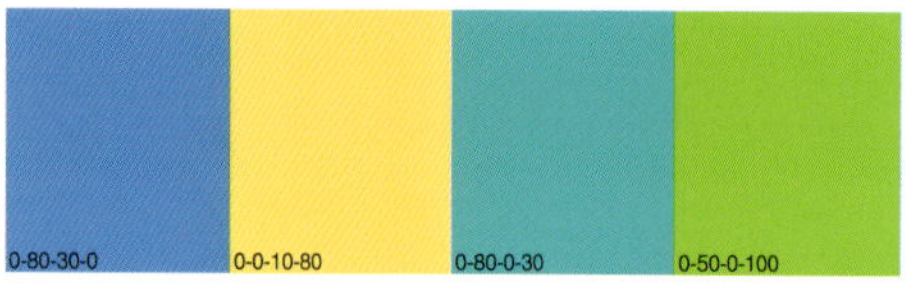
0-80-30-0
0-0-10-80
0-80-0-30
0-50-0-100

寒色を中心にするとクールな気分になり、陽気さから遠ざかる

ツール2 全色相型

すべての色相を偏りなくカバーするのが全色相型。自然さ、カジュアルさを表す。全色相型はお祭りの型でもあり、開放的で肩のこらないイメージになる

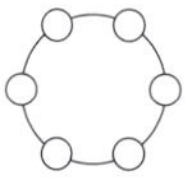

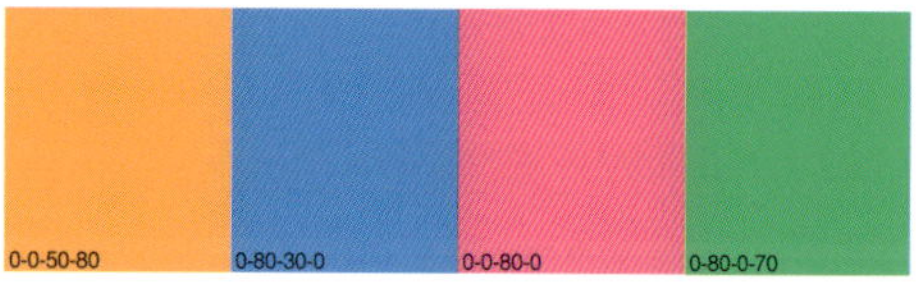
0-0-50-80
0-80-30-0
0-0-80-0
0-80-0-70

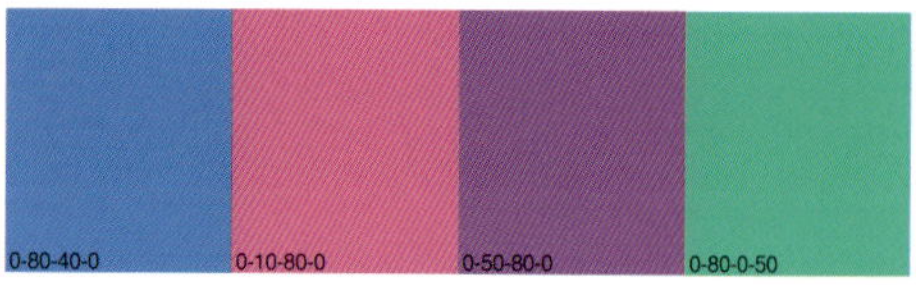
0-80-40-0
0-10-80-0
0-50-80-0
0-80-0-50

色相が偏ると自然な感じがなくなり、閉鎖的になる

典型的カジュアル
元気、陽気の典型の条件をすべて満たしている

4

5

渋さの限界
少し渋めのトーン。カジュアルとしてはこのあたりが限界

黄色が効く 類似色型なのでおとなしい印象だが、この黄色効果で、太陽の陽気さが表現されている

ツール3 明色トーンを中心に

鮮やかな純色から、明るく鮮やかな明色のトーンは、文字通り明るい元気さを表す。暗色や渋いトーンが多くなると、大人らしい落ち着きや格調の高さが出てしまう

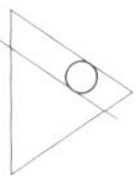

元気
陽気

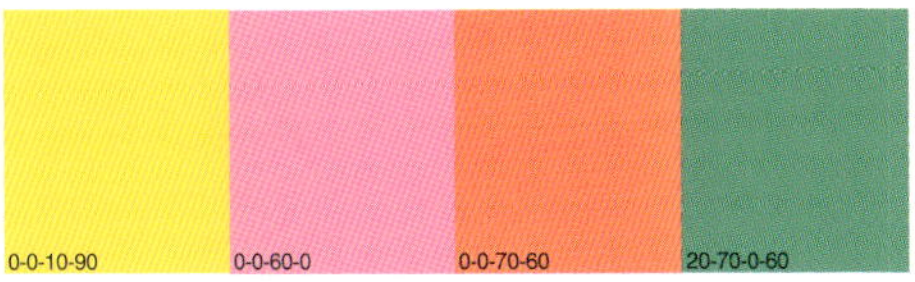

非元気
非陽気

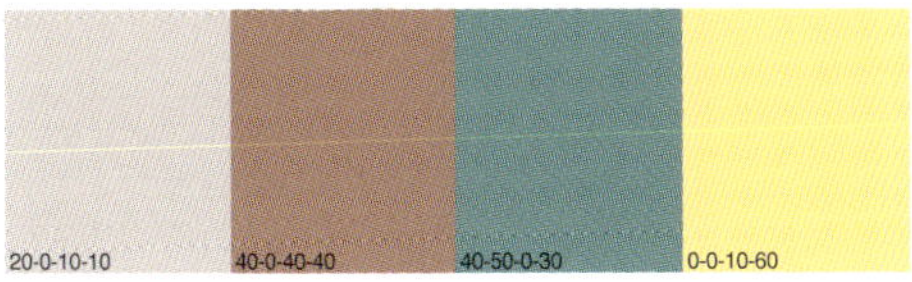

淡いトーン、暗いトーンは陽気さの正反対のイメージ

ツール4 対比量を大きく

明度差や色相差を大きくすると、強さと元気さが出てくる。全色相型がお祭り型とも言われ開放的なのは、色相差が必然的に最大となるから

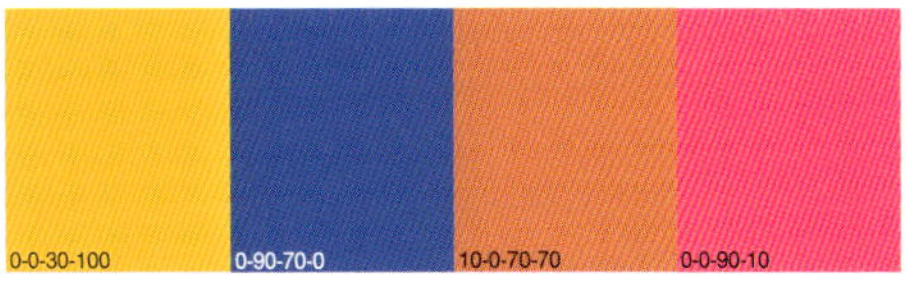

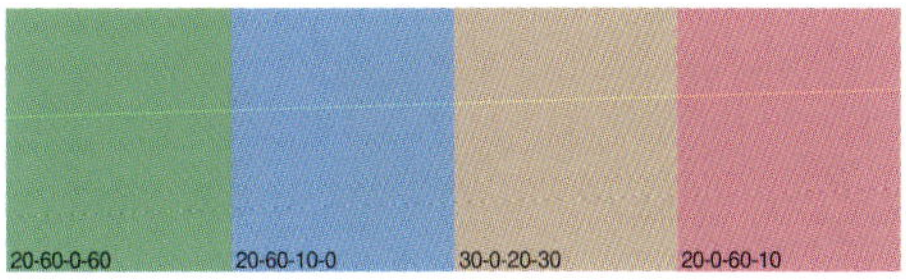

明度差を小さくすると落ち着いた印象になり、活気がなくなる

5 プリティ・ロマンティック

白地の量が決定する

色相やトーンの強弱に関係なく、白地を生かすとプリティでロマンティックな印象になる。模様を繊細にすると、白地が大きくなり可憐になる。

3

白地が生きてプリティのイメージ

1

背景色を選ぶとき、対比を小さく設定し、ロマンティックさを強調する

2

鮮やかな純色でも白地が主体になっているので、プリティ

ツール1 白地の広さと、線の細さ

鮮やかで強い色でも、白地を多くするとプリティに。模様を繊細で細かくすると、より女性的

プリティ

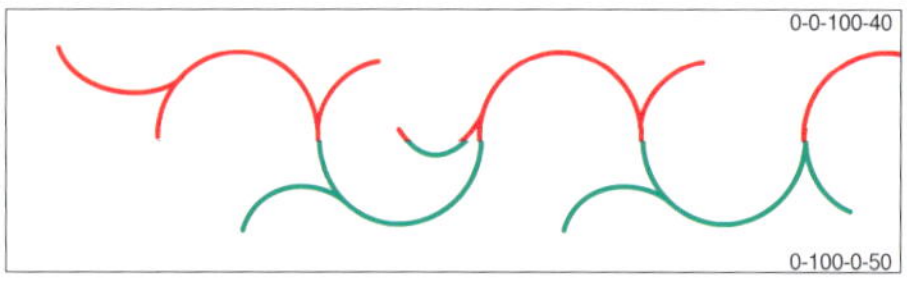

非プリティ

線が太くなると力強い印象に。プリティから離れる

ツール2 明るいトーンが中心

純色に白を加えていくと、明るい色になり、女性的な可憐なトーンになる。

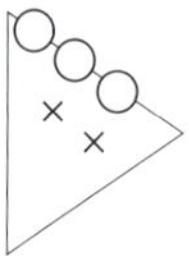

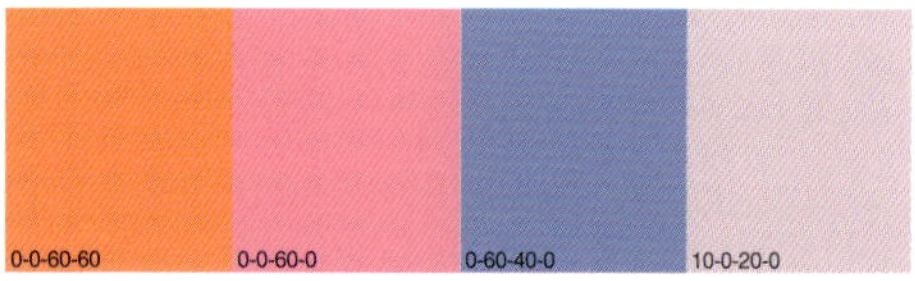

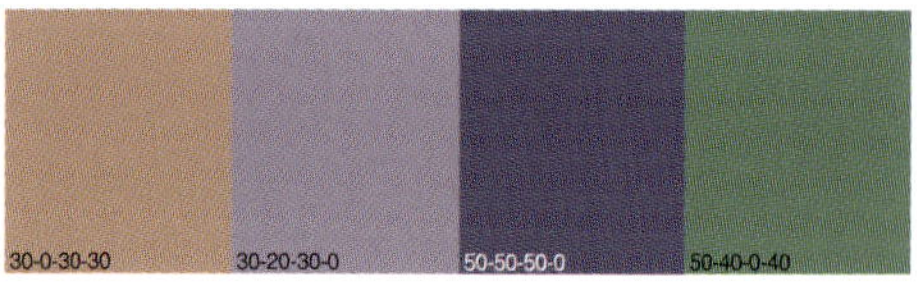

渋いトーン、暗いトーンはプリティの正反対

4

1色1色は強いトーンだが、細かい模様の入った白地が生きているのでロマンティックになる

ぎりぎりのロマンティック

白地から純色にかけての明るいトーンをはずれ、渋いトーンが入ると、ロマンティック、プリティの範囲からは離れる。このあたりの渋さが限界

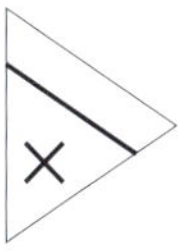

ツール3 対比量は少なく

明度対比を大きくすると元気さが強まり、プリティからは遠ざかる

プリティ

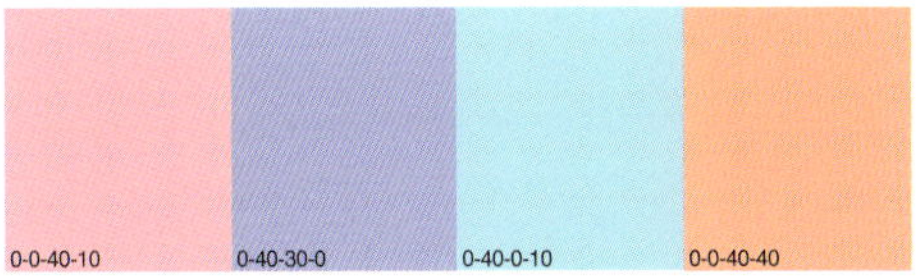

非プリティ

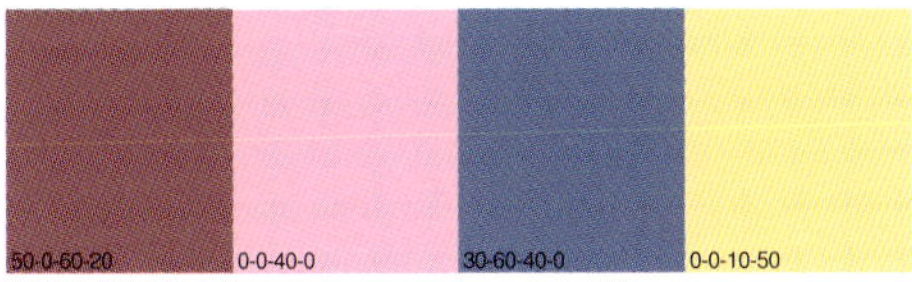

大きな明度差は元気だが、優しさや柔らかさが不足

ツール4 色相は関係ない

暖色でも寒色でもツール1から3の3条件がそろえばOK。明度差小の類似色は、非現実的でロマンティック

プリティ

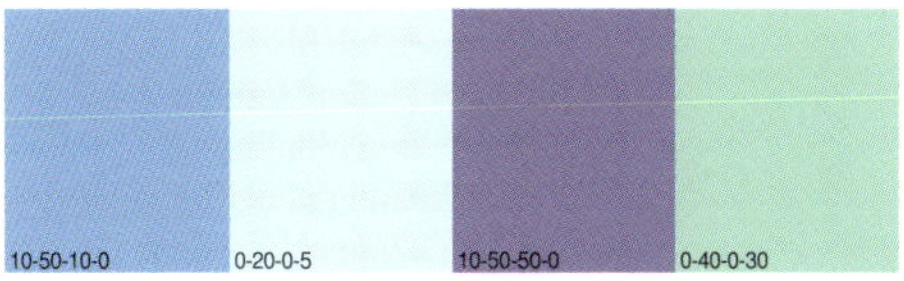

寒色中心でもトーンが淡く明るいと、かなりロマンティック

6 都会的・エレガント

渋さと控えめの組み合わせがエレガンスを表現

都会的なエレガンスをイメージさせるには、渋いトーンと控えめな対比量が基本。しかしこの関係は絶対的ではない。紫系の鮮やかなトーンであっても、繊細な模様を描くとエレガントな感じが表現できる。

淡明トーンでかつ同一の色相にすると、色相対比が最小になり、都会的になる

1

色相差、明度差を極力控えめにした淡明トーンは繊細そのもの。都会的、エレガンスのイメージを伝える

ツール1 **トーンの範囲**　少し渋めの明るいトーンは、落ち着いていて静か。都会的でエレガントなイメージを表す

都会的

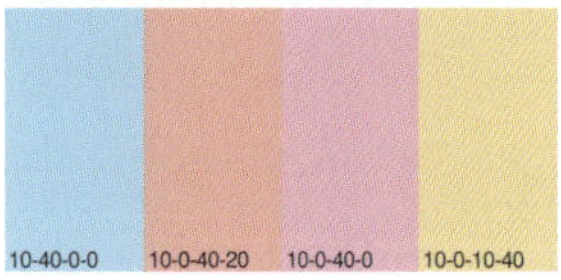

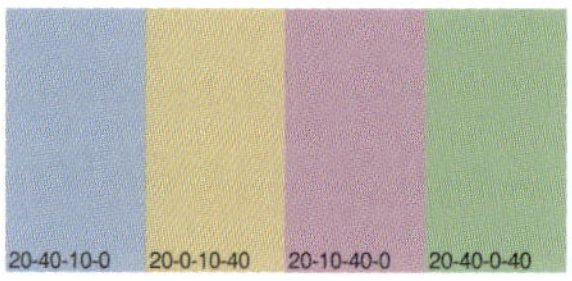

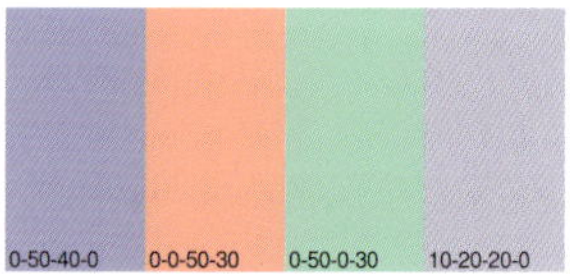

非都会的

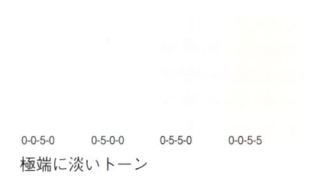

極端に淡いトーン

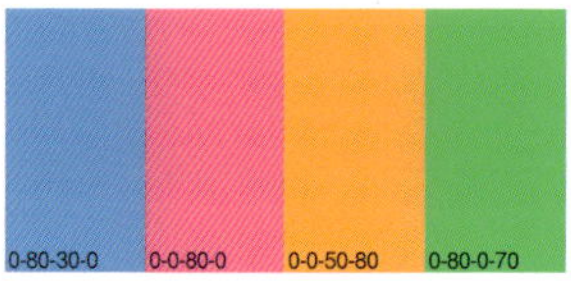

純色に近い元気なトーン

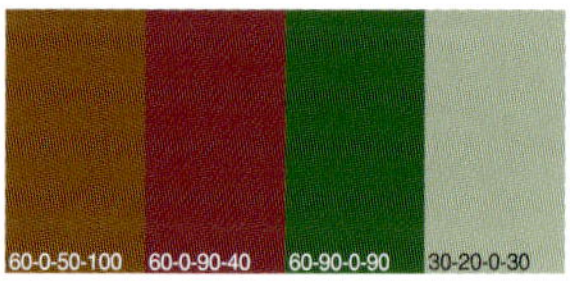

暗濁色は渋く重い

トーンが決め手

高級さ、エレガントさをアピールする化粧品。配色のトーンを変えてみた。暗色と淡渋色のトーンを比べると、豪華さとエレガントの違いがわかる

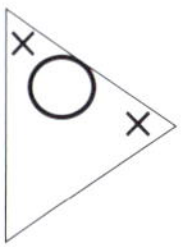

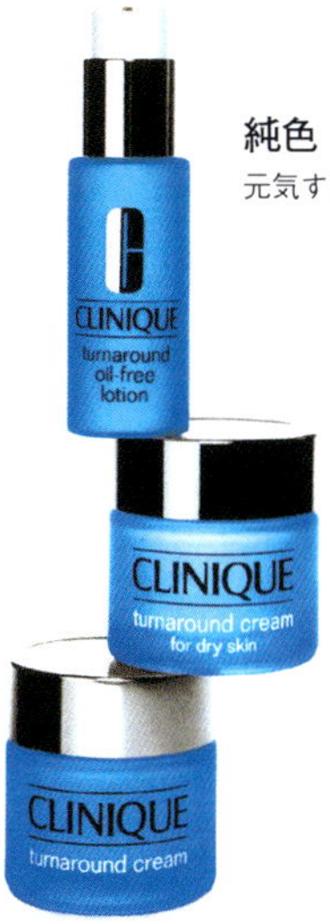

純色
元気すぎる

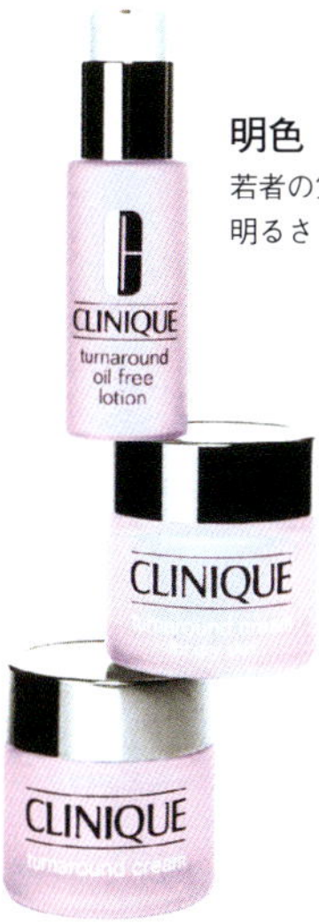

明色
若者の気軽さ明るさ

暗色
高級感、豪華さはあるが、都会的ではない

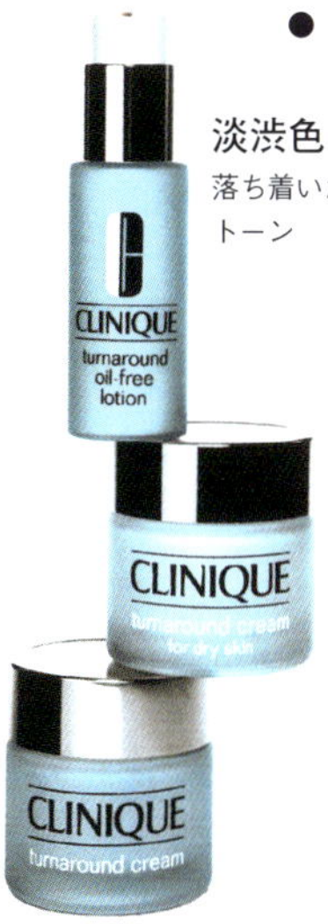

淡渋色
落ち着いたトーン

紫は特別指定席

紫は女性的イメージが強い（P.121）。紫は少々鮮やかなトーンであっても、模様を繊細にすることでエレガントなイメージになる。また、紫主体の場合は色相対比を大きくしても、繊細なパターンで描けばトーンに関係なくエレガンスさが表現される。

2

ツール2 対比量　微差の配色が優しくエレガント

都会的

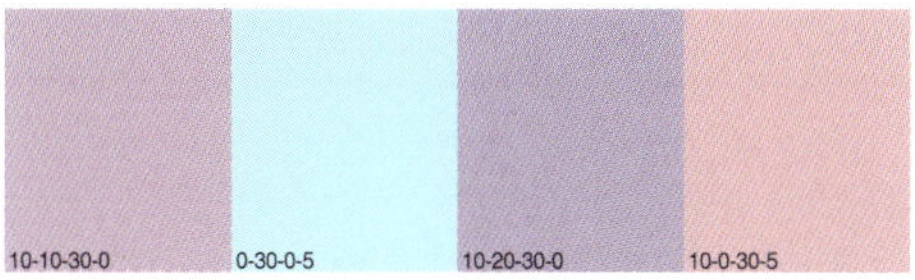

トーン差 小

非都会的

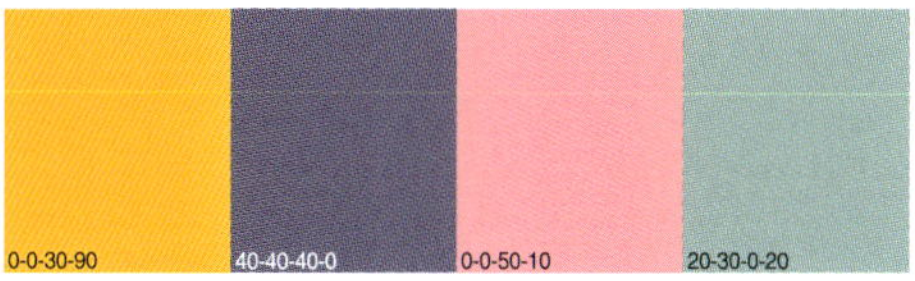

トーン差が大きくなるとエレガントな都会的から離れる

ツール3 色相の位置　茶や緑は田園を連想させる

青紫は茶色や緑のイメージともっとも遠い

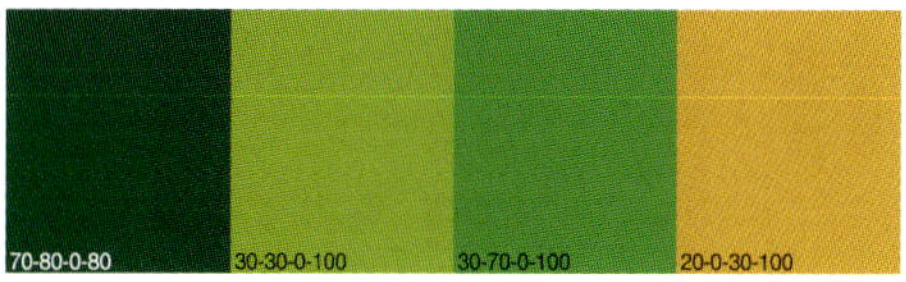

茶色や緑は大地を連想させ、都会から離れる

7 豪華さ・高級さ

豪華さは大きな対比量で

強く鮮やかなトーンで、色相、明度を最大級に対比させると豪華なイメージに。形の緻密さも重要。同じ色彩でも形がラフだと野性的な印象に。

1

鮮やかさの残る暗色のトーンが高級さを表現

青紫の暗色が高級さを暗示する

2

背景色の濃くて強いトーンが、時計の高級感を伝える

ツール1 鮮やかな暗色のトーン

純色のすぐ隣にある鮮やかな暗色のトーンが、豪華さを表す。同じ暗色でも、純色から遠く離れて鮮やかさを失うと、豪華な雰囲気も消えていく

高級
豪華

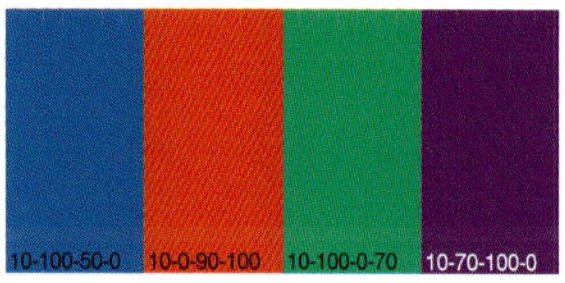

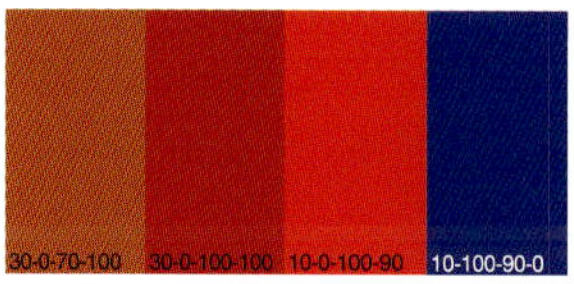

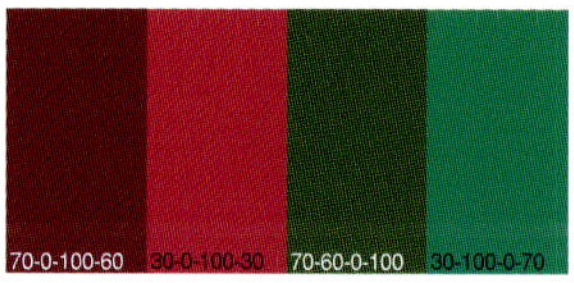

非高級
非豪華

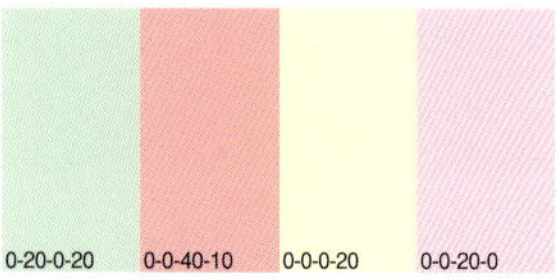

淡明なトーンは豪華から最も離れている

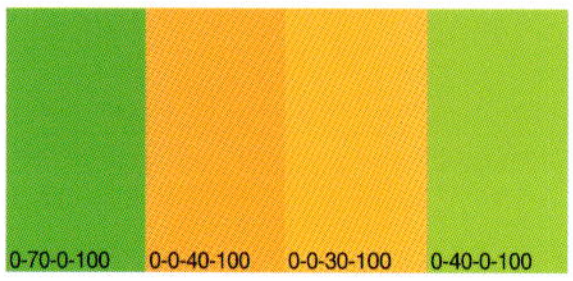

純色だけでは鮮やかだが明るすぎて、豪華ではない

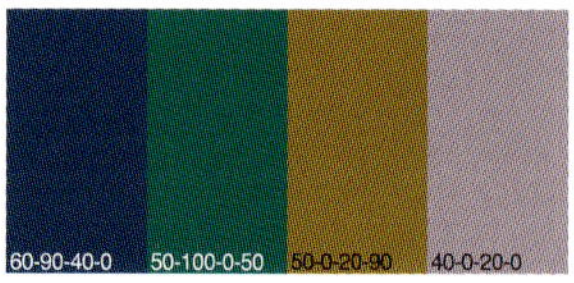

渋いトーンは落ち着くが、豪華ではない

3

緻密な形が、豪華さをより強くアピール

4

淡明なトーンでは、渋くしても上品さが出て、豪華さにはならない

5

究極の豪華さ表現　豪華さを表す条件を完全に満たしている。鮮やかな暗色のトーン、強いコントラスト、全色相型の強い色相対比が生かされ、宝石の豪華さ、高価さが表現されている

ツール2　暖色が豪華さを表す

豪華さの表現には暖色が欠かせない。寒色だけでは豪華さを伝えられない

高級豪華

非高級非豪華

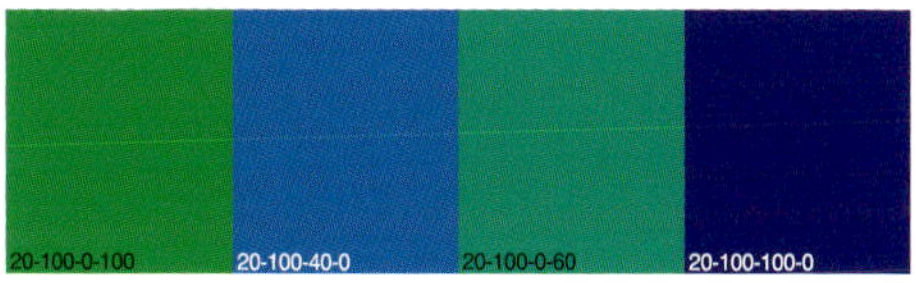

トーンは強いが、寒色だけなので豪華さが出ない

ツール3　最大級の対比量

色相差、明度差を最大にすると強くて豪華。シャープなハイライト、強いコントラストが効果的

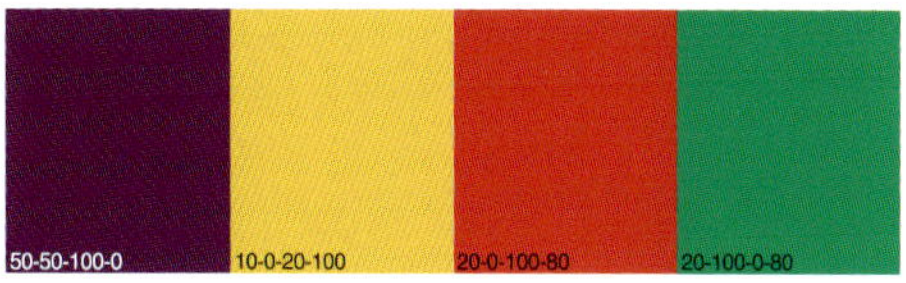

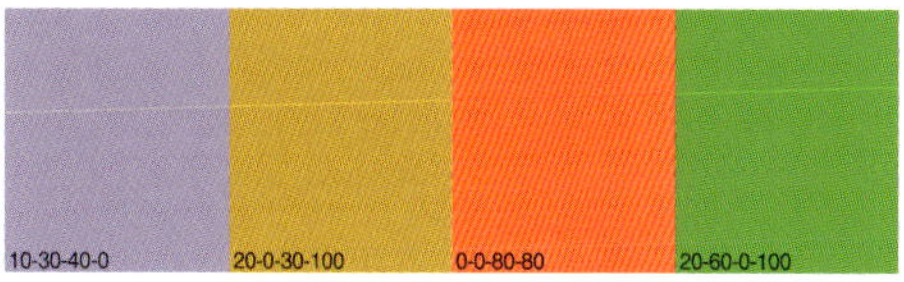

明度差が小さいと、豪華さが弱まる

8 自然らしさ（大地と緑の色）

トーン図で確かめる

<自然>の反対語は<人工>。人工的なトーンとは、下図の外周のトーンを言い、自然なトーンとはその3辺に属さない、内側の渋さのあるトーン。特に明るく渋いトーンは、自然さの印象が強い。

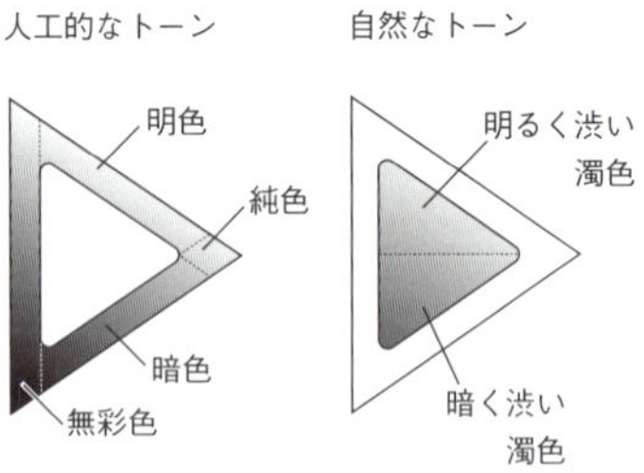

鮮やかなトーンの紫色は非日常的で、人工的イメージにつながりやすい。自然の優しさからは遠い

優しいトーンに自然さを求める

本来なら、自然界の色には激しく強いトーンも含まれる。しかし、今日私たちが「自然」という言葉をイメージする時は、その優しさの方に魅かれているようだ。

2

自然は優しい

3

明るく渋めのトーンが自然の優しさを表す

ツール1 渋いトーンが自然らしさを伝える

純色や明色にグレーを入れると、渋く自然なトーンになる

自然

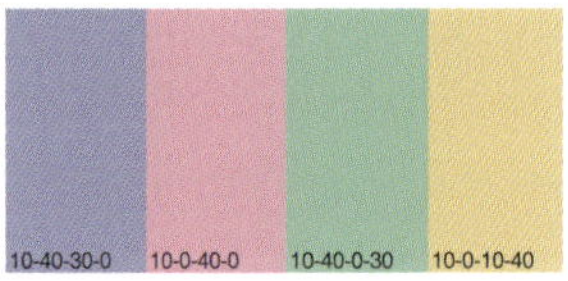

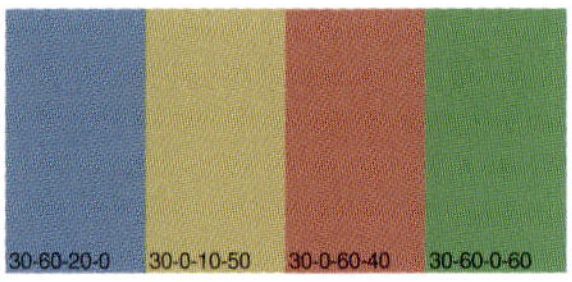

非自然

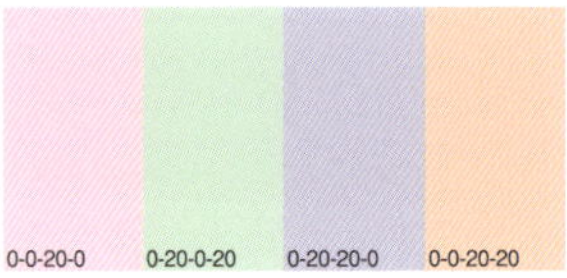

ソフトで淡いトーンは自然から遠い印象

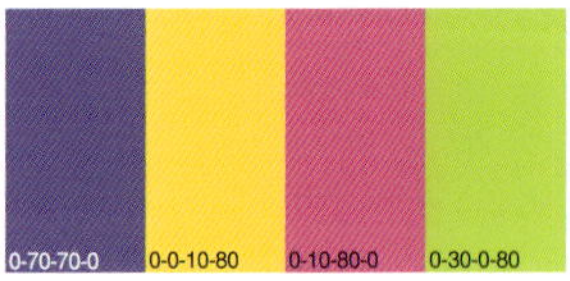

鮮やかな色は自然さの正反対

1

茶色や緑、渋さがが加わると、自然さが出てくる

4

緑は自然

鮮やかなトーンでも、緑ならば自然さを表現できる。渋いトーンにすると、さらに自然さが出る

緑が深いとより自然

トーンが暗く強くても緑は自然を連想させる

5

渋いトーンにするとさらに自然らしさが出る

ツール2 色相の特徴

木々の緑、大地の茶色は自然を直接連想させ、安心した気持ちになれる

自然

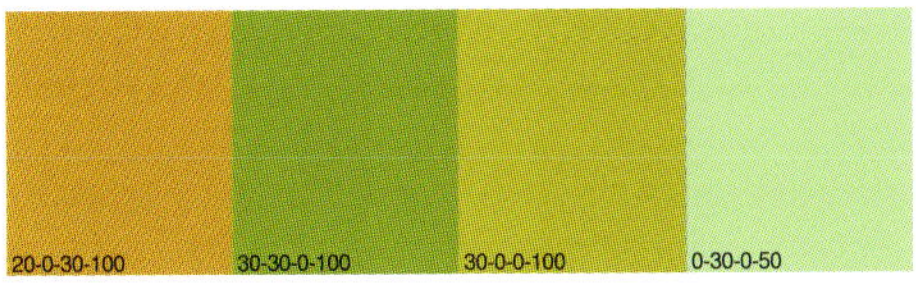

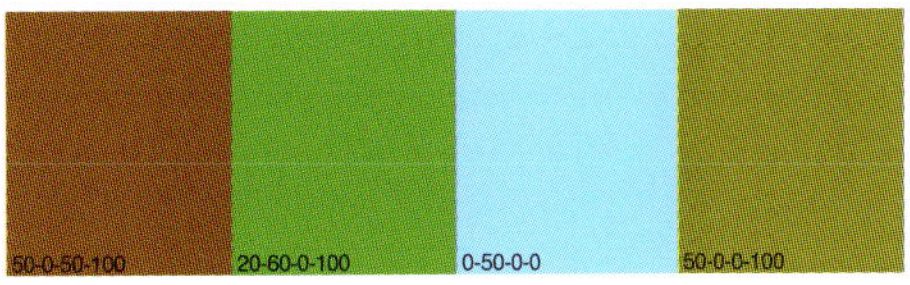

非自然

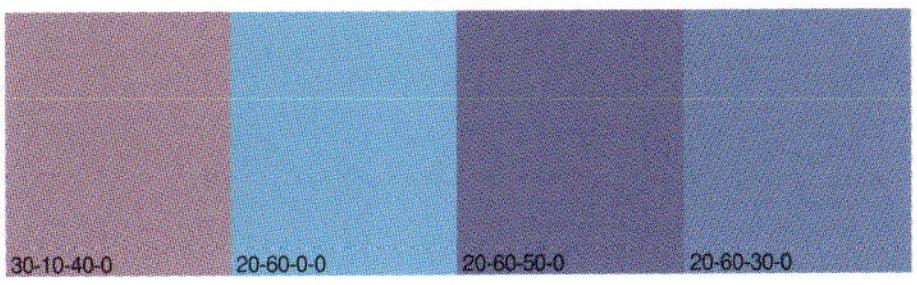

緑や茶色がないと、自然らしさが表せない

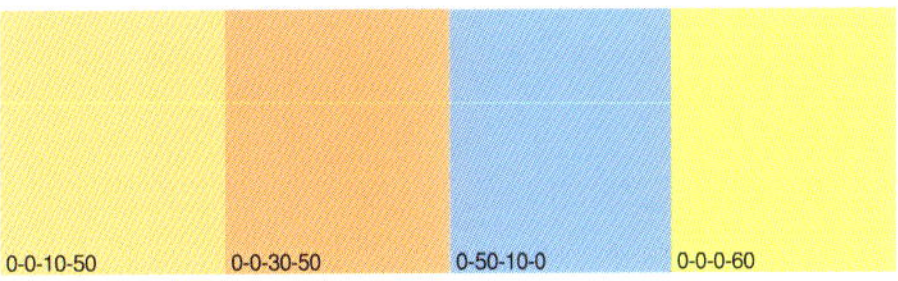

シンプルな反対色タイプは最も様式的で自然さからは遠い

9 パワフル・スピード

鋭さと重さの違い

パワフルなイメージには重さが不可欠だが、スピード感には不要。スピード感は鮮やかな純色のトーンを基調とするが、パワフルには鮮やかで強いトーンがふさわしい。

スピード感の表現

2

一色だけのシンプルな色相がシャープ。黒が引き締めている

3

純色はエネルギーの多さ、強さを表す

1

暗色のトーン　内に秘めた力強さ、重量感を表す

鮮やかなトーン　鋭いスピード感がある

スピード感のイメージ

ツール1 鮮やかなトーン

スピード

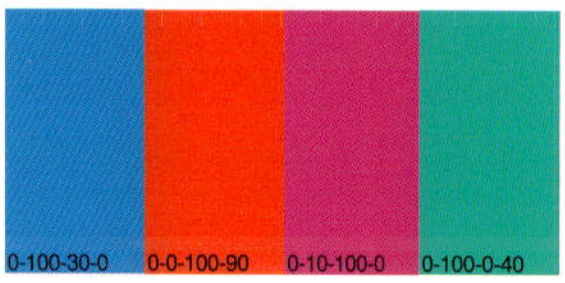

非スピード

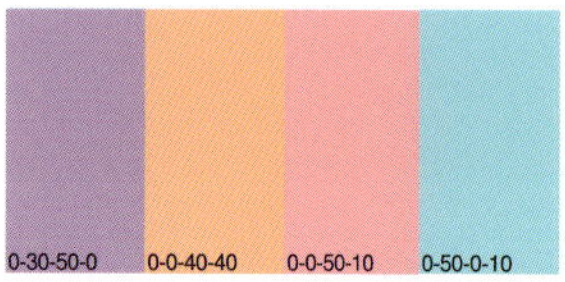

淡く渋いトーンはスピード感がない

ツール2 大きな明度差

スピード

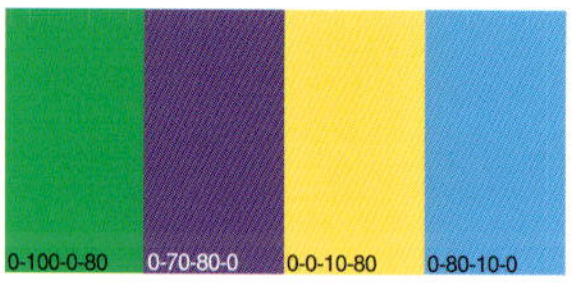

鮮やかな黄色はスピード感に最適

非スピード

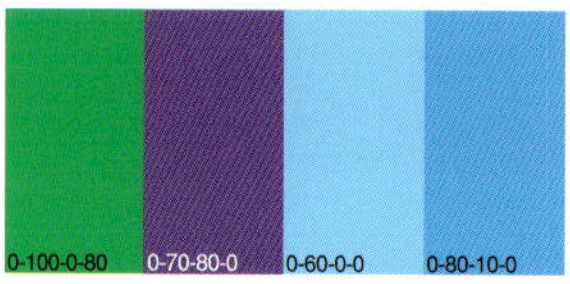

黄色を除くと、スピード感がなくなる

ツール3 大きな色相差

スピード

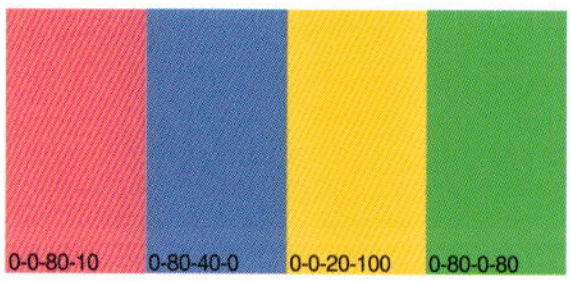

非スピード

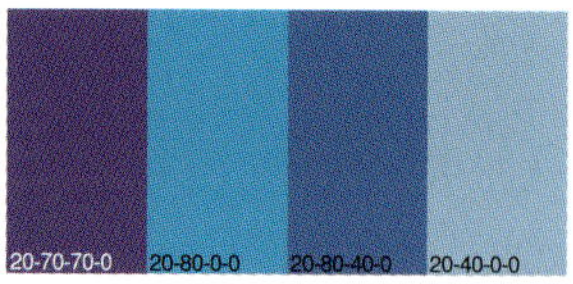

色相差が小さくなると動きが止まる

渋いトーン　穏やかな印象になり、力強さがなくなる

淡いトーン　力強さとは縁遠いイメージで、およそ不釣り合いなトーン

パワフルは重さを伴う
強さを表す黒が決め手。この黒によって赤や黄色がより引き立てられる

> **「スピード」と「パワフル」**
> どちらもスポーツ関連の語だが、2つのイメージにはかなり開きがある。スピードは文字通り<速さ>を表すが、パワフルはエンジンに例えれば<トルク>（引っ張る力）に近い。軽快なスピードという表現はあるが軽快なパワフルさという表現はない。パワフルさには重さ、強さが必要。

パワフル感のイメージ

ツール1　純色から鮮やかな暗色にかけてのトーン

ツール2　反対色が効果的

パワフル

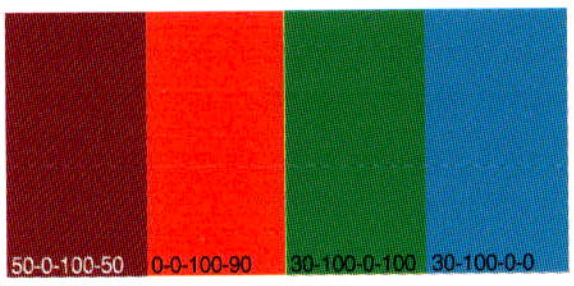

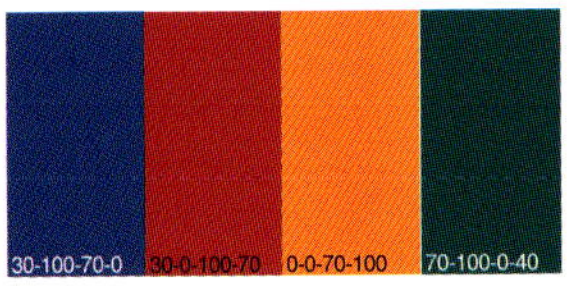

非パワフル

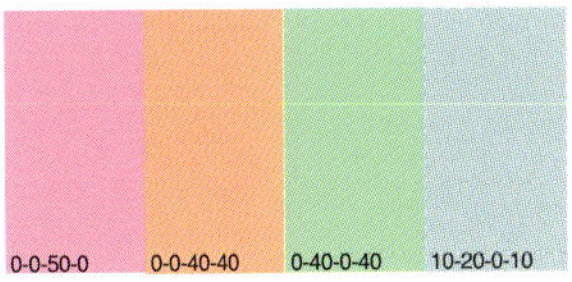

淡明のトーンは、パワフルの反対

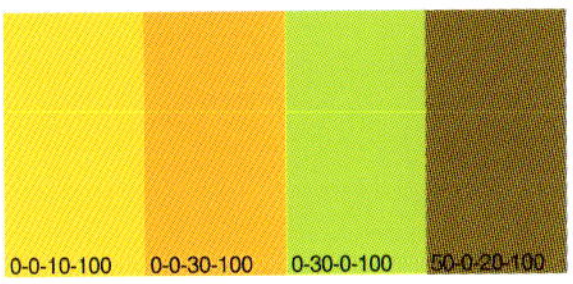

暗さがないと力強さに欠ける

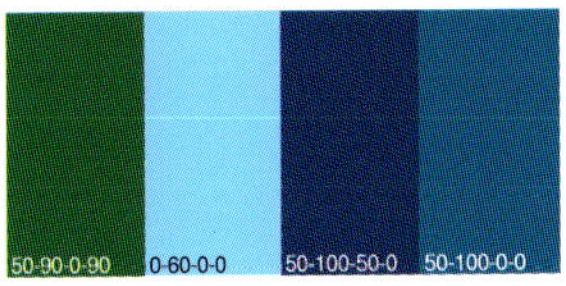

トーンが強くても反対色がないと弱い

10 幻想的、神秘的

同系色が幻想をイメージさせる

空に浮かぶ7色の虹や蜃気楼を見た時、私たちは非日常的な、神秘的な思いにかられる。同じように、見慣れない配色は幻想的なイメージを生む。自然界ではめったに見かけない、同系色による配色が典型的だ。

自然界の幻想

1

紅葉が重なり一面を埋めつくすと、同系色の世界に一変し、幻想的なイメージになる

陽気でカジュアルなオレンジを主体にすると、幻想的なイメージが弱まる

非日常を表す

同系色の非日常的世界

幻想と日常の比較

2

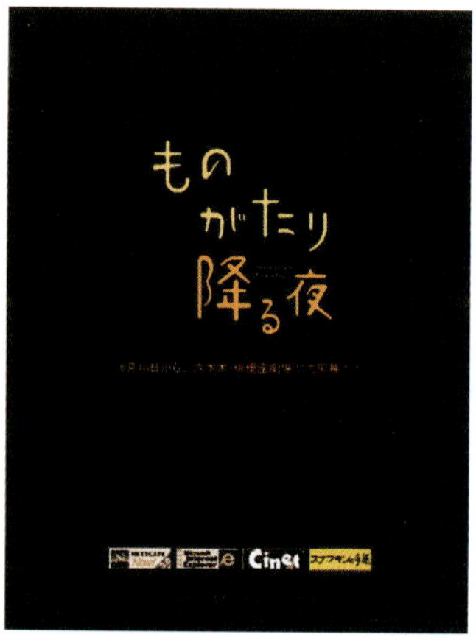

黒地に浮かび上がる紫色が幻想的。暖色に変えると、日常的な自然なイメージに変わる

紫は自然界で一番少ない色相。最も幻想的なイメージがある

別世界へと導く幻想

 3

見慣れないトーンが幻想感を伝える

日常と異常は表裏一体

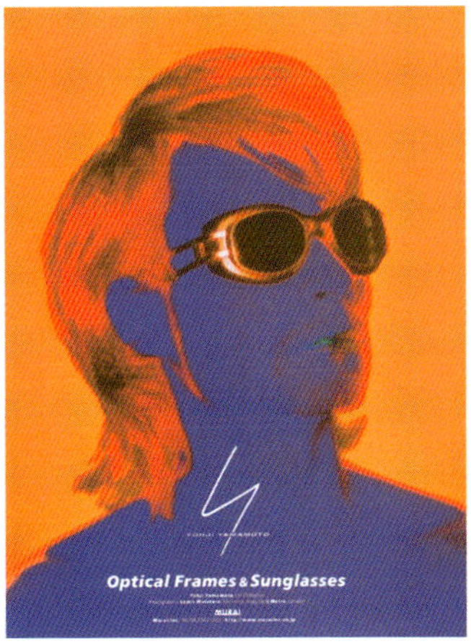

常識色を逆転すると､異常なイメージになる

チェック　同系色は異常な世界

同じ色相だけの配色は、穏やかで破綻がなく、安定している。しかしこれを別な視点から見ると、外界を拒絶し異分子を排除した閉鎖的な世界であり、不自然で非日常的な型とも言える

幻想的

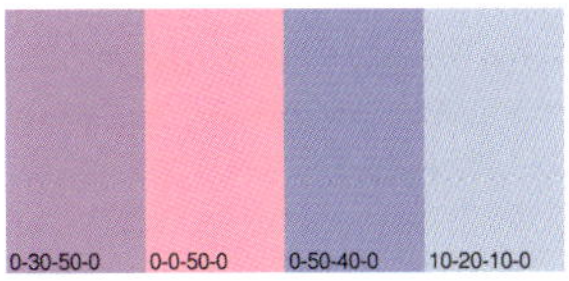

類似色だけの配色は幻想的で、自然さから遠い

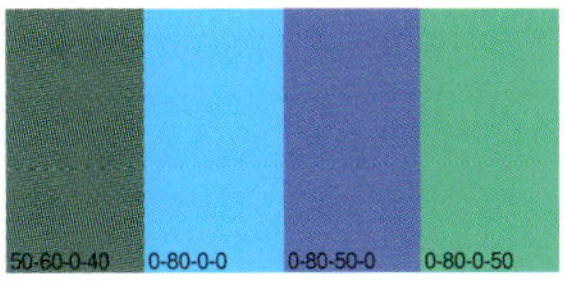

非幻想的

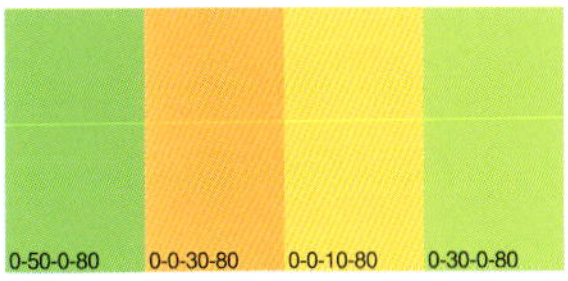

類似色でも、緑と黄色は自然を思わせる

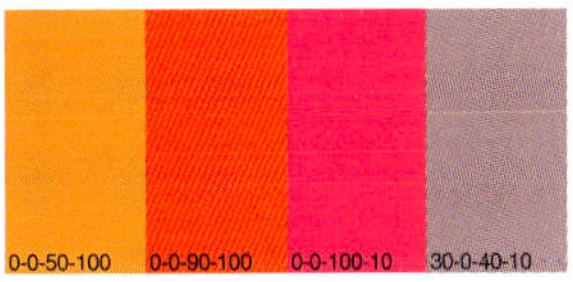

オレンジは陽気で開放的。幻想の逆

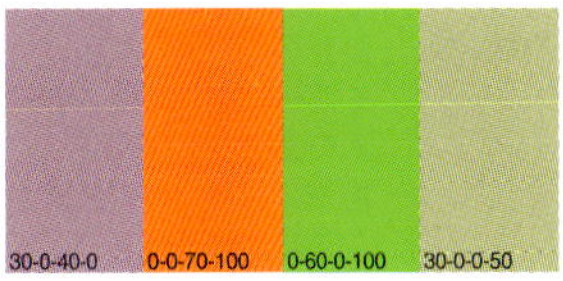

反対色は幻想のイメージから遠い

資料引用リスト

P＝写真家
I＝イラストレーター
F.A.＝フラワー アレンジメント

第1日目

P.6, 7	1 ヴァンテーヌ　婦人画報社　1999年6　P：池田保
	2 ウィズ　講談社　1999年6　P：小田東
P.8, 9	1 日経アート　日経BP社　1997年10　P：橋本健次
	2 ポケットボードピュア　NTT DoCoMo
	3 グラン・マガザン　日之出出版　1999年6　P：大嶽恵一
	4 雑貨カタログ　主婦の友社　1998年1
	5 グラン・マガザン　日之出出版　1999年6　P：大嶽恵一
	6 雑貨カタログ　主婦の友社　1998年5
	7 ダンチュウ　プレジデント社　1998年5　P：山之上雅信
	8 ダンチュウ　プレジデント社　1998年5　P：久保田健
P.10, 11	1 JALカード特選旅行　JALカード
	2 ベストツアー・スイス　日本旅行
	3 ダンチュウ　プレジデント社　1998年5　P：古市和義
	4 雑貨カタログ　主婦の友社　1998年5　P：三浦順光
P.12, 13	1 Blue Canada　カナダ観光局
	2 Cheer World　キシマ
	3 アゴラ　日本航空文化事業センター　1999年3
	4 ヴァンサンカン　婦人画報社　1997年11　P：日高一哉
P.14, 15	1 「モーゼルの流れ」ラーメル出版社
	2 家庭画報　世界文化社　1999年6　P：岡部浩
	3 http://www.crn.or.jp/
P.16, 17	1 http://www.geocities.co.jp/Heart Land/6857/index.html
	2 清月堂本店
	3 デメル・ジャパン
	4 FAMILIA DEMIO　マツダ
	5 太陽　平凡社　1996年9　P：菅原千代志
P.18, 19	1 PIAA CORPORATION
	2 雑貨カタログ　主婦の友社　1998年1
	3 NHK きょうの料理　日本放送出版協会　1995年7
	4～6 クルマの選び方　日産サニー東京販売
	7 http://www.aquarium.co.jp/

第2日目

P.22, 23	1 メイプル 集英社　1999年6
	2 Club Med　地中海クラブ
P.24, 25	1 LA PERLA　カネボウシルクエレガンス
	2 ESSE 扶桑社 1999年6
	3 フィガロジャポン　TBSブリタニカ　1998年4.20　P：Takashi Mori, Hiroyuki Nishimura
P.26, 27	1 楽　マガジンハウス　1998年12　P：善本喜一郎
	2 家庭画報　世界文化社　1999年6　P：佐藤竜一郎
P.28, 29	1 ヴァンテーヌ　婦人画報社　1999年6　P：日高一哉
P.30, 31	1 ヴァンサンカン　婦人画報社　1997年11　P：近藤正一
	2 non・no　センスアップシリーズ13　簡単中華料理　集英社　1995年5
	3 LANVIN PARIS
	4 グラン・マガザン　日之出出版　1999年6　P：大嶽恵一
P.32, 33	1, 2 ラパン　ゼンリン　1998年5　P：天方晴子
	3 ヴァンテーヌ　婦人画報社　1999年6　P：緒方栄二
	4 チョコレートコレクション　デメル・ジャパン
	5 http://www.kaiyukan.com/main.html
P.34, 35	1 味ぽん　ミツカン
	2 SPUR　集英社 1999年6　P：Masahiro Sakabe
	3 FIGARO Paris
	4 non・no　センスアップシリーズ13　簡単中華料理　集英社　1995年5
P.36, 37	1 http://www.bears-shop.com/
	2 グラン・マガザン　日之出出版　1999年6　P：大嶽恵一
P.38, 39	1 SPUR　集英社　1999年6　P：中川十内
	2 Traing　JR東日本
	3 楽　マガジンハウス 1998年12　P：高橋仁己

第3日目

P.42, 43	1 PENTAX MZ-10　旭光学工業
	2 陶和
P.44, 45	1 無印良品
	2 OZONE 23号　P：Keiko Takezaki
P.46, 47	1 ヴァンテーヌ　婦人画報社　1999年6　P：近藤正一　F.A.：坂本ひろこ（アルドアーズ）
	2, 3 ダンチュウ　プレジデント社　1998年5　P：古市和義
P.48, 49	1 http://ccweb.miyagi-ct.ac.jp/d93622/index/html
	2 http://botsan.com/
	3 シャルベール テラ　リコーエレメックス
P.50, 51	1 http://www.xvi.or.jp/seiko/
	2 メイプル 集英社　1999年6　P：増渕達夫
P.52, 53	1 松永真のデザイン　講談社　1992年4
	2 リーベンデール 雪印
	3 SONIA RYKIEL JAPON
	4 「マシュマロ」 ジョージ・ネルソン　1956年
P.54, 55	1, 2 雑貨カタログ　主婦の友社　1998年1
	3 雑貨カタログ　主婦の友社　1998年5
	4 ダンチュウ　プレジデント社　1998年5　P：高瀬信夫
	5 http://www.ashleypark.com/

第4日目

P.56, 57	1 ヴァンテーヌ　婦人画報社　1999年6　P：宮川久　F.A.：橋本佳子
P.58, 59	1 http://web.infoweb.ne.jp/MIMOCA/
	2「聖ミカエル」 ピエロ・デラ・フランチェスカ　1454～69年
	3 SPUR　集英社 1999年6　P：中川十内
	4 雑貨カタログ　主婦の友社　1998年7
P.60, 61	1 シンラ　新潮社　1999年7　P：岩合光昭
	2, 3 雑貨カタログ　主婦の友社　1998年1
	4 SPUR　集英社 1999年6　P：Masahiro Sakabe
	5 メイプル　集英社　1999年6
	6 ブルガリ ジャパン
P.62, 63	1「ベリー公のいとも豪華なる時祷書 1月」　ランブール兄弟　1411～16年頃
	2 メイプル　集英社 1999年6　P：水野克比古
	3 メイプル　集英社　1999年6
P.64, 65	1 「赤と青と黄のコンポジション」 モンドリアン　1930年
	2 「クリシュナと牛」 ボーワ・デービィ
	3 雑貨カタログ　主婦の友社　1998年7
	4 エスクァイア日本版　エスクァイア マガジン ジャパン　1997年 8　I：Shobu Tsuchiya
	5 「画家とモデル」 ピカソ　1928年
	6 「アルジェリア歩兵」ゴッホ 1888年
P.66, 67	1 ヴァンサンカン　婦人画報社　1997年11　P：中川十内
	2 トリンプTシャツブラ　トリンプ インターナショナル ジャパン
	3 グラン・マガザン　日之出出版　1999年6　P：大嶽恵一
P.68, 69	1 家庭画報　世界文化社　1999年6
P.70, 71	1～14 non・no　センスアップシリーズ13　簡単中華料理　集英社　1995年5
P.72, 73	1 http://www.asahi-net.or.jp/~JV7Y-YMD
	2, 3 ヴァンサンカン　婦人画報社　1997年11
	4 サライ　小学館　1999年5.20
	5 ベストツアー・スイス　日本旅行

第5日目

P.76, 77　1 雑貨カタログ　主婦の友社 1998年5　P：佐々木幹夫

P.78, 79　1 リファイナー　資生堂
2 グラン・マガザン　日之出出版　1999年6　P：大嶽恵一
3 グラン・マガザン　日之出出版　1999年6　P：大嶽恵一
4「ヘリコプター」アンディ・ウォーホル　1983年
5「1ドル」アンディ・ウォーホル　1982年
6「チョコレート、ダイヤモンドダスト」アンディ・ウォーホル　1980年
7「カエル」アンディ・ウォーホル　1983年

P.80, 81　1 UBS信託銀行
2 メイプル　集英社　1999年6　I：岡田嘉夫

P.82, 83　1 アイ オープナー マリークヮント コスメチックス ジャパン
2 グラン・マガザン　日之出出版　1999年6　P：大嶽恵一
3 ソトコト　木楽舎　1999年7

P.84, 85　1 ヴァンサンカン　婦人画報社　1997年11　P：奥村康人
2 シャキッと元気肌化粧水　資生堂
3 雑貨カタログ　主婦の友社　1998年7　P：佐々木幹夫
4 太陽　平凡社　1996年9　P：菅原千代志
5 雑貨カタログ　主婦の友社　1998年5
6 フィガロジャポン　TBSブリタニカ　1998年4.20　P：Masayuki Hayashi（OBJETS）（改作）
7 ソトコト　木楽舎　1999年7

P.86, 87　1 http://www.onlinecollege.ne.jp/money/
2 雑貨カタログ　主婦の友社　1998年7　P：佐々木幹夫

P.88, 89　1 グラン・マガザン　日之出出版　1999年6　P：大嶽恵一
2 メイプル　集英社　1999年6　P：和田直美
3 雑貨カタログ　主婦の友社　1998年1
4 フィガロジャポン　TBSブリタニカ　1998年4.20　P：中川十内

P.92, 93　1 SPUR　集英社 1999年6　P：Midori Yamashita

P.94, 95　1 ディグニータ　資生堂

P.96, 97　1 家庭画報　世界文化社　1999年6　P：木之下晃+Tomoe
2 ビレロイ&ボッホ テーブルウエアジャパン
3,5～7 ヴァンテーヌ　婦人画報社　1999年6　P：日高一哉
4 グラン・マガザン　日之出出版　1999年6　P：大嶽恵一

第6日目

P.98, 99　1 雑貨カタログ　主婦の友社　1998年1
2,3 ヴァンサンカン　婦人画報社　1997年11　P：中村淳

P.100,101　1 雑貨カタログ　主婦の友社　1998年1
2 グラン・マガザン　日之出出版　1999年6　P：大嶽恵一
3 MILLET　コサ リーベルマン
4 http://www.setagayaartmuseum.or.jp/index.htm

P.102,103　1 フィガロジャポン　TBSブリタニカ　1998年4.20　P：Takashi Mori, Hiroyuki Nishimura
2 フィル・エ・クチーレ（全て改作）
3 http://inf.edu.yamaguchi-u.ac.jp/~www/KATSU/MENE/home.html

P.104,105　1 ブルータス　マガジンハウス　1997年7　P：伊藤徹也, 阿美智篤
2 Cook Bear 逸品社

P.106,107　1 non・no センスアップシリーズ13　簡単中華料理　集英社　1995年5
2 ベストツアー・スイス　日本旅行
3～8 ヴァンサンカン　婦人画報社　1997年11　P：泉健太　小野祐次

P.108,109　1 雑貨カタログ　主婦の友社　1998年7
2「色絵藤花文茶壷」野々村仁清　江戸時代
3～12 naturei　リクルート　1999年12

P.110,111　1～14 ヴァンテーヌ　婦人画報社　1999年6　P：近藤正一、F.A.：坂本ひろこ（アルドアーズ）
（5 P：宮川久　F.A.：橋本佳子、
8,12 P：世良武史　F.A.：縄田智子）

P.112,113　1～7 家庭画報　世界文化社　1999年6　P：小宮東男

P.114,115　1 ヴァンサンカン　婦人画報社　1997年11　P：中村淳

第7日目

P.118,119　1,2 雑貨カタログ　主婦の友社　1998年7
3 雑貨カタログ　主婦の友社　1998年1
4 ワンシックリサイクル100　東京洋紙協同組合
5 雑貨カタログ　主婦の友社　1998年1
6,7 SPUR　集英社 1999年6　P：Masahiro Sakabe
8 デメル ジャパン
9 雑貨カタログ　主婦の友社　1998年7
10 シトロエン エグザンティア・ブレーク　新西武自動車販売、マツダ

P.120,121　1 Goody　ベネッセ　1998年6
2 キャデラック セビル　ヤナセ
3,4 ANDIAMO INC.　BEAMS
5 VITZ　トヨタ
6 彩・食・健・美　サントリー
7 家庭画報　世界文化社　1999年6　P：棚井文雄

P.122,123　1 AUSTIN REED　MITSUI & Co.Ltd.
2 雑貨カタログ　主婦の友社 1998年1
3 K OF KRIZIA　三陽商会

P.124,125　1 マイ・チョイスエステ　エルセーヌ　I：川合日奈子
2 雑貨カタログ　主婦の友社 1998年7　P：佐々木幹夫
3 ヴァンテーヌ　婦人画報社　1999年6　P：設楽茂男
4 雑貨カタログ　主婦の友社 1998年7　P：佐々木幹夫
5 雑貨カタログ　主婦の友社 1998年1　P：早川利道

P.126,127　1 雑貨カタログ　主婦の友社　1998年1　P：佐々木幹夫
2 雑貨カタログ　主婦の友社　1998年7
3 SPUR　集英社　1999年6　P：Osamu Yokonami
4 http://www.lt.sakura.ne.jp/~fjl/HQ/index.html

P.128,129　1 グラン・マガザン　日之出出版　1999年6　P：大嶽恵一
2 家庭画報　世界文化社　1999年6　P：佐藤竜一郎

P.130,131　1 家庭画報　世界文化社　1999年6　P：佐藤竜一郎
2 クリスチャン・ディオール
3 monpêrier　リコーエレメックス
4 コンテス
5 家庭画報　世界文化社　1999年6　P：高山俊郎

P.132,133　1 NTT DoCoMo
2 シンラ　新潮社　1997年8　P：いしばしむつみ
3 ESSE　扶桑社　1996年6
4 家庭画報　世界文化社　1999年6
5 アジアチカ　シービック

P.134,135　1 TOMMY HILFIGER
2 シボレー カマロ　日本ゼネラルモーターズ
3 Outdoor 山と渓谷社　1997年8

P.136,137　1 日経アート　日経BP社　1997年10　P：橋本健次
2 http://www.thirdstage.com./
3「金剛手」14世紀後期～15世紀前期

紹介した配色作品の出典

雑誌やカタログなど、私たちの身の回りにある優れた配色を紹介しました。これらはアートディレクター、デザイナー、スタイリスト、カメラマンなどの専門家によって、考え抜かれた配色です。カメラマンをはじめとするアーティストの皆様に感謝申し上げます。なお、商品名、会社名等が一目瞭然である広告の出典は、省略させていただきました。
番号（リストにないものに関しては●）の付いているものがオリジナルの作品で、色違いで番号の付いていないものは編集室で改作したものです。

＜広告＞トーン別のカラーチャートで

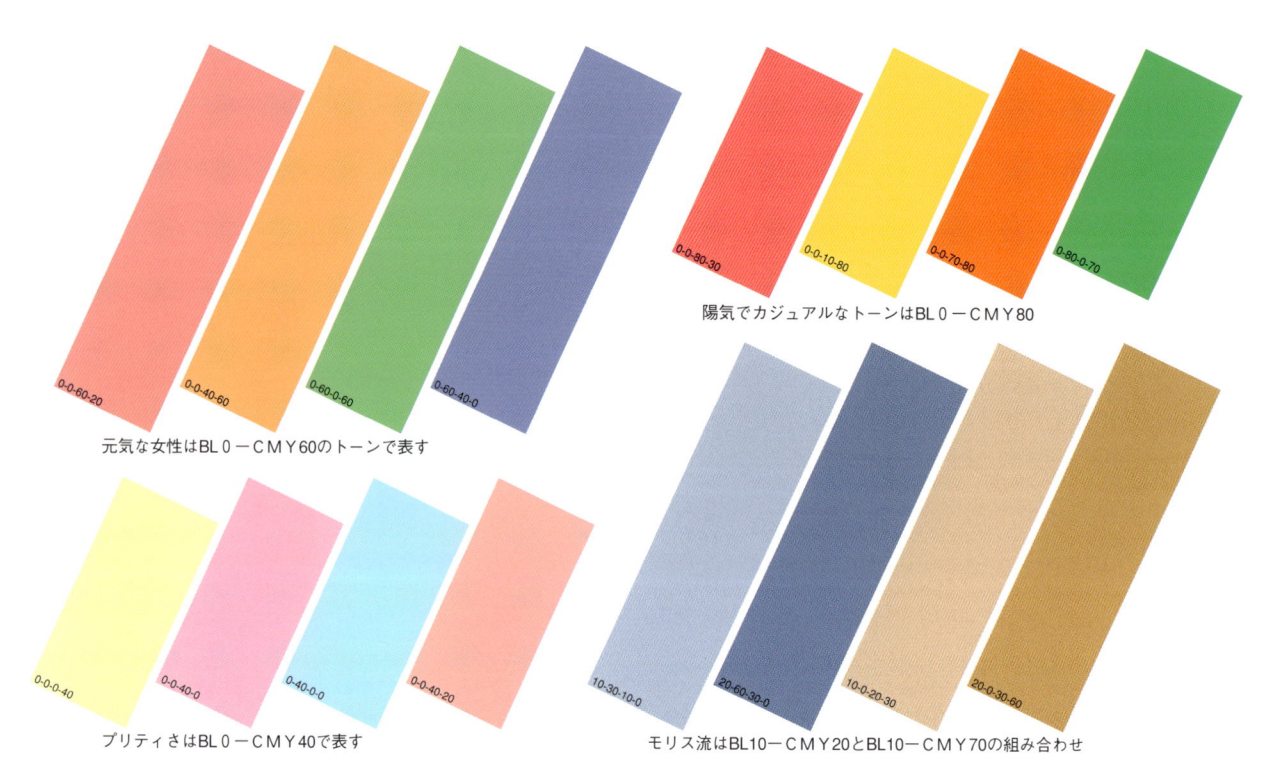

元気な女性はBL０ーCMY60のトーンで表す

陽気でカジュアルなトーンはBL０ーCMY80

プリティさはBL０ーCMY40で表す

モリス流はBL10ーCMY20とBL10ーCMY70の組み合わせ

トーンを使ってらくらく配色

トーンを使いこなせば、配色が苦手な人でも美しい配色を簡単につくり出せる。

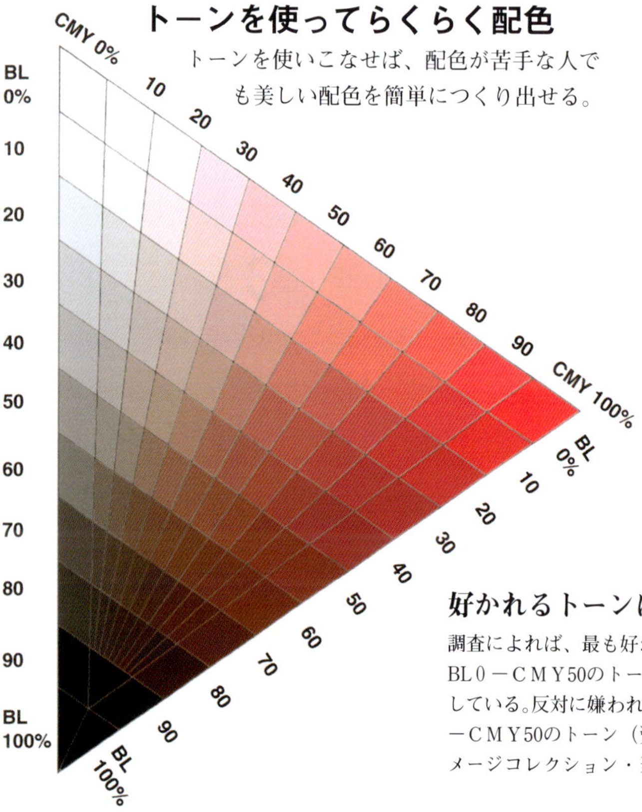

好かれるトーンは0−50

調査によれば、最も好かれる配色はBL０ーCMY50のトーンをベースにしている。反対に嫌われるのは、BL60ーCMY50のトーン（資料＝配色イメージコレクション・当社刊）

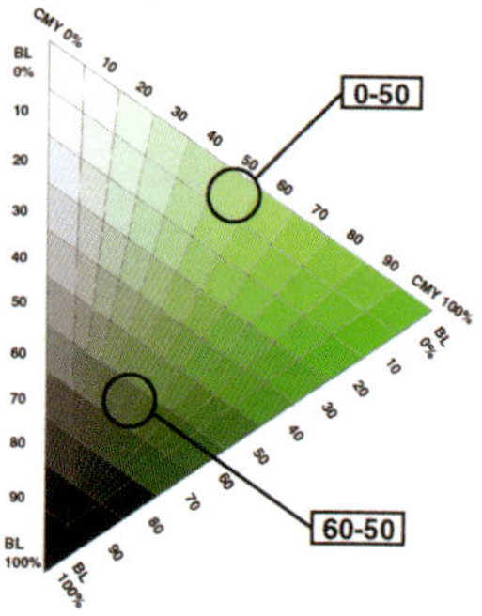

合理的な配色を！

充実の2800色票

好評だった『カラーチャート1368』から色数を2800色と大幅に増やし、さらにトーンを充実させた一冊。グラフィック以外にも、その他あらゆる色選びのスタンダードとなるカラーチャートです。

ブックタイプに収まった104トーン

2800色票を使いやすいブックタイプに収めました。各色票は104のトーン順、色相順に合理的に配列されているので、ぴったりの色をすぐに見つけることができます。

104トーンの中で探せば、どんな微妙な配色にも対応できます。配色が決まったら、色票を切り取って貼れば色指定完了。

合わせる色をどのトーンから選べばよいか

組み合わせる色をどのトーンから選べばよいか見極めやすい。色票で確かめて、強すぎたら１段階弱め、弱ければ１段階強める。

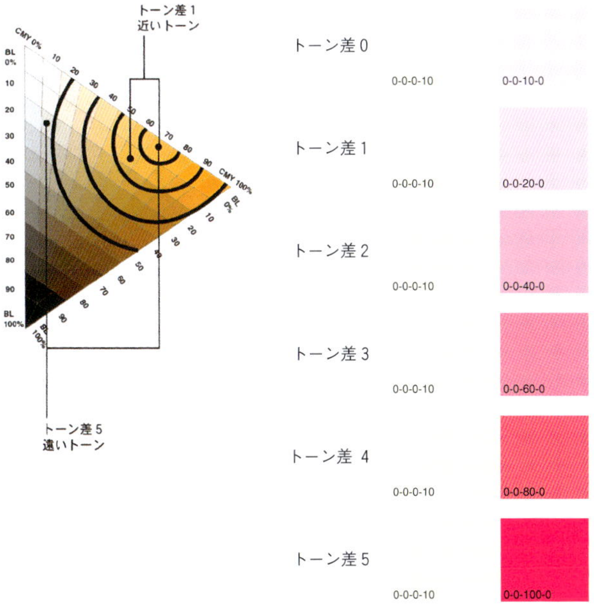

カラーチャート2800

全トーン掲載でカラーコーディネイトに最適

2800色
Ｂ５変形　360ページ　アート紙
定価（本体2850円＋税）

ビ　ッ　ク　ス

NEW VICS1024

VISUAL COLOR SCALE

1024色票ー１色ずつ独立
高水準印刷濃度タイプ　アート紙
定価（本体6700円＋税）

■編集後記

レイアウト基礎講座につづいて、ようやく配色編がまとまった。コミュニケーション・デザインの仕組みをクリアにしたい、と始めたシリーズだが、一歩前進できただろうか。色彩も社会性と造形性、感性が複合し、クリアにとらえるのはむずかしい。めげずにこれからもアタックしようと思う。

いつも頭の隅にあって消去したい言葉がある。もう30年以上前のことだが、僕は動物園の隣の古木の杜にある芸術大学に勤めていた。遠くからアシカの鳴き声が届き木もれ陽のゆれる午後の研究室で老先生の口ぐせである「色即是空……」を聞いていた。芸術の本質を示すかもしれないこの言葉が、クリアを願う気持ちをチェックしつづけている。

デザインの仕組みを解明するためには、色即の世界観を消去せねば、と思いつつ消しきれない。もっとも、最近では、馴染むのは危ないが一目置くか、という仲になりつつある。

（企画・構成　内田広由紀）

初めての編集に関わった本であり、ほとんどの図版が傍らのプリンタから出力されていったと思うと、何から書いたものかわからなくなるほど感慨深い。

いま思い起こしてみると、奇妙な作業である。改作はできるだけキタナイ配色が好ましいのだが、これが案外難しい。グロテスクな仕上がりに胸やけを感じることも少なくなかった。

つい先日もフルーツを皿に盛りながら、どうすればマズく見えるだろうと、青白いイチゴや灰色のメロンをイメージしてしまう自分がいた。この症状、もうしばらくは抜けそうにない。

（編集部アシスタント　関　大介）

３才の息子に粘土を買ってあげた。白、赤、黄、緑、青の５色が入っている。初めは「赤と黄を混ぜたらオレンジになるよ」と楽しんでいたのですが､次第に勝手にいろいろ混ぜだし､濁った色がたくさん。おまけにおもちゃのナイフを使ってぶった切り､キッチンセットへ…。ん､確かに混色は料理の味付けに似ている。足すことはできるが､引くことはできない。じゃあ配色は定食や懐石料理みたいだ。組み合わせる色、組み合わせ方でいろんな味を引き出せる。とにかく、全ての粘土が濁色になるのは時間の問題です。その日が待ち遠しい。　　（編集部　中畑　謙）

撮影／山本耕司

7日間でマスターする　**配色基礎講座**

発　行　平成12年(2000)４月５日　第１版
　　　　令和元年(2019)９月10日　第21刷
著　者　内田広由紀
編集人　早坂優子
発行人　内田広由紀
発行所　株式会社視覚デザイン研究所
　　　　〒101-0051
　　　　東京都千代田区神田神保町1-22北信ビル4F
　　　　TEL03-5280-1067(代)　FAX03-5280-1069
　　　　振替／00120-0-39478
印　刷　光村印刷株式会社
製　本　株式会社難波製本

ISBN978-4-88108-153-2 C2370

デザイン　ビギナー　シリーズ

基本はかんたん配色のルール

内田広由紀 著　B５　144P　定価（本体 2500 円＋税）

配色をとりまく複雑な謎を、シンプルなシステムを使って一気に説明した本。これを使えば、衣・食・住あらゆるシーンで共感される配色が思い通りにつくれるようになります。

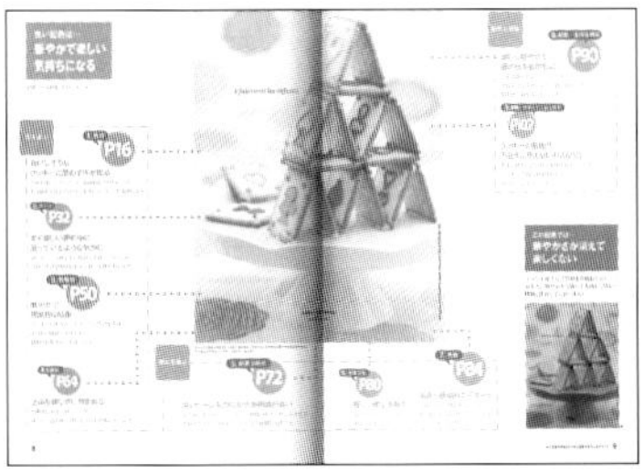

7日間でマスターする　レイアウト基礎講座

内田広由紀 著　B５　144P　定価（本体 1800 円＋税）

レイアウトはセンスでやるものと思われがちだが、実は誰にでもできる。目的に合ったレイアウト様式を選んで、あとは形を整えるだけ。その方法を、図を通し詳しく説明する。

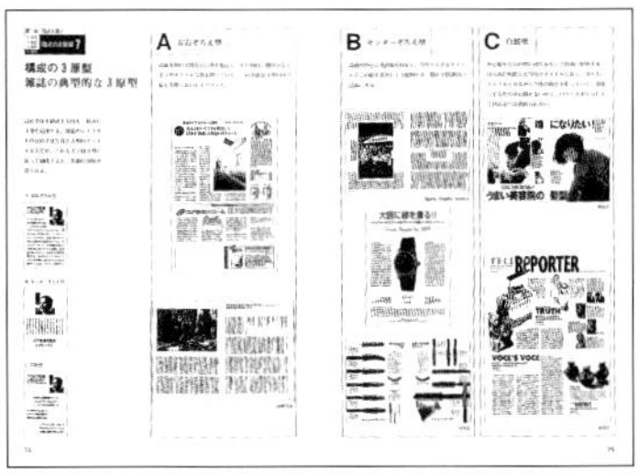

目的別チラシデザイン

内田広由紀 著　B５　160P　定価（本体 1900 円＋税）

チラシを作りたい！と思うけれど何から始めたら良いのか…。レイアウトや配色はもちろん、企画の立て方、スケジュールの組み方などチラシ制作に関するあらゆる疑問に答える一冊。

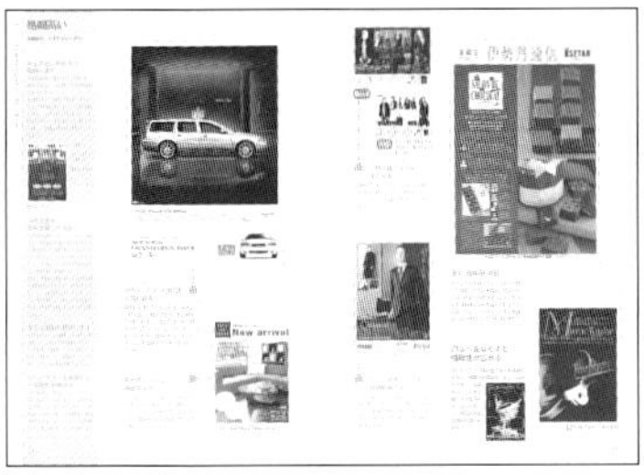

基本はかんたんレイアウト

内田広由紀 著　B５　144P　定価（本体 2500 円＋税）

良いレイアウトの条件とは、いかに受け手に情報を的確に伝えられるか。広告や雑誌などのレイアウトを見ながら、文章や図版をどう使うと効果的なのかがひと目で理解できます。

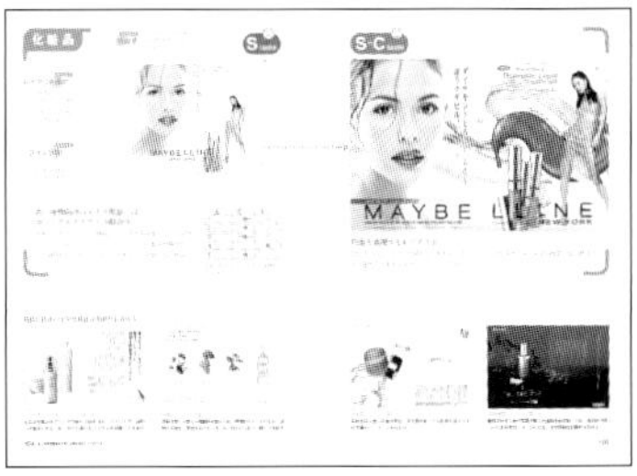

カラーチャート 2800

視覚デザイン研究所 編　B5変　360P　定価（本体2850円＋税）

色数 2800 色、すべてのトーンを網羅したブックタイプの色見本表。グラフィック以外にも、あらゆる色選びのスタンダードとなる、使いやすい書籍形式のカラーチャートです。

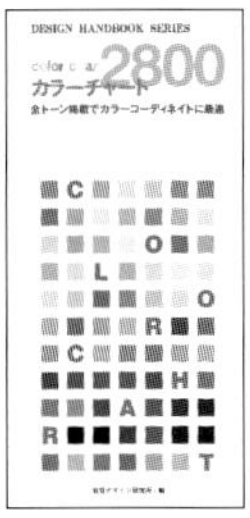

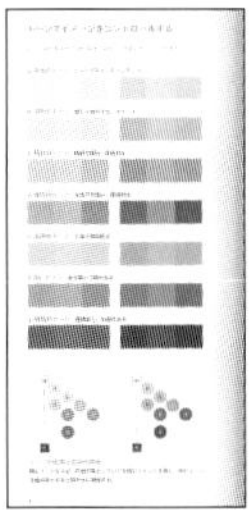
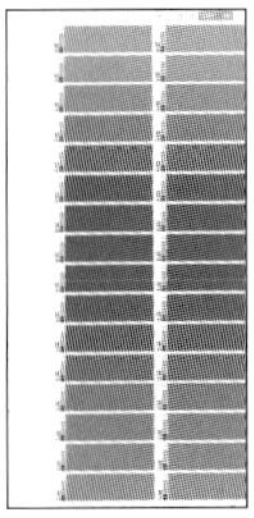
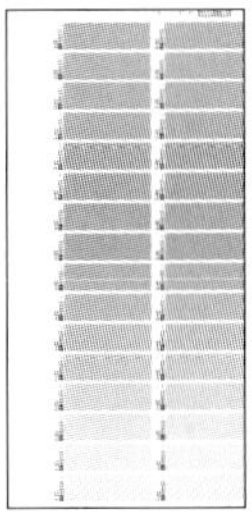

ことばでさがす　ぴったり配色見本帳

内田広由紀 著　A５　144P　定価（本体 1500 円＋税）

ロマンチック、和風、春夏秋冬など、アイウエオ順で並んだことばからイメージに合う配色が探せるお手軽な配色本。全然知らなくても「ぴったり」の配色がカンタンに選べます。

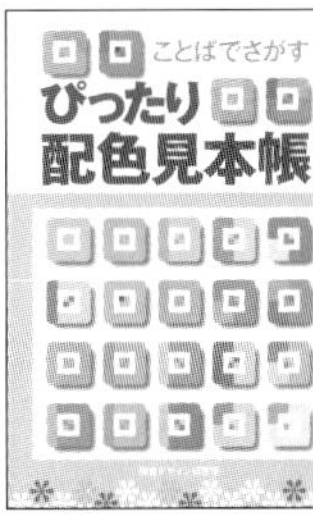

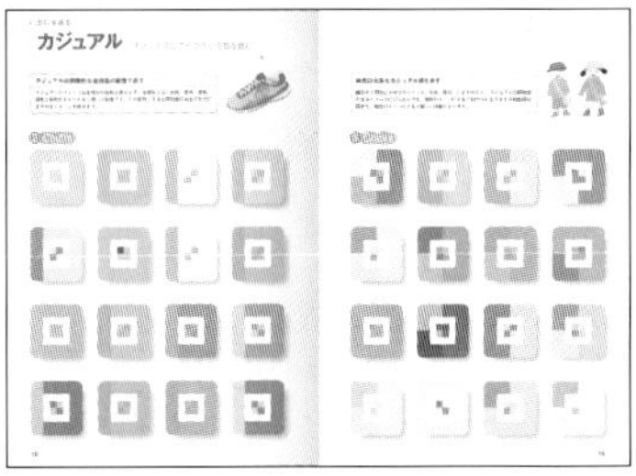

みみずく　ビギナー　シリーズ

基本はかんたん人物画

内田広由紀 著　Ｂ５　128P　定価（本体1800円＋税）

人物のどこを見るか、体の各部分の特徴とその描きかた、ポーズのバリエーションに分け、豊富な図版と共にわかり易く解説。マンガ、イラストを描きたいあなたにも最適な一冊。

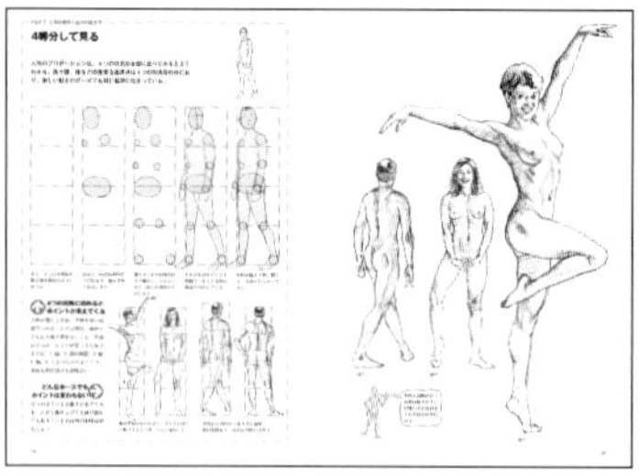

日本図書館協会選定図書

上手くなりたい　マンガ超初級講座

視覚デザイン研究所 編　Ｂ５　144P　定価（本体1400円＋税）

顔、身体、背景の描きかたなど基本を押さえつつ、どう描けば読者にどう伝わるかという、ビジュアルコミュニケションのルールも理解できる、新しい視点のマンガ技法解説書。

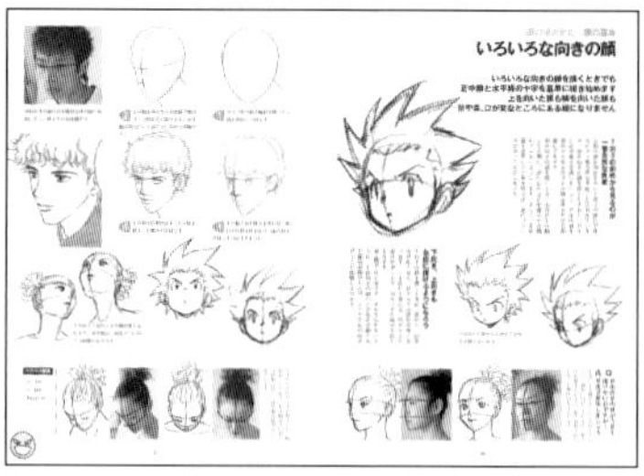

鉛筆画初級レッスン

視覚デザイン研究所 編　Ｂ５　144P　定価（本体1800円＋税）

誰でも使え、どこの家にもある鉛筆。そんな何気ない道具が素敵な画材に早変わり。身近なモチーフを描いてみれば、いつもとは違う味わいが出て、愛着もさらに深まりそうだ。

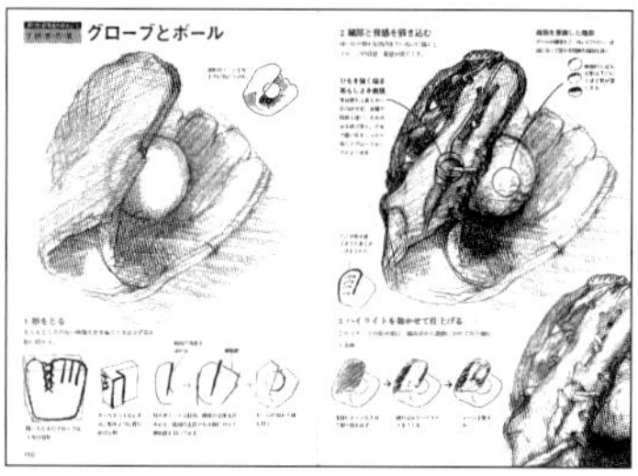

デッサン上達法　かたちのトレーニング

視覚デザイン研究所 編　Ｂ５　144P　定価（本体1800円＋税）

そのものらしさを描くには、まずモチーフを合理的にとらえるトレーニングが必要だ。敬遠されがちなデッサンも、基本に沿って進めば意外に簡単。本書があなたのアシスタント。

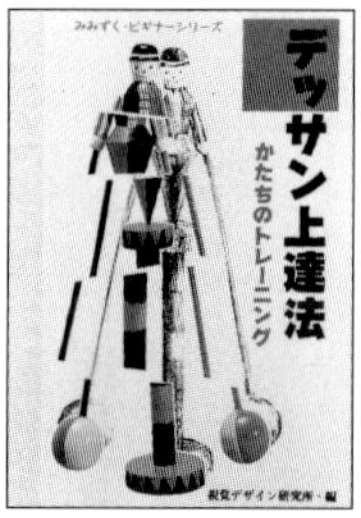

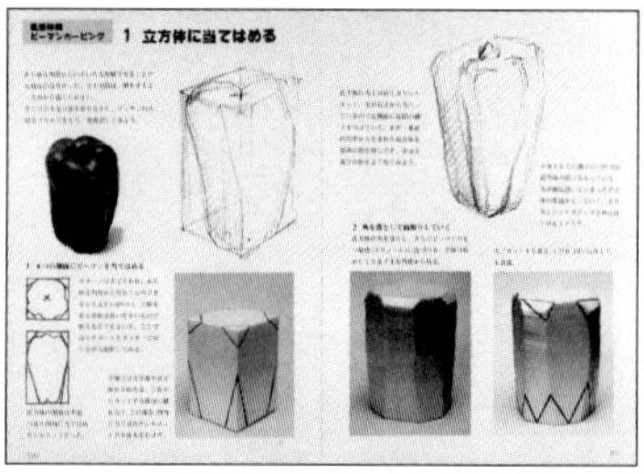

全国学校図書館協議会選定図書

はじめてみよう水彩スケッチ

視覚デザイン研究所 編　Ａ5変　108P　定価（本体1600円＋税）

空、水面、樹木、建物などモチーフ別の描き方と、絵になる構図の決め方、水彩の魅力を引き出す表現など、画家直伝のテクニックをスケッチ初心者のために丁寧に紹介した一冊。

日本図書館協会選定図書

デッサン７日間

視覚デザイン研究所 編　Ｂ５　160P　定価（本体1800円＋税）

絵が描きたくてもうまく形が描けないと悩んでいる人に送るデッサン入門書。４日間で形のとり方を、残りの３日で立体表現の基礎をマスターする。自己評価ができるサンプル付き。

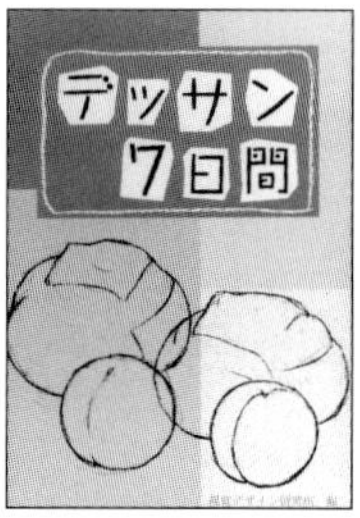

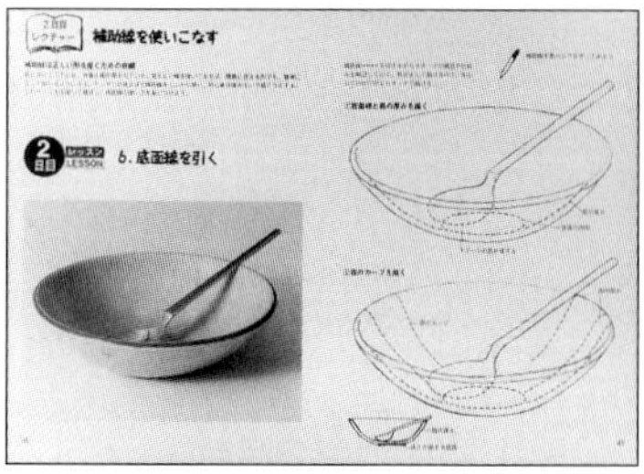